高等院校早期教育（0—3岁）专业系列教材

中国学前教育研究会教师发展专业委员会组织编写

# 早期教育教师与家长沟通的理论与实践

主编　叶平枝

上海科技教育出版社

**图书在版编目(CIP)数据**

早期教育教师与家长沟通的理论与实践 / 叶平枝主编 .—上海：上海科技教育出版社，2019.4（2022.8 重印）

高等院校早期教育（0—3 岁）专业系列教材

ISBN 978-7-5428-6944-9

Ⅰ. ①早… Ⅱ. ①叶… Ⅲ. ①早期教育–家长工作（教育）–高等学校–教材 Ⅳ. ①G616

中国版本图书馆 CIP 数据核字（2019）第 025573 号

**责任编辑** 钱 吉
**装帧设计** 符 劼

**早期教育教师与家长沟通的理论与实践**
叶平枝 主编

**出版发行** 上海科技教育出版社有限公司
（上海市闵行区号景路 159 弄 A 座 8 楼 邮政编码 201101）
**网　　址** www.sste.com www.ewen.co
**经　　销** 各地新华书店
**印　　刷** 常熟华顺印刷有限公司
**开　　本** 787 × 1092 1/16
**印　　张** 11.25
**版　　次** 2019 年 4 月第 1 版
**印　　次** 2022 年 8 月第 2 次印刷
**书　　号** ISBN 978-7-5428-6944-9/G · 4018
**定　　价** 36.00 元

# 高等院校早期教育（0—3岁）专业系列教材
# 编写委员会

# 总　序

0—3岁是人生的开端，是个体发展的起点，是教育启蒙和最基础的阶段。心理学、脑科学等研究表明，0—3岁是大脑、语言、精细动作等发育最快、可塑性最强的关键期，遵循0—3岁婴幼儿身心发展的特点与规律，为婴幼儿提供适宜的发展与教育条件，才能起到事半功倍的效果。重视0—3岁儿童的早期发展与教育已逐渐成为全世界学前教育发展的重要趋势。21世纪初，我国政府开始加大对早期教育的关注程度和投入力度。《中国儿童发展纲要（2001—2010年）》对2001年到2010年的0—3岁婴幼儿教育发展提出了目标和策略措施。2003年，教育部等部委颁布的《关于幼儿教育改革与发展的指导意见》明确提出，要“全面提高0—6岁儿童家长及看护人员的科学育儿能力”。《国家中长期教育改革和发展规划纲要（2010—2020年）》在学前教育发展任务中也强调要“重视0—3岁婴幼儿教育”。

我国第六次人口普查数据显示，0—3岁婴幼儿约7 000万。同时，国家生育政策的调整和实施，势必带来未来几年新生人口的增长，也必然会对社会、经济和教育等各个层面产生影响；人们对0—3岁婴幼儿早期教育的重视程度越来越高，无疑也给0—3岁婴幼儿早期教育的发展提出了新的要求。科学、健康的早期教育需要高素质、专业的早教教师队伍。截至2017年，教育部已批准54所高专、高职院校开办早期教育专业。如何加快推进0—3岁早期教育专业建设，规范0—3岁早期教育专业课程与教材建设，尽快培养和培训一批专业化程度较高的0—3岁早教教师队伍，从而引领科学和高质量的婴幼儿早期教育，是一个亟待研究解决的现实问题。

针对这一现实需求，中国学前教育研究会教师发展专业委员会组建了早教教师委员会，于2015年、2016年分别召开了早期教育专业建设研讨会、早期教育课程与教材建设工作推进会，积极组织全国有关领域的专家学者，已经开设和准备开设早期教育专业的高专、高职院校相关负责人深入研究制订早期教育专业人才培养方案，并组织华东师范大学、北京师范大学、广州大学、天津师范大学、哈尔滨幼儿师范高等专科学校、福建幼儿师范高等专科学校、贵阳幼儿师范高等专科学校、国家卫健委（原国家卫计委）等有关院校和政府部门的专业人员组成了早期教育专业课程与教材建设专家委员会，组建了由部分幼高专、卫生、保健等专业人员组成的早期教育专业课程建设与教材编写委员会领导小组，围绕0—3岁早期教育专业的核心课程建设，精心组织研究编写了这套0—3岁早教系列教材，由上海科技教育出版社出版。相信这套教材的编写与出版，不仅可以为已经开设、准备开设和拟加强早期教育专业建设的有关培养院校与机构提供0—3岁早期教育专业课程建设的试用、使用和实验参考，也能成为在幼儿园、早教机构、社区早教基地等相关机构从事早期教育、早期保育护理工作、早期家庭教育指导、早教管理与科研的教育者和工作者的参考用书。同时，也期望使用本教材的院校、培养培训单位和教育工作者能够根据实践，不断予以补充、修改和完善，共同推进0—3岁早期教育专业的课程与教材建设。

中国学前教育研究会教师发展专业委员会

洪秀敏

2017年7月于北京师范大学

# 前　言

谈到人与人之间的沟通和交往，不免想起世界著名家庭心理咨询师维吉尼亚·萨提亚（Virginia Satir）的诗歌《我和你的目标》：

我想爱你，而不控制你
欣赏你，而非判断你
和你一起，而不侵犯你
邀请你，而非强求你
离开你，亦无须歉疚
批评你，而非责备
并且帮助你，而非侮辱你
如果我也能从你那里，获得相同的对待
那么我们就可以真诚地相会，且丰润彼此的生命

这么良好的人际沟通，如果天天发生在我们的身边该多么美好。每个人都有沟通的愿望，也有沟通的美好期待，但不一定能成为美好的现实，尤其是在与家长的沟通中。当我们满怀善意与家长沟通时，却往往换来他们审视的目光，怀疑的态度，甚至是恼怒、怨恨和冲突。可见，如果处理不好与家长的关系，理想的教育就无从谈起，对于早教教师而言更是如此。首先，0—3岁婴幼儿的家庭教育至关重要，家庭的氛围、环境，家长的教养理念和方式都会深刻地影响孩子的成长，这种影响远远超过早期教育机构对于孩子的影响。作为专业人员的早期教育教师，有责任和义务指导家庭教育，通过沟通与家长携手做好家园共育。其次，关系和情感是教育和健康的要素。教师与家长的良好沟通可以减少双方的内心冲突和情绪困扰，丰润彼此的生命，促进双方的身心健康和相互的成长，为家长与幼儿的关系做好示范，帮助家长建立良好的亲子关系，使孩子形成安全型依恋，为其未来的人际交往、社会适应和个性发展打下良好的基础。

鉴于上述认识，我们非常希望编写一本关于早期教育教师与家长如何沟通的教材，帮助早期教育专业的学生为未来的工作做好交往和沟通的准备。这将关系到他们职业生涯的成败和幸福感。尽管在承担任务之初是知难而上，但在我们付诸实施的时候，却发现当初对困难的预估是远远不够的。资料的匮乏和研究的不足经常使我们捉襟见肘，团队的沟通、合作和写作风格的契合也充满挑战。但是，我们边写作边学习和实践我们的沟通理念和方法，经

过近两年的努力,终于可以拿出现在的拙作抛砖引玉。

本书尽管还有诸多遗憾之处,但我们在写作过程中力图体现如下几点:一是实用性强。本书不是理论教材,而是让学生掌握与家长沟通(包括与人沟通)的理念和方法,关键是提高学生的沟通能力,所以特别注重案例的分析和实际沟通问题的解决。二是便于学生学习和掌握。各章均含学习目标、正文、本章小结、延伸学习,使学生明确学习目标,把握学习关键,通过延伸学习中的拓展阅读、学习活动、复习与思考使学生从静态、被动、接受和记忆的学习转变为主动、积极、发现、思考和解决问题的学习,以提高其学习效率和应用水平。三是注重借鉴。由于相关方面的研究资料比较匮乏,我们注重学科借鉴和国外研究与经验的借鉴,力求集中多方智慧解决沟通问题。四是全面。全书包括早期教育教师与家长沟通概述、早期教育教师与家长沟通的要素与过程、早期教育教师与家长沟通的主要内容、早教教育教师与家长沟通的原则与形式、与不同家庭成员的沟通、与特殊性格的家长沟通、与有教养误区的家长沟通以及沟通障碍的诊断与解决八章内容,涵盖早期教育教师与家长沟通的方方面面。

本书是集体智慧的结晶,全书由叶平枝进行框架设计、人员组织和统稿。写作分工如下:第一章、第二章,叶平枝;第三章、第四章,李丹珣、叶平枝;第五章,杨秋平;第六章,夏丰、李冉冉;第七章,苏玲;第八章,宋大维。在此感谢各位编写者的辛勤付出。

同时,也感谢中国学前教育研究会副理事长郑健成教授,教师发展专委会洪秀敏主任、郭亦勤副主任和张明红副主任的支持和鼓励。你们的支持和鼓励是我们克服困难的力量。

叶平枝

2018年11月于广州大学

# 目录

# 第一章　早期教育教师与家长沟通概述

学习目标

1. 掌握人际沟通的概念、特点和类型。
2. 熟悉人际沟通的理论，并能够运用理论解释和解决人际沟通的问题。
3. 熟悉人际沟通的心理效应，并能够学以致用。
4. 掌握早期教育教师与家长沟通的意义。
5. 掌握早期教育教师与家长进行人际沟通的目标。
6. 建立正确的人际沟通理念。

## 第一节　人际沟通的特点及类型

0—3岁是人生发展的重要阶段，也是很多年轻父母不能淡定应对的时期。为了给0—3岁的婴幼儿提供高质量的早期教育，很多父母会选择将该年龄段的婴幼儿送去早教中心接受早期教育。对于从事早期教育的教师而言，此时对婴幼儿所进行的早期教育需要与婴幼儿父母进行有效、成功的沟通才能有效提高早期教育的质量。

### 一、人际沟通的概念和特点

人际沟通就是人与人之间的信息交流过程。该过程具有如下特点：

（一）过程性

沟通不是一蹴而就的，而是通过言语和非言语行为进行信息和情感的交换和互动。沟通不仅仅是信息的交换，更是情感的互动和思想上的理解以及行动上的改变，是一个过程而不是一个动作。

（二）互动性

人际沟通不是单向的，而是双向互动的过程。表达者和倾听者形成一个沟通的环路，达成信息的传递和接收，进行着意义的交流和情感互动，并根据沟通的需要和进程不断交换表达者和倾听者的角色。换言之，信息的传递和接收可以是言语的也可以是非言语的，但彼此必须形成一个互动的环路。如果，只是“你说我说大家说”或者“我说你听”，没有彼此的交流和互动，就不能称之为人际沟通。

（三）关系性

人际沟通中不但分享意义和情感，也显示彼此间的关系。沟通中的人际关系主要有两类：互补关系和对称关系。在互补关系中，其中一人在沟通中具有支配作用，另一人是服从作用。在对称关系中，两人的关系则是平等的。

（四）不可逆性

俗话说，覆水难收，说出去的话就像泼出去的水，再想收回已经不可能了，随后的道歉或解释只能减少负面影响却不能完全抵消负面影响。

（五）双向度

沟通具有两个向度：内容向度和关系向度。内容向度指向于信息本身，如早教教师与家长沟通孩子在早教中心的表现，说明育儿方法；关系向度则是指向关系和情感，家长会通过早教教师对内容向度的描述和表达洞察教师对孩子的情感，以及教师与家长之间的关系。内容向度里渗透着关系向度。有的关系向度只指向关系本身，如早教教师对于家长身体的关心，表达对家长的热情和欣赏等。

## 二、人际沟通的类型

（一）言语沟通和非言语沟通

根据是否使用词语符号可以将人际沟通分为言语沟通和非言语沟通。言语沟通就是运用词语符号进行的沟通。言语沟通能够更好地表达自己的思想和情感，超越时间和空间的限制进行沟通交流。沟通较为精确、有效，应用最为广泛。如果言语表达困难就无法实现这种沟通，如聋哑人和年幼儿童。言语沟通不佳也会出现在表达能力有限的成人中或者沟通双方不能相互理解的情境下。

非言语沟通就是通过动作、表情和空间距离等实现的沟通。非言语沟通有三种方式：其一，动态无声表情，包括动态无声的目光、面部表情、手势语言和身体的移动等，如运用目光疏离或者专注表明你的重视与否；其二，通过静态无声性的身体姿势、空间距离以及衣着打扮等实现沟通，例如，相对而坐和并肩而坐的感觉是很不相同的；其三，通过非词语的声音，如重复和音调的变化，哭、笑、停顿来实现。例如，说出“你真厉害！”时的声调是亲切佩服的语气，还是轻蔑、幸灾乐祸的语气，效果截然不同。非言语沟通虽然没有言语沟通精确，却往往更为真实有力，可以更好地表达情绪和态度，因而称之为情绪语言，常常起到“此时无声胜有声”的效果。

（二）口语沟通和书面沟通

根据沟通的方式不同，可以分为口语沟通和书面沟通。口语沟通和书面沟通是语词沟

通的基本形式。口语沟通是指借助于口头语言实现的沟通，通常提及口语沟通时，一般都是指面对面的，而通过广播、电视等实现的口语沟通通常被称为大众沟通。

开会、讲课、讨论、交谈等都属于口语沟通。口语沟通是保持整体信息交流的最好方式。口语沟通时，可以及时得到反馈并据此对沟通过程进行调节。口语沟通中，沟通者之间相互充分作用，因而沟通影响力大。

书面沟通就是通过书面文字材料进行的信息交流和沟通。由于书面沟通是沟通者经过深思熟虑书写而成的，比较理性，不易失误，情绪化成分较少，便于保存，因此沟通的持久性效果较好。但是，因为缺乏面对面沟通的背景、及时反馈和互动，书面沟通对人的影响力不一定高于口头沟通。当然，有一种情况是特殊的，即权威的文件所激发的重视程度远比口头传达强。

（三）有意沟通和无意沟通

根据沟通的有无目的性可以将人际沟通分为有意沟通和无意沟通。沟通一般都具有一定的目的性，因而称为有意沟通。如我们与家长沟通育儿方法、沟通对儿童发展的认识等，即使是闲聊也是有意沟通。通过闲聊增进感情或打发时间，都是沟通的目的。

除了有意沟通，生活中还有很多无目的的沟通。例如，电影院里，一个女孩的哭声让很多人流下眼泪，尽管她无意与人沟通，但她的行为影响了他人，而他人的行为又强化了她的悲痛，沟通就这样自然而然发生了。心理学家谢里夫的“光点游动”实验表明，如果你知道了别人的判断，哪怕你们之间没有说过一句话，没有进行过任何有意识的沟通，你的判断也会不自觉地受到别人影响并向别人靠拢，而且这种影响一旦发生了，还具有相当的稳定性。由此可见，无意沟通的广泛程度及对我们的深刻影响远远超出了我们的想象。文化、习俗和行为方式对我们的影响通常是通过无意沟通实现的。

（四）正式沟通和非正式沟通

根据沟通场合的正式与否可以将人际沟通分为正式沟通和非正式沟通。正式沟通指在正式场合或正式社交情境中所发生的沟通。正式沟通无论在着装、言语沟通和非言语沟通方面都会比较规范、讲究，心理紧张度较高，沟通者努力以最好的形象和举止示人，努力留下好的印象，以获得最佳的沟通效果，实现沟通目的。例如，教师在家长会上和领导在场时的沟通就是正式沟通。其特点是沟通渠道固定，信息传递准确、规范、速度慢。但在沟通中因当事人过于重视，刻意表现，并往往存在典型的“面具效应”（即试图掩饰自己的不足），而给人不够真实、真诚之感。

非正式沟通指在非正式场合和非正式社交情境中进行的沟通，这种沟通随意、自然、轻松，如教师与家长的日常沟通。但这种沟通若过于随意则会适得其反。

# 第二节 人际沟通的理论

## 一、人际沟通的三维需要理论

社会心理学家舒茨认为，每个个体在人际互动过程中，都有三种基本的需要：包容需要、支配需要和情感需要。这三种基本的人际沟通需要与个体的早期经验密切相关，决定了个体在人际沟通和交往中所采用的行为和体验。尽管人与人之间的需求各不相同，根据环境背景变化，需求也会产生变化，在不同的文化中，人的需求也会有所不同。但是，理解人际需求会帮助我们去了解对方，知道我们的需求是如何影响我们与他人交流的方式，以及如何促使我们去与他人进行交流的。

包容需要指个体希望与人接触、交往、隶属于某个群体，与他人建立并维持一种满意的相互关系的需要。包容需要必须得到适度的满足才能发展出健康的人际沟通行为。包容需要如果在人生早期不能得到满足，例如与父母成人交往少或者与同伴交往少，就难以与人建立和谐友好的相互关系，会产生社会退缩和社会焦虑，不愿意与人沟通、不喜欢参加集体活动。如果包容需要在人生早期得到过分满足，如从小备受父母宠爱，在幼儿园和学校受到过度的关注和欢迎，个体会出现过度社会化行为，表现为难以独处、过度寻求关注、过分乐群等。只有个体的包容需要在早期能够得到适当满足，个体才会形成理想的社会行为，能根据具体的情境决定自己的行为，在乐群和独处的两极中游刃有余。包容需要的满足又可分为主动包容型和被动包容型。前者主动参与人际沟通和交往获得归属感，后者比较被动，希望别人能够悦纳自己。

支配需要是个体在权力关系上与他人建立或维持满意人际关系的需要。支配需要的合理满足，一般是在民主的家庭氛围和教育环境中，在合理的要求和自由宽松的氛围中，个体容易形成既可以顺从也可以支配的民主型行为倾向。这些个体能够较好地处理人际沟通和人际关系中与控制有关的问题，并根据实际情况适当地确定自己的地位和权力范围。相反，如果个体在早期生活中被高度控制或放任自流，个体则倾向于形成专制型或服从型等不健康的行为方式。专制型个体喜欢控制别人，讨厌被别人控制，服从型个体则喜欢听从别人的控制。

情感需要指爱和被爱的需要。情感需要的底线就是：我们需要归属感和被爱。人们无时无刻不在努力满足自己对情感的需求。举例来说，人们加入社会团体，或者参加约会活动，就是在寻求满足自己的归属感和情感需求。当个体在早期经验中情感需要没有得到满足，就倾向于在个人的情感世界深处与他人保持距离，避免与人建立亲密的人际关系。若个体在早期生活中被过度溺爱，以后会渴望爱，总是希望与别人建立亲密的人际关系。只有在

早期生活中情感需要得到适当满足的个体，才能形成理想的个人行为，他们能适当表达爱、接受爱，自信而受人喜爱。

舒兹的三维需要理论在解释群体形成与群体分解中提出群体整合原则，即群体形成的过程开始是包容，而后是控制，最后是情感。这种循环不断发生。群体分解的原则是相反的顺序，先是感情不和，继而失控，最后难以包容，导致群体分解。

## 二、霍曼斯的人际交往理论

为解释人们之间的交往行为，霍曼斯从“经济人”的假设和行为主义的观点进行了假设和研究。一方面，他接受人是“经济人”的假设，但另一方面，他认为应对“经济人”的认识进行修正。首先，人类所有行为都是交换行为，并不是市场中才有交换行为。其次，人们并不总是追求利益最大化，而是希望在交换关系中获得利益。再次，人在交换过程中并非常常从长计议或进行理性算计。最后，交换物不仅仅是金钱，还有赞同、尊重、依从、爱、情感等精神产品。霍曼斯坚信行为主义对人类行为具有解释力，他非常认可斯金纳的动物实验，认为“刺激—反应”可以推论到人类行为上。

为了更好地解释人类的行为，霍曼斯借用和改造了经济学和行为主义心理学的有关概念，比如行动、期望、刺激、情感、报酬、成本、投资、利润、价值、惩罚等，建构起关于人类行为的一般命题系统，解释人类行为。霍曼斯提出了关于人类行为的六个基本命题：成功命题、刺激命题、价值命题、剥夺-满足命题、攻击-赞同命题和理性命题。

一是成功命题。一个人的特定行为越是经常受到奖励，这个人就越可能采取这种行为。比如，一个人在人际沟通中越受欢迎，他就越喜欢人际沟通。因为趋乐避苦是人的基本行为倾向。

二是刺激命题。如果过去一个特定刺激或一组特定刺激的出现，总是伴随着对某人某一行为的奖励，那么，现在的刺激与过去的刺激越相似，该人越可能采取该行为或相似行为。这与条件反射实验非常相似。在巴甫洛夫的条件反射实验中，每当铃声响起就给狗喂食，之后一旦听到铃声，狗就会分泌唾液，对进食充满期待、跃跃欲试，铃声就成为希望和愉快的刺激。人也是如此，他总会选择有希望和有可能带来快乐的行为，刺激虽然不是行为本身，但却是某种令人期待的结果的昭示。例如，每次到了与家长沟通时间，都放着舒缓和令人愉快的背景音乐，教师面带笑容，和蔼可亲地与家长进行亲切的沟通交流，愉快的互动就此开始。因此，一旦听到熟悉的音乐，家长和教师就会对随后的沟通充满期待。

三是价值命题。这是人对行动价值的自然选择。在若干可供选择的行动中，他会选择最有价值的行动。例如，有的家长面对教师的预约沟通时总是说自己忙没时间，这说明他们不认为与教师沟通是最有价值的，他们还有更有价值的事情要做。这就需要我们提高沟通的水平和效果，让家长感受到沟通的价值。

四是剥夺-满足命题。如果一个人经常得到某一特定奖赏，那这个奖赏的价值或者说激励效果就越来越小。人们总是倾向于追求新颖的奖赏和不同的感觉。例如，我们经常夸奖孩子“真棒!”，孩子对这一奖赏的期待和感觉就会越来越弱，甚至没有作用。

五是攻击-赞同命题。在人际交往中，每个人都有判断和期望。当他的行为没有得到期望的报酬，或得到没有预料到的惩罚时，他将被激怒并可能采取攻击行为；当一个人的行为得到了他期望的报酬，甚至超出预期，或者没有受到意料中的惩罚时，他会感到高兴并可能采取赞同行为。例如，在与家长沟通中，当回答“我的孩子表现如何?”时，教师采用“表现不错!”或者“跟其他孩子一样”等泛泛而谈的话语，家长一定很不满意。如果教师一脸迷茫不知道该怎么说或者含糊其词敷衍了事，那么家长可能会怒火中烧甚至会对教师进行言语攻击。相反，在回答家长问题时，教师详细描述孩子的表现以及自己的理解和解读，说明自己的教育方法，并对家长进行科学的指导，家长一定会非常高兴，并对教师啧啧称赞。

六是理性命题。个体在选择采取何种行动时，会事先进行理性分析。行动是否发生会考虑行动的价值和获得报酬可能性两个因素。行动发生可能性=价值 × 概率。人们会根据这个公式来决定该选择何种行动。行为的价值越大，得到报酬的概率越大，就越有可能采取相应的行动。据此，为了让家长愿意沟通，我们需要提高彼此沟通的价值，让参与沟通的家长获得相应的报偿。

## 三、人际交往的不确定性减少理论

该理论认为，人际交往和沟通的核心动力是为了减少不确定性。在交往和沟通过程中，交际双方都试图获取对方的信息以推断下一步的行动，同时向对方提供信息和自我表露，在此过程中，通过信息和情感的分享，交际不断深入，关系不断发展。

减少不确定性的人际交往过程一般经过三个阶段：关系开始阶段、关系个人化阶段和关系退出阶段。在第一阶段(关系开始阶段)，主要交换的信息是人口统计学方面的，如年龄、文化、职业等最基本的信息，这时候的交往要按照人际交往的规范进行，大家都彬彬有礼，因为互相不了解而谨小慎微。在第二阶段(关系个人化阶段)，交际双方互换的信息是关于彼此的态度、价值和信念等深层次的信息，关系进一步深入，不确定性逐渐减少，这时候的交往双方都比较自在轻松，没那么多规矩约束，随着交往的深入，双方的熟悉度增加，关系逐渐进入个人化的深交期。在第三阶段(关系退出阶段)，双方已经很熟悉，不确定性基本消除，似乎没有新的信息需要交换，减少不确定性的交往动力不在，很多人决定不再交往，还有的人因为喜欢或者相互欣赏等原因，希望进一步交往。前者就是减少不确定性交往理论所揭示的原因，表现为我们因为陌生而交往，又因为熟悉而离开。后者需要用其他理论揭示交往原因，或者用减少不确定性理论，可以理解为因为喜欢需要不断挖掘对方的新信息。可见，减少不确定性是人际关系建立、发展和解体过程中的关键因素。

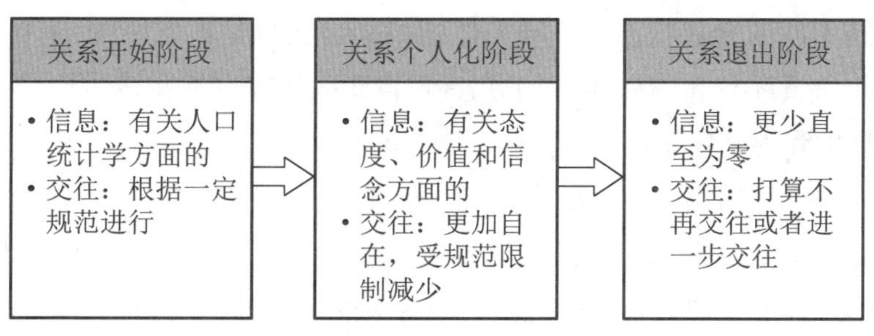


图 1-1　人际沟通减少不确定性的三个阶段

## 四、人际沟通分析理论

（一）人际沟通的三种自我状态

弗洛伊德人格理论指出，人具有本我、自我和超我三个部分。本我是以快乐原则行动，自我是以现实原则行动，超我是以理想原则行动。基于弗洛伊德的人格理论，运用现象学的分析方法，美国心理学家伯恩建立了自己的人格结构模型，认为人格由三个部分构成：家长自我状态（Parent Ego State，简称P）、成人自我状态（Adult Ego State，简称A）和儿童自我状态（Child Ego State，简称C）。伯恩认为，每个人身上都存在着P、A、C这三种不同的自我状态。家长式自我（P）是由儿童幼年时在观察父母言行和接受父母教导过程中获得的经验而形成的。通过家长的教养，儿童形成对宗教、政治、道德、文化、传统、生活方式、性别角色等各方面的规范和准则，尽管其中不乏偏见和不合理的认识；通过家长慈爱和关怀的表达，儿童形成责任和爱。这些规范、责任和温情形成儿童独特的成人自我，并在随后的岁月中适时表达。儿童式自我（C）记录着幼儿期儿童有关思维、情感和动作等一切自然表现的资料。包括他们对所见所闻的行为反应以及当时内心所感受和所理解的资料。可以分为自然的儿童自我状态和顺应的儿童自我状态。自然的儿童自我状态包括天真的儿童自我状态和任性的儿童自我状态。天真的儿童自我状态表现的是儿童的自然、好奇、敏感、任性、富有想象和表情丰富等特点。一群成人在打雪仗，一个成人像孩子那样哭哭啼啼就是天真儿童自我的表现。任性的儿童自我状态的特征是愤怒的、拒绝的、攻击的、叛逆的。在儿童时期，当孩子受到挫折时就发怒，表现出反叛行为。顺应的自我来自成人尤其是父母的压制和限制。他们总认为“我不行”，发展出害羞、自卑、恐惧、服从、退缩、依赖等特点。成人式自我（A）具备的经验是通过自身的观察思考而获得的，代表着个体的成熟和理性，故能以客观、理智的态度去看待外部世界，较少受情绪的影响和支配。成人式自我需要对儿童式自我和家长式自我进行理智的认识和决定。既要避免家长式自我的过于规范和忘我，也要制约儿童式自我的任性和冲动，并协调两者以适当的形式表现出来。概而言之，家长式自我倾向于“照章办事”，儿童式自我则会“感情用事”，而成人式自我则“理性办事”。假如车行半路爆胎了，家长式自我会处于慌乱状态，因为过去没有处理过类似的事情，没有章程可循。儿童式自我会情绪化，哭啼或发火，只有成人式自我会积极想办法处理突发事件。在人际交往中，人们往往根据情况选择不同的自我状态。不同个体的不同自我也是不均衡的，有的偏向于家长式自我而比较忘我和照章办事，有的倾向于儿童式自我而比较自然和情绪化，有的则倾向于成人式自我比较理性和善于独立思考。

（二）人际沟通的四种人生态度

相互作用分析理论认为，人生态度是对自己和他人的一般看法。根据个体的人生态度，可以把人类沟通过程所表现的各种行为归为四种观念模式的作用，即“我不好，你好”“我不好，你也不好”“我好，你不好”“我好，你也好”。具有“我不好，你好”观念模式的人会认定“我没有价值”“别人才有价值”，比较自卑依赖，在人际沟通中容易出现封闭、退缩的行为。持有“我不好，你也不好”观念的人认为，“人都是没有价值的”，故经常表现出否定的态度和消极的行为。持有“我好，你不好”观念的人对别人持否定态度，认为“唯我才有价值”，因而自视甚高，轻视社会及他人的存在，容易出现人际关系的冲突和紧张。只有“我好，你也好”观念模式才是积极健康的，这种观念肯定“人都是有价值的”，自信也尊重他人，在沟通过程中能够平等愉快地与人沟通，获得和谐的人际关系。

（三）印象管理理论

人际沟通当中，我们都希望给别人留下一个美好的印象，这种试图控制别人对自己形成某种印象的过程就是印象管理。恰当的印象管理是人际交往和沟通的催化剂，可以使交往和沟通更为顺畅和舒适，比如文雅礼貌的言谈举止、整洁适宜的着装，不仅给人以美感，而且使人舒服愉快。戈夫曼提出人际交往中的“戏剧论”，他认为，社会交往就像戏剧舞台，每个人都在扮演某个角色，演出一定的节目，在面对他人时，每个人总是企图控制别人对自己形成的印象。印象管理有两个主要的动因：一是获取社会赞许的需要，二是控制交往结果的愿望。例如，一群学生在教师面前总是彬彬有礼、勤学好问、温文尔雅，老师好奇地追问她们在宿舍是否也是这样。学生们老实回答，在宿舍大家都抢着说话，一个个都像疯丫头。可见，在老师面前所表现的行为就是印象管理行为，学生就像演员，努力表现自己美好文雅的一面，希望获得老师的赞许。而宿舍的表现则比较本真，沟通交往过程没有印象管理的动机和行为。

在社会活动尤其是重要的社交场景中，每个人都竭力维持一种与当前的社会情境相吻合的形象，以获得他人对其正面愉快的评价，如果能够成功地维持良好的形象，这个人就会受到周围其他人的赞许，他就“有面子”，否则他就“丢面子”，每个人都有一套保全面子和挽回脸面的策略和方法。

印象管理与许多因素有关，人们在进行印象管理时，常常用言语和非言语行为实现，但言语的管理往往比较成功，而非言语行为往往比较难以控制，常常暴露自己的本来面目。印象管理也与自我监控能力有关，自我监控能力比较强的个体，印象管理能力往往比较强，不容易穿帮。印象管理与文化有关，在比较推崇个性化的西方社会，个体的印象管理会朝着个性、独立、自信的方向进行；而比较崇尚集体主义的东方社会，个体的印象管理则比较注重给人留下乐群、善于与人合作交往、与集体融洽的印象。

# 第三节 人际沟通的心理效应

人际沟通过程中，会自然产生许多积极或消极的心理效应，懂得这些不同的心理效应，就会理解沟通中的因果关系和连锁反应，从而提前做好预防和应对。

## 一、首因效应

与人交往的“第一印象”非常重要，这往往决定了我们是否能持续交往下去，也决定了我们与此人以后交往的品质。这种与人交往留下的“第一印象”就是首因效应。首因效应的形成主要有三方面的原因：一是陌生新奇的刺激容易引起注意；二是第一印象被优先加工；三是渴望了解重要他人，因而会收集重要他人各方面信息形成第一印象。

首因效应往往比较鲜明牢固，对以后的沟通和交往具有重要的影响。积极的影响可以减少双方的陌生感，较好地增进相互的了解和沟通。消极的影响是“先入为主”，形成不愉快的首因效应，不愿意与对方沟通，或者与对方形成对抗状态。

家长与早教教师均为对方的重要他人，彼此的第一印象都很重要。如果形成良好的第一印象，有利于双方形成良好的人际关系，否则会增加沟通的困难。

## 二、晕轮效应

晕轮效应是因为某人留下了很好的印象因而觉得这个人所有的方面都很好，就像月亮周围的晕轮一样，因为月亮的光亮周围也因而光亮。所以晕轮效应又称“光环效应”“成见效应”“以点概面效应”等。“爱屋及乌”“情人眼里出西施”“名人效应”等都是晕轮效应的反映。晕轮效应的以点概面、以偏概全往往阻碍我们全面深入地了解沟通对象。例如，“情人眼里出西施”往往是因为一个人对另一个人的某一方面很有好感，就不知不觉地将这一方面的特性无限地夸大了，一好百好。与晕轮效应相反的效应是恶魔效应，对某人有坏印象会觉得这个人其他方面都坏，就像恶魔一样。如“厌恶和尚，恨及袈裟”，就是这一效应的反映。

## 三、刻板效应

刻板效应，又称刻板印象，是对某一事物类别化的印象。人们不可能了解每一个人，因此就会自然而然地对不同的人进行归类，比如北方人豪爽、南方人细腻、男人强壮女人柔弱、知识分子书生气、管理人员控制欲强等的归类。这些归类尽管有其合理性，但也会存在许多偏见。这些对某个群体产生一种固定的看法和评价，往往推演到群体的每个个人，在了解或者沟通交往的过程中对号入座，不断强化着自己的固有看法和评价，这实际上是一种刻板印象或者刻板效应。刻板印象有其积极的一面，也有其消极的一面：一方面，刻板印象可以让人在毫不费力的情况下对个体进行简单的判断，省时省力；另一方面，刻板印象往往忽略个体差异性，对人形成偏见，影响我们对个体的正确客观的判断，甚至形成“歧视”，比如认为商人都是唯利是图的、农村人土等。

## 四、投射效应

以己度人，按照自己的想法和意志对别人进行判断，并坚信自己的判断正确，结果造成偏差的现象称为“投射效应”。投射效应也叫自我投射效应，是将自己的内在心理外在化，用自己的想法和情感猜度他人的想法和情感，因此造成社交障碍。“以小人之心，度君子之腹”就是典型的投射效应。投射效应的表现是多种多样的：你讨厌别人就觉得别人也讨厌你，某人单恋他人就觉得他人对他（她）也有意思，自己私心重就觉得别人也是。这种投射效应在交往中时有发生，并且带来认知偏差和对别人人格的歪曲。早教教师应当注意这种“以己度人”的存在，在与家长进行沟通交往时防止投射效应消极影响的产生。

## 五、近因效应

近因效应是指当人们识记一系列事物时对末尾部分事物的记忆效果优于中间部分事物的现象。在人际沟通过程中，沟通双方对第一次印象深刻，会产生首因效应；对最近一次沟通的记忆也比较深刻，会产生近因效应。如果首因效应不好，但近因效应不错，也能抵消首因效应的不良影响。近因效应的发现，提示我们随时都可以改变对方的印象，应该重视每一次沟通。例如，家长对早教教师的第一印象并不好，认为她比较幼稚，对自己的孩子不够关注。随着交往的深入，家长逐渐发现这名教师也在不断成长，与自己的沟通越来越顺畅并且很专业，特别是最近一次沟通，她能够详细地描述自己孩子的表现，发现孩子的进步和问题，还能提出新的解决办法，沟通也特别愉快。家长对这名教师的印象也就彻底改观了。这就是近因效应对首因效应的影响。

## 六、罗森塔尔效应

罗森塔尔效应又称期待效应，是指教师对学生的期待收到预期效果的现象。美国心理学家罗森塔尔曾经做过一个有趣的实验，他在一所小学的一至六年级各选3个班，共选18个班的学生进行了“未来发展趋势测验”。而后，他将一份“最有发展前途”的名单交给了校

长和相关老师，但请他们务必要保密，以免影响实验结果。8个月后，罗森塔尔和助手们对那18个班级的学生进行测试，奇迹发生了：凡是名单上的学生，个个成绩进步、性格开朗、自信心强、求知欲旺盛、更乐于与人交往。实际上，所谓的“未来发展趋势测验”是不存在的，罗森塔尔他们并没有做这样的测试，名单也是随便写的，可为什么会发生这样的奇迹呢？实验者认为，教师们受到了实验者的暗示，对名单上的学生抱有更高期望，有意无意地通过言语和非言语行为将期望传达给了学生，学生们受到激励表现积极，积极的表现又强化了教师的期待行为，进而给予学生更多的积极反馈和期待，如此循环往复，较好地推动学生的发展，产生了期待效应。因此，早教教师与家长互动过程中，应尽可能向家长传递积极的期待和暗示。

## 第四节　早期教育教师与家长沟通的意义

### 一、沟通可实现教师与家长的和谐共育

家长和教师同为婴幼儿的重要他人，他们有着共同的目标，并在不同环境中对婴幼儿产生影响，相互依存，不可或缺。家长关心孩子在早教机构中的表现和发展，早教教师同样也关注孩子在家里的表现和发展。不同的教育者面对同一个教育对象自然会有很多共同语言，为了实现孩子的理想发展，需要双方的共同努力和建设性的通力合作。这就需要双方进行全面而深入的沟通，形成良好的共育局面。

家庭是0—3岁婴幼儿成长的重要环境，家长是孩子的第一任教师，家长的教育理念和教育能力直接关系到孩子的发展方向和水平。从某种程度而言，早教机构是家庭教育的补充，教师不仅要教育婴幼儿，而且要指导家长，辅助家长，提升家庭教育的水平。

此外，早教教师需要与家长沟通，以便更好地理解和把握婴幼儿的个性表现和发展特点，更有针对性地进行教育和保育，同时还可以与家长交流育儿经验，梳理和建构自己的教育智慧，获得专业成长。

### 二、沟通可促进教师的自我认知和自我实现

自我概念是一个人对自己的基本看法，自尊是一个人对自身价值的认可。自我概念和自尊对人的自我意识和个性的发展具有重要的价值。早教教师对自己的认识需要他人不断地反馈。家长与教师在每日沟通接触中，会反馈对教师的看法和情绪情感，这些反馈能辅助教师形成和完善自我认知。例如，一位刚工作的教师自认为对孩子很好、很用心，后来与家长沟通才发现，孩子很怕她，希望她能够和蔼一些，脾气好一些。于是，该教师不仅反

思如何与幼儿相处，还认真反思自己的个性和情绪，在后来的工作中，逐渐学会控制自己的不良情绪，与幼儿建立和谐的相处模式。最后，孩子们越来越喜欢她了，家长的正面反馈也越来越多，开始夸她脾气好、负责任。在这一过程中，该教师逐步形成了自我认同，建立起积极的自我概念和专业自信。同时，在不断完善自我的过程中，也满足了自我实现的需要。

## 三、沟通可提升家庭教育的质量

家庭是孩子出生接触到的第一个外部环境，孩子在这个环境中除了生理上的成长，更重要的是心理上的成长。家长是孩子的第一位教师，3岁以前是婴幼儿身心发展的重要时期，家长的保教质量决定了孩子的发展水平和方向。埃里克森根据儿童的人格发展将儿童发展划分为八个阶段，其中，3岁之前会经历两个重要阶段。

第一个阶段是婴儿期（0—1.5岁），是建立信任的关键期。孩子初到人世对周围世界都是陌生的，这个时候信任和不信任是他们的最频繁的心理冲突。当他们的需要能够及时得到成人的回应和满足，就会产生信任感，在人格中形成“希望”这一品质，相信自己的愿望可以实现，为“憧憬未来”“树立理想”打下基础。否则，就会对周围世界和自己产生怀疑和不信任，缺乏安全感和归属感，不敢憧憬未来。这一时期，家长的教养任务就是敏锐地觉察孩子的需要，并给予其积极而充分的满足。帮助孩子建立信任感，形成安全型依恋，发展积极的个性品质。

第二个阶段是儿童早期（1.5—3岁），是建立自主性的关键期。当孩子掌握了一定的生活技能之后，就渴望自己独立探索影响周围世界。他们什么都想要自己来，例如吃饭、穿衣、喝水、排泄等，但是，由于能力所限，独立的愿望和做不好的现实总是矛盾的。为解决这个矛盾，很多家长希望孩子放弃“自己来”的愿望，孩子则坚持自己的主张不妥协，这是孩子第一个反抗期的表现。在这一反抗期中，孩子需要自主，要以己之力尝试影响周围世界的想法对他们的发展是极其重要的。此时，家长不应过分压制孩子的自主需要，应在保护孩子自主性的同时协助他们完成任务。此外，成人在保护孩子自主性的同时，还要帮助他们建立一定的规则，比如不随地大小便、按时睡觉等。家长掌握自由和要求之间“合适的度”是非常重要的，这将有利于孩子形成积极健康的意志力。否则，放任自流不利于孩子的社会化，包办代替或者严格限制都将损害孩子的自主性，使他们形成害羞的人格特征。

家长初为人父母，育儿经验不足，常常在孩子发展的这两个关键期内无所适从，如在建立信任的关键期怕孩子不独立而故意无视孩子的需要，在需要发展自主和独立的关键期则包办代替、百般压制，结果影响孩子的身心健康。所以，家长需要与早教教师进行专业沟通，在沟通中，解读孩子的行为，了解孩子的心理发展需要，与教师一起分析孩子在成长中出现的问题，共同探讨解决方法，帮助孩子获得信任感和自主性。早教教师与家长的沟通既是人际沟通也是专业沟通。

# 第五节　早期教育教师与家长沟通的目标

早教教师与家长沟通的目标分为两个方面：一是人际交往的目标，二是共育的目标。首先，教师和家长都是社会化的人，需要和谐相处，建立良好的人际关系，这是合作共育的基础。其次，在良好人际沟通的基础上，教师应该发挥其专业引领作用，为家长提供专业的指导和沟通，形成家园合力，促进幼儿的健康发展。

## 一、早期教育教师与家长沟通的人际交往目标

（一）与家长建立信任关系

在人际交往中，如果你与他人建立良好的信任关系，你会比较放松，言语也充满了智慧和幽默。反之，你会觉得不知该说什么，谨小慎微，越担心别人误解就越是说出一些不该说的话，显得僵化笨拙。建立信任关系是人际交往中最重要的目标。信任关系的基础是彼此产生的信任感，信任感是个体对他人所产生的安全、可靠、值得信赖的情感体验，只有当个体认为他人的行为具有一贯性、可预期性和可靠性时才会产生信任感。信任感既与个体早期形成的内部工作模型有关，也与交往对象的个人品质和交往能力直接相关。

从埃里克森的人格发展理论来看，个体信任感形成的关键期是0—1.5岁，这个时期如果婴儿与成人形成安全型依恋，就会形成信任感，否则就会产生怀疑感，这种状态进一步发展就形成了自己与母亲关系的心理表征，这就是内部工作模型。它主要有三个部分：一是预测依恋对象对自己行为的可能反应；二是自己在依恋对象心目中是否被接受或者喜爱的想法；三是对依恋对象抚养行为和计划的认知。假如儿童认为成人不接受、不喜欢他们，他们会对自己产生消极的看法，容易形成“我不行”的思维模式，相反，若认为自己被成人喜欢和接受，会产生积极的自我认识，会形成“我行”的思维模式。内部工作模型是未来人际关系发展的基础。

个人品质和交往能力也是影响信任感形成的要素，“与人为善”“宽容大度”“善解人意”等个人品质非常有利于让交往双方形成积极的内部工作模型，产生信任感。交往能力强的人，善于发起谈话，以对方感兴趣的话题展开对话；善于倾听，不打断他人谈话；善于控制自己的情绪，简洁友好地表达自己的观点，化解冲突。这些积极的交往策略会使双方的沟通愉悦有效，产生信任感。

教师在与家长的交流中，如果双方具有信任感，也就建立了良好的信任关系，双方都会比较放松，倾向于以善意和理解的方式来解读对方的言谈举止，这也就奠定了双方友好、有效沟通的基础。

（二）与家长建立对话关系

对话就是在尊重平等的基础上，交往双方的相互交流和情感互动。对话不是单方面的言说，也不是一方对另一方的压制，而是双方和谐有效的沟通交流。对话关系使双方的关系从“我-他”关系变成“我-你”关系。“我-他”关系是两个个体无法有效沟通，把对方视为与自己没有关系的他人，不愿理解对方。“我-你”关系是对话双方互相敞开和尊重，是渴望进入对方精神世界的态度和行为。在“我-你”关系中，双方感受到的是理解、友爱、启迪和美好，个体的独特性和人与人之间的异质性已经不再是交往的障碍，双方都努力理解对方的思想、行为和诉求，在对话过程中达到主体间的交融和互通。

早教教师与家长建立对话关系能够满足双方思想交流、情感互动的需要，也成为教育交流的基础。尊重、真挚、谦虚、积极热情和合作精神是建立对话关系的要素。

## 二、早期教育教师与家长沟通的共育目标

（一）获得教育的反馈和回应

每个孩子都是独特的存在，没有“放之四海而皆准”的教育方法，也没有适用于所有孩子的教育策略。因此，在教育过程中，教师需要经常了解和判断教育（包括保育）的效果和适宜性。孩子的表现固然是重要的反馈，家长的认可和积极反馈也是建立自我效能感和教育自信的重要来源。通过沟通，教师了解孩子在家里的表现和发展，判断教育的效果和适宜性。同时，也可以了解家长对教师教育行为的看法，反思自己的教育行为，思考提升家长教育水平的策略。

（二）对婴幼儿进行全方位的解读和理解

解读、了解孩子是教育的基础。没有对孩子发展、心理状态和兴趣的深入而全面的解读，教师是不可能做好教育的。因此，教师与家长沟通的主要内容就是孩子的表现和发展。在沟通过程中，教师可以了解孩子在家中的表现，家长可以了解孩子在早教机构的表现，这样就可以更科学地观察孩子、对待孩子，从而为系统、专业的早期教育奠定更好的基础。

（三）提升家长的教养水平

家长因为专业限制，经常在不断试误中积累育儿经验，很多家长的育儿经验常常来自长辈的言传身教，这些经验往往看似有理却并不科学。比如，一个孩子咳嗽发烧，长辈说不能用西药，西药副作用大，要吃中药调理，结果咳嗽虽然因为吃了止咳糖浆变轻了，发烧却越来越严重了，从低烧变成高烧，最后高热惊厥。为什么会这样呢？孩子咳嗽有痰常常是呼吸道的炎症表现，这时候最需要的是消炎杀灭细菌，咳嗽是身体的一种防御反应，通过咳嗽排除痰液和细菌，止咳不消炎只会让细菌更猖獗，因而低烧变成高烧。再比如，许多家长抱着不能让孩子输在起跑线上的心理，早早让孩子背唐诗、学计算，参加各种才艺培训，殊不知这些都是违背孩子身心发展规律的，完全是“拔苗助长”，适得其反。所以，家长的育儿水平如有早教教师专业的指导就能更好地提升。

# 本章小结

人际沟通就是人与人之间的信息交流过程，具有过程性、互动性、关系性、不可逆性、双向度的特点。

根据不同的维度，人际沟通可分为言语沟通和非言语沟通、口语沟通和书面沟通、有意沟通和无意沟通、正式沟通和非正式沟通。

人际沟通的理论可以对人际沟通的行为进行解释。人际沟通的三维需要理论认为，每个个体在人际互动过程中，都有三种基本的需要：包容需要、支配需要和情感需要。霍曼斯的人际交往理论就是从“经济人”的假设和行为主义的观点对人的交往行为进行了假设和研究。一方面，霍曼斯接受人是“经济人”的假设，但另一方面，他认为应对“经济人”的认识进行修正。首先，人类所有行为都是交换行为，并不是市场中才有交换行为。其次，人们并不总是追求利益最大化，而是希望在交换关系中获得利益。再次，人在交换过程中并非常常从长计议或进行理性算计。最后，交换物不仅仅是金钱，还有赞同、尊重、依从、爱、情感等精神产品。人际交往的不确定性减少理论认为，人际交往和沟通的核心动力是为了减少不确定性，分为关系开始阶段、关系个人化阶段和关系退出阶段。人际沟通分析理论提出了人际沟通中三种自我状态和四种人生态度。印象管理理论认为，我们都希望给别人留下一个美好的印象，这种试图控制别人对自己形成某种印象的过程就是印象管理。

人际沟通的心理效应有首因效应、晕轮效应、刻板效应、投射效应、近因效应、罗森塔尔效应。

早教教师与家长沟通的意义有共育需要，自我认知和自我实现的需要，提升家庭教育质量的需要。早教教师与家长沟通的目标有人际交往的目标和共育的目标。

# 延伸学习

## 拓展阅读

### 相互作用分析理论

——一种人际交往分析工具

相互作用分析（Transactional Analysis，简称TA）是由美国心理学家埃瑞克·伯恩（Eric Berne）所创立的一种用于心理治疗的理论，其基本哲学是反对决定论的，认为人有着战胜早期或现实的经验和环境的能力。它能促进人的自我改变，去建立自我控制和自我引导，是一种人人都能掌握的简明通俗的理论。

**一、相互作用分析理论的基本内容**

简而言之，相互作用分析可以概括为以下四种分析：

（一）结构分析——分析个体的人格组成

心理分析源于弗洛伊德的精神分析学派，弗洛伊德把人格结构分为三个组成部分：本我（id）、自我（ego）和超我（super ego）。伯恩也建立了一个三部分的人格结构模型，他的人格三个组成部分是：家长自我状态（Parent Ego State，简称P）、成人自我状态（Adult Ego State，简称A）和儿童自我状态（Child Ego State，简称C）。伯恩认为："家长自我状态、成人自我状态和儿童自我状态不像超我、自我和本我这样的概念，而是现象学中的真实存在。"每个人身上都存在着这三种不同的自我状态。

（二）交往分析——分析个人与他人交往的方式

相互作用分析理论把人与人之间的交往剖析为人的三种不同自我状态之间的交往。

当一个人以某种自我状态向对方发送一个刺激时，接受的一方以发送的一方所期待的自我状态作出反应，相互作用能够继续进行。这种相互作用叫作互补的相互作用。

当发送刺激的一方或者接受刺激的一方或者双方都没有得到期待的反应，就会引发不适当的自我状态，相互作用的线路就会出现交错。这种相互作用叫作交错的相互作用。

当一个人以某种自我状态向对方发送一个刺激，而用另一种自我状态间接地表达另一种含义，就会引发双重的相互作用。这种相互作用叫作暧昧的相互作用。

（三）游戏分析——分析人际交往中的心理游戏

心理游戏是相互作用分析理论的一个特有的概念，伯恩用《人间游戏》（《*Games People Play*》）整整一本书来探讨人际交往中的"游戏"。他给游戏下的定义是："游戏是一系列不断发展的、互补的暧昧性相互作用，它将会引出具有明确含义的预想结果。可以把游戏描述为一套原地转圈的相互关系，它们经常是重复的，表面上好像很有道理，实际上有着隐蔽的动机，或者说得更加通俗一点，就是设置圈套或'机关'的一系列活动。它具有以下两个特点：隐蔽性和惩罚性。实际上每一场游戏都是不诚实的，其结果不仅有刺激性，而且有戏剧性。"心理游戏就是通过扮演"惩罚者""受害者"和"拯救者"等心理角色而进行的一种钩心斗角，它对人际交往有着破坏作用。

（四）脚本分析——分析人们潜意识中的生活脚本

人们常常反复地玩着某种心理游戏，反复地扮演着自己偏爱的心理角色，人们的生活仿佛是一次又一次地按照预先写好的"脚本"反复上演的戏剧。这个"脚本"就是人潜意识中的"生活计划"，它规定了一个人生活的主题，规定了他在现实生活舞台上所要扮演的角色，也规定了他周围的人所要扮演的角色。人们的人生态度与其生活脚本有关，人们在心理游戏中的角色偏爱也与其生活脚本有关。一个人要从根本上改变自己的生活，就必须深入地分析并"改写"自己的"生活脚本"。

**二、相互作用分析理论在人际交往分析中的应用**

很多学者认为，相互作用分析理论能为我们提供一种对人际交往进行分析的方法，这一理论逐渐被推广为一种帮助人们了解别人、了解自己、了解人与人之间关系的人际交往分析工具。

（一）三种自我状态与人际交往

人际交往是人与人之间发生相互作用并产生相互影响的过程。人际交往的过程必然受到个体人格特征的影响。相互作用分析认为每个人的人格都是由家长自我状态、儿童自我状态和成人自我状态这三种自我状态构成的。随着人际交往的内容、对象和环境的改变，自我状态也要变化。

家长自我状态（P）是相互作用分析的第一种自我状态，它是人们头脑中所记录的童年时期的外部事件的总和，孩子将自己的家长或者家长的替代者的言谈行为、观念见解全部记录在“P”这个记忆磁盘上，在人生的最初几年里，孩子没有批判能力，所以是将耳闻目睹的家长的所作所为当作外部事件的真实经历全部记录下来的。父母的言行内化为孩子的“P”，每个人的“P”都是特定和唯一的。

儿童自我状态（C）是相互作用分析中的第二种自我状态。如前所述，我们把大脑对外部事件真实经历的记录称为“P”，同时，大脑对内部事件真实经历也在进行着记录，童年时期所体验的自然冲动、情感反应、态度、感觉、经验等全部记录在“C”这个磁盘上。这种童年时期的情感体验被记录下来，就构成了我们的“C”。

成人自我状态（A）是相互作用分析中的第三种自我状态。在儿童的发展过程中，逐渐会发现自己在实际生活中所领悟的经验与“P”中“传授的生活观念”和“C”中“体验的生活观念”有所不同，这就是“A”形成的发端。“A”像一台能够进行信息处理的计算机，它对“P”中的信息进行检验，家长告诫孩子“暖气片不能摸”，孩子认定这个信息是可靠的——因为摸过一下暖气片，烫了手。父母说“小孩不能吃冰淇淋，吃了会肚子疼”，孩子知道这是骗自己的——因为邻居阿姨给了一个冰淇淋，吃完没有肚子疼。这样，“A”通过自己的检验，就可以确定“P”中的信息是否真实、是否正确，然后来决定取舍，真实有效的部分就被记载到“A”中去。同样，“A”也能够通过对“C”中的信息进行检验，分辨出“C”中的情感体验与实际领悟的现实之间的差别，判断哪些情感适合公开表达，哪些情感不能公开表达，然后对“C”中的信息进行更新，适宜的部分就被记载到“A”中去。

在人际交往中，应该用哪一种自我状态去与人打交道呢？这就是人际交往中的“行为决策”问题。三种自我状态就是内心世界的三个不同的行为决策者。

“C”是个“感情用事”的行为决策者，它不会根据社会的、他人的利益和自己的长远利益来考虑“合理不合理”“应该不应该”的问题，而只是考虑“喜欢不喜欢”和“高兴不高兴”的问题。“P”是一个“照章办事”的行为决策者，它的“章程”就是头脑中所记录的那些由权威人士提供的行为准则。只有“A”才是一个“面对现实”的行为决策者，它既不像“C”那样感情用事，也不像“P”那样只会照章办事，它善于独立思考，善于根据实际情况作出明智的选择。

在人际交往中，我们应该根据其内容、对象和环境的不同而选择不同的自我状态，但是，我们只有让面对现实的“A”在自己的行为决策中起主导作用，而不是放任感情用事的“C”或自以为是的“P”来主宰自己的行为，在人际交往中才能从自己可能采取的各种行为中选择最恰当的行为来作出反应。

（二）四种人生态度与人际交往

人际交往的过程除了受三种自我状态的影响外，还受人生态度的影响。自我状态的影响是短暂性的，而人生态度的影响是长期性的。

相互作用分析认为：人生态度是我们对待自己和他人的一般看法。我们每个人都有一套对自己的一般性的感受，即“我行”或者“我不行”。也有一套对他人的一般性的感受，即“你行”或者“你不行”。在人际交往中，人们会表现出四种不同的人生态度，即：“我不行，你行”“我不行，你也不行”“我行，你不行”“我行，你也行”。抱着不同的人生态度与人交往就会形成不同的人际关系。

“我不行，你行”是儿童最早形成的一种人生态度。在人生的最初阶段，孩子总是弱小的，需要家长的照顾和帮助。大人可以胜任许多事情，而孩子却什么也不能胜任。“我不行，你行”是孩子从小时候的自身处境中得出的结论。成人以后还抱着这种人生态度的人，就容易听任别人的摆布，缺乏自信、自卑和不胜任感强，需要别人的帮助，做事不成功，常常表现出顺应的儿童自我。

儿童最初都认定“我不行，你行”。如果孩子遇到一位冷漠的母亲，随着婴儿期的结束，爱抚也消失了，孩子处于被遗弃的困境之中，就会形成“我不行，你也不行”的人生态度。如果一个人成人以后仍然确信“我不行，你也不行”，他就既不喜欢自己，也不喜欢别人；既不满意自己，也不满意别人；既不相信自己，也不相信别人。无论别人是否真诚，他都一概拒绝对方的关怀和帮助。总是在顺应的儿童自我和威严的家长自我这两种自我状态上徘徊。

一个最初认定“我不行，你行”的孩子是如何转变为“我行，你不行”的人生态度的呢？主要是由于家长长期的虐待和羞辱所致。这种长期被家长残暴对待的孩子，会进行自我抚慰，会告诫自己：等着瞧吧，我会“行”起来的；你们想伤害我，但是办不到，你们“不行”。他们见多了凶狠和残暴，也就学会了凶狠和残暴，有着强烈的仇恨和报复心理。他们不能正视自己的内心世界，更不能客观地看待别人，从不信任他人，总是认为一切都是人家的错。常常用威严的家长自我对待别人。

“我行，你也行”的人生态度才是正确的人生态度，这是孩子有一个幸福的童年和无数成功经历的结果。抱着这种人生态度的人，喜欢自己，也喜欢别人；相信自己，也相信别人。他们常常通过表现慈爱的家长自我来帮助别人；通过表现自然的儿童自我来享受生活；运用自己的成人自我来进行决策，采取行动，完成任务。而只有在非常高的压力下或者身体极度疲劳、健康状况很差时才会表现出威严的家长自我或顺应的儿童自我。

相互作用分析认为，大多数心理失调，实质上是人际交往中交往态度的失调，改变失调的对策就是调整人际交往的态度。只有抱着“我行，你也行”的人生态度的人才是健康的人，他们既有自豪感，又有平等心，能够在人际交往中与对象建立平等的良好的人际关系。

（吕勤．相互作用分析理论——一种人际交往分析工具［J］．青年研究，2000〈10〉：39-43．）

## 学习活动

1. 2—5个同学自由结伴进行沟通交流,讨论和感受人际沟通的概念、特征和类型。

2. 分小组讨论各种人际关系理论,分析各种理论的优势和不足。

3. 请结合案例分析家长与教师沟通过程中所表现出来的三种自我状态和四种人生态度,并提出不同的对策。

4. 分组讨论人际沟通中的六种效应。

## 复习与思考

1. 什么是人际沟通？有什么特征？

2. 你觉得言语沟通和非言语沟通哪个更为重要？为什么？

3. 在人际关系理论中,你比较认可哪一种理论？为什么？

4. 人际交往的不确定性减少理论提出了人际交往三个阶段,你觉得符合实际吗？有无例外？

5. 你如何认识人际沟通中的三种自我状态和四种人生态度？

6. 反思自己是如何在人际沟通中进行印象管理的。

7. 早期教育教师与家长沟通的意义是什么？

# 第二章 早期教育教师与家长沟通的要素与过程

学习目标

1. 掌握早期教育教师与家长沟通的要素和技巧。
2. 熟悉人际沟通的模式。
3. 掌握沟通程序。
4. 可以识别并能够与家长进行成功的关键对话。

## 第一节 早期教育教师与家长沟通的要素

### 一、倾听

（一）倾听的意蕴和特点

倾听是指主要利用听觉系统获得信息，理解说话者表达的意义，达成思想交流和情感互动的过程。倾听不等于简单地听，需要一个人全身心地感受对方谈话过程中表达的言语信息和非言语信息。研究繁体字的“聽”更能理解倾听的意蕴。“耳”代表用耳听，指竖起耳朵聆听别人讲话。右侧是“德”的省略写法，表示聆听是一种良好的品德。倾听是交流沟通过程中的基础和重要环节，也是交流的智慧。倾听与你是否同意他人的讲话是毫无关系的。倾听就是接收他人所讲的一切。在倾听过程中，努力理解他人的想法。即使你不认可他人的观点，你也要试图理解，但并不意味着必须接受。教育中的倾听体现了理解性、情感性、反馈性和信息多样性几方面的特征。你试图理解对方的想法，用心用脑，共情地听，能够给对方及时的、适当的反馈，捕捉多样性的信息。在此过程中，表明你对家长的尊重、鼓励、体察和兼听则明。

（二）倾听的价值和问题

在与家长沟通过程中，倾听的价值体现在四个方面：一是本体论价值，听觉器官需要发展，“耳聪目明”是大脑处理信息的基础；二是道德价值，教师的倾听能力对于孩子而言是教师的责任和教育过程，反映了师德的水平，不愿意倾听孩子的教师不可能是好教师，对于家长而言，教师也有义务倾听家长的诉求和交流，以便更好地做好教育工作，因而倾听具

有道德价值；三是交往价值，教师与家长也是重要的交往对象，通过交流对孩子的解读和教育进行建设性的交往，倾听是交往过程中不可或缺的环节，故而具有交往价值；四是治疗价值，家长在养育孩子的过程中，会遇到很多麻烦和不能处理的问题，他们的焦虑经常会比孩子更严重，反过来也影响孩子的身心健康，教师对家长倾听，让家长如遇知音，心理的问题就会减少许多。我们往往可以发现，一个脾气暴躁、情绪焦虑或悲观抑郁的家长，一旦遇到一个特别会倾听的教师，其负面情绪就会减轻许多。所以，倾听具有治疗价值。

不能有效倾听表现为虚伪地听（似听未听）、自恋地倾听（总喜欢把话题转到自己身上）、选择性倾听（只选择倾听自己有兴趣的内容）、隔绝性倾听（听而不闻）、防卫性倾听（警惕和没有安全感的听）、埋伏性倾听（侦察性倾听）和鲁钝地倾听（无法理解说话者的真实意图）。造成不能有效倾听的原因：一是信息超负荷，说话者说话的时间和内容超出了倾听者的承受范围；二是倾听者心不在焉，不能集中注意力，只想自己感兴趣的事情；三是倾听者的思维与说话者的语速不对应，过快或者过慢；四是倾听者不愿意付出倾听的能力，敷衍对待说话者的诉说；五是外在的噪声，如孩子的喊叫和外在的声音等；六是错误的假定，受刻板效应或者晕轮效应的影响，或者认为对方多次说过这个问题，却不知道这次还有新的重要的信息，不认为倾听比说服重要。

（三）有效倾听的要点

在与家长的沟通过程中，早教教师如何有效倾听呢？第一，与家长建立平等对话、尊重信任的社会关系。这需要双方的“敞开”和“接纳”，需要双方的倾听，对话的目的不仅是获得已知的确定知识，还期望新的发现和新的意义。这就需要教师以开放的心态倾听家长的认识和观点，及时修正我们的认识，同时，也通过这种开放的态度和建设性的建议为家长答疑解惑。第二，营造氛围，享受安静，怡人发声，在观察和倾听中开始与家长的对话。教师需要选择合适的沟通地点和时间以营造良好的沟通氛围。在沟通过程中，尽量让家长先说，少说多听，集中注意力，尽量做到共情和专心致志。第三，明确倾听内容，尽量不作评判，或者不过早进行评判。这就需要教师在倾听过程中保持公正客观的立场，避免给家长贴标签。第四，明确倾听原则，即专心原则、移情原则、客观原则、完整原则、激励原则。在沟通中，还要尊重开放，悬置已有观念，及时反馈，通过非语言行为营造氛围，细心观察说话人的声调和肢体语言，感受其语言背后的东西，不过早下结论。养成倾听的良好习惯，了解对方心理、集中注意力、创造谈话兴趣、观察对方身体语言、辨析对方意思并反馈、听取对方的全部意思。避免喜欢批评、打断对方，注意力不集中，表现出对话题没有兴趣、没有眼睛的交流、反应过于情绪化、只为了解事实而倾听等不良习惯。

## 二、言语沟通

（一）言语沟通的内涵

言语沟通就是通过言语，即口头语言进行的沟通，又称为交谈。倾听固然重要，自然智慧的说话和交谈也很重要。同样的话，不会说话的人会让人或怒火中烧，或无比沮丧，或顿生厌烦；会说话的人则娓娓道来，让人舒服愉悦，如沐春风，甚至获得启发。所以，会说话、会沟通是非常讲究艺术的。

（二）言语沟通的要点

早教教师如何与家长进行言语沟通呢？早教教师与家长沟通时应该做到“五要”“五不要”。五要：一要态度亲切谦虚；二要让家长先说话；三要先肯定再规劝；四要找出共同点讨论；五要淡定从容。五不要：一不要争论；二不要夸夸其谈；三不要揭短；四不要消极悲观；五不要命令。

如何理解“五要”呢？第一，亲切谦虚的态度，很容易让家长亲近，愿意跟你说话。第二，人人都有说话的愿望，家长如果主动跟教师沟通，表达的愿望更强。让家长先说话也能够帮助你了解他们的困惑和诉求，为进一步解决问题奠定基础。第三，为什么要先肯定再规劝呢？沟通双方要相互理解才能达成共识，否则就会相互猜忌甚至敌对。经常会有教师反映：某某孩子毛病特别多，跟家长反映家长总是不高兴。困扰教师的问题是：如何让家长知道孩子的问题和缺点？这其实并不是一个能够沟通的苦恼。教师让家长听到孩子各种问题的动机是什么？推卸责任、情绪发泄还是让家长自己解决问题？推卸责任、情绪发泄都于事无补，让家长自己解决问题可能也希望不大，只有沟通交流才能共同解决问题。因此，首先要肯定孩子的闪光点，而后以商量的口吻与家长探讨孩子的问题及问题解决之策，这样家长才容易接受。第四，与家长沟通时，要找出双方共同点来讨论。比如，你们可以从孩子可爱的行为谈起，或者从孩子感兴趣的事情谈起，或者你了解家长的个人爱好，从他们感兴趣的事情谈起，这样接下来的谈话就自然而然了。第五，就是淡定从容，这代表了你对自己的情绪管理得很好，具有专业自信，家长对你的信赖也油然而生。

如何理解五不要呢？一是不争论。争论时，双方往往会失去理智，从而互相攻击，为维护自己的尊严口不择言，双方所建构的良好关系瞬间紧张，这与友好沟通、解决问题的初衷大相径庭。二是不夸夸其谈。教师夸夸其谈就不能给家长说话的机会，也让家长怀疑教师的情商和专业性。三是不揭短。俗话说：打人不打脸，说人不揭短。揭短跟打脸一样，都会影响人的自尊，激发家长不愉快的回忆，让其失去理智而变得情绪化，显然这不是大家想要的状况。四是不消极悲观。积极热情更容易有建设性的沟通和解决方法，而悲观消极只能让人自暴自弃。五是不命令。教师要委婉地表达自己的观点，不用祈使句和确定性的结论，最好以商量的口气提出自己的建议。

（三）言语沟通中的回应

在言语沟通中，倾听后的回应是非常重要的。在与家长的沟通中，教师的回应需注意如下几个方面。

第一，顺水推舟，借力使力。家长说：孩子经常不睡觉，我好郁闷啊！教师说：这真是很郁闷！这样顺水推舟让她感觉你能理解她的烦恼，你懂她。她继续说：不过我想了好办法……教师欣赏地说：这真是一个好办法啊！这会激励家长继续说下去。这里的真诚和共

情是非常重要的，不然家长会觉得教师在应付她。所以，进行这类语言表达时一定要配合身体语言，如欣赏的眼神、专注的样子、微笑或忧虑的表情等。

第二，亲切的问话。通过问话表明教师的关心，清楚对方的感受和期待，也帮助家长明确自己的想法，如：你是不是很生气啊？你的意思是……？你希望我做些什么呢？

第三，释义。解释对方的意思，人际沟通的问题大多是误解所造成的，亲切和蔼的释义往往能够加深双方的沟通，避免误会。如何释义呢？一是改变说话者的措辞，如对方很生气地说：你们什么也不教就让孩子们玩，那我们花钱到这里干什么？教师平静亲切地释义：你本来觉得送孩子过来能学到很多东西，但孩子天天玩，啥也没学到是吧？二是从家长的谈话中抓到一个例子说明你了解的程度，比如家长说：某某机构给孩子教闪卡，孩子很快学了很多东西！教师说：你的意思是我们也应该向他们学习进行闪卡教育吗？三是说明家长想要说明的潜在含义，“听话听声，锣鼓听音”，人们在表达观点时往往会绕弯子，想表达的意思往往比较隐晦，恰当的时候，教师可以把自己的理解明确地说出来，如：你是否担心孩子会受委屈呢？

第四，支持。当家长比较沮丧或者担心教师反对时，教师要适时表达自己的支持、同理心、欣赏和帮助。这会让家长感到教师跟他们是一起的，教师的这种能力就是一种“安慰能力”。要做真诚的安慰，避免“冷安慰”，如：“别生气。”“这不值得。”“那没什么。”“我比你还倒霉呢！”“你还是太年轻了！”“我早跟你说过别这样，现在知道了吧？”这些看似安慰，实际上是没有真正体会家长的内心感受和伤害，甚至是火上浇油。

第五，建议。当家长特别想让教师提供帮助和建议时，可以恰当地提出自己的建议，这时候就是体现教师专业性的时候了。提供建议有四个条件：一是家长真的需要；二是教师十分有把握自己的建议是科学的、可行的；三是教师确信家长不会因为建议不见效而怪罪自己；四是教师和家长已经建立了信任和尊重的关系，教师的建议是他们迫切需要的。

## 三、身体语言

### （一）身体语言的界定

身体语言又称为体态语言，或者肢体语言。它是指在社会交往中，人们以姿势、手势、面部表情等身体动作表情达意的过程。身体语言可以是有意表达，例如鼓掌表示欢迎，垂头表示丧气，翻白眼表示不屑等；也可以是无意所为，有时候身体语言暴露的是你的真实意图，如表示欢迎时身体却后退，说谎时脸红了。身体语言常常起到“此时无声胜有声”的效果。

### （二）身体语言的作用

身体语言的作用体现为三个方面：一是身体语言可以代替语言进行表达，身体语言可以进行有效的语言表达，例如你在倾听家长讲话时，身体是前倾的，时不时点头，微笑而欣赏，这表明你赞同他们的观点。如果当他们表达观点时，你的表情越来越僵，手臂不自觉地环抱住，这表明你不认可他们。二是身体语言可以强化所表达的内容，如当你享受美食时，一边说着“好美味”，一边满脸陶醉的表情，让人对美食垂涎欲滴。三是身体语言往往表达了你的真实想法，如你与一个多动孩子的家长沟通时，嘴上说很喜欢他们的孩子，活泼可爱，但表情却是一脸无奈，这就泄露了你的真实想法。

身体语言往往比言语表达更能拉近或者疏远彼此的关系，因而可决定关系的品质。但是，身体语言又是暧昧不清的，对方的表情可以有很多解读，比如在你说话时家长打呵欠，他是厌倦、疲惫还是跟不上你说话的速度，或是不能理解你的意思呢？所以，身体语言需要与言语表达结合起来。

（三）身体语言的解读和善用

在交流沟通过程中我们既要读懂他人的身体语言，也要善用我们的身体语言。首先，在读懂家长的身体语言的同时，我们要注意观察和体会对方的言外之意，要会“察言观色”，而不能闷着头只顾自己说。一旦发现家长体态表情不对，就要及时调整自己的语言或结束双方的沟通。其次，注意与家长眼神交流，表现自己的专注和认真。再次，通过身体的姿势表明自己的态度和支持，如身体的朝向和放松表现自己的积极态度。

身体语言是潜意识行为，尽管你会注意运用身体语言进行沟通，但你不是演员，你的潜意识总会表现你的好恶。要转变观念，提高专业水平才会有比较理想的身体语言：对他人尊重、信任，真正喜欢差异和沟通，具有客观公正的立场，具有强烈的好奇心等都有利于恰当身体语言的养成；专业上的进步和得心应手则可以减少你的紧张和不自信，继而也会有较好的身体语言。

## 四、情绪管理

（一）情绪及特征

在沟通过程中，都会伴随着情绪，不同的情绪也会影响沟通的进程和质量。情绪是反映主体需要与客观事物关系的态度体验。情绪具有四个基本特征：一是具有主观体验，如高兴还是难过的体验；二是具有一定的表情，表情通过声音状况、面部表情和体态表情表现出来；三是具有明显的机体变化和生理唤醒，如心跳加快、血压升高等；四是具有独特的生理机制，大脑皮质、下丘脑、边缘系统、网状系统均参与情绪的产生和发展过程。情绪是由刺激所引起的，可以是外部刺激，如孩子的表现，也可以是内在刺激，如身体不适、更年期等。情绪是一种能量，高兴快乐的情绪带来了积极的正能量，人际交往和做事情都会充满热情；也可以是负能量，愤怒不仅伤害自己，还会迁怒他人，甚至殴打他人和毁坏物品。情绪具有个体差异，同样的事件有的人痛不欲生，有的人云淡风轻。情绪是可变的，时过境迁，情绪就会不一样了。

男性和女性的情绪特点是有差异的。相比而言，女性的情绪有周期性，在月经期及其前后更容易情绪化。男性的情绪比较稳定、独立性强，而女性的情绪更容易变化，容易受到环

境的影响，情绪的持续时间比较长。因此，早教教师在与妈妈、奶奶等女性家长沟通时，要注意这些特点，最好不要在她们情绪不容易控制的时候沟通，尽量营造和谐交流的氛围，以饱满的热情引发女性家长的积极情绪。同时，对于女性家长的情绪要有足够的心理准备，并且要包容她们的情绪化表现。

情绪还会具有传染性，影响人际关系。著名的"踢猫效应"描述的就是情绪的传染性，人们的负面情绪会扩展到其他人。例如，教师失恋，心情不好，就冷脸面对家长，家长生气就对孩子发火，孩子憋了一肚子气没处撒看见猫就踢。一般而言，负面情绪会沿着等级和强弱组成的社会关系链条依次传递。无处发泄的最弱小的人或者动物就成为最终的受害者。"踢猫效应"在生活中时有发生，在压力较大的现代社会，这种效应更容易发生。在早期教育中，家长和教师都有可能成为始作俑者。对于家长而言，没有育儿经验经常一筹莫展，很容易产生负面情绪；对于教师而论，大多数是刚刚毕业的年轻人，同样没有经验，一个人面对几十个孩子，还要背负家长的期待或者误解，更容易产生负面情绪。如果任由负面情绪发生"踢猫效应"，会极大地破坏教师与家长人际关系，也会使孩子成为受害者。

（二）情绪管理的策略

情绪管理要治标也要治本，治标的方法可以立竿见影。首先，观察自己的情绪。情绪从弱到强需要一个过程，我们在此过程中及早发现及时处理，就可以防微杜渐，避免情绪发作不可收拾。例如，一位男教师早上起床找不到自己的拖鞋，刮胡子的时候刮胡刀屡屡掉落，情绪非常不好，到客厅时发现孩子的作业没做，便火冒三丈，遭到妻子的强烈不满。他一气之下摔门而出，由于情绪激动开车的时候注意力不集中，不幸引发车祸，不治身亡。如果他能在找不到拖鞋和刮胡刀掉下的时候观察到自己的情绪并及时处理，或者他的妻子能够发现他正在升腾的负面情绪而不火上浇油，这样的悲剧就不会发生。所以，情绪的观察比情绪的处理更重要。如何观察自己的情绪呢？一是观察自己的内在感觉，二是观察自己的肢体动作，三是观察自己的思想。如果内在感觉不好，肢体动作失灵，思想中总是有负面的困扰，就要特别注意了。一旦发现有负面情绪，就既来之则安之，观察它观照它，允许它的存在，坦然地去接受它，不要抗拒，你的全然接纳就会让它更快消失，甚至转化为喜悦。其次，深呼吸、慢发作。这种方法为什么见效呢？这要从情绪的脑机制来谈，生理心理学的研究表明，大脑皮质调节控制着皮质下各个部位的活动，情绪发生的核心部位却主要在皮质下部。在情绪刺激作用下，整个丘脑系统、边缘系统、网状结构、皮下神经节等部位的活动都被卷入，从而形成极为复杂的情绪中枢机制。由于情绪核心部位在皮质下部，情绪的传导速度比较快，情绪来临时大脑皮质不审时度势，根据现实和后果行动，那就会做出后悔莫及的行为。当深呼吸、慢发作时，情绪就会暂时遏制住，等待大脑思维的参与，随后的行为就理智了。再次，无害发泄。有很多无害发泄的方法：一是眼泪宣泄法，通过哭泣，让眼泪尽情地流，负面情绪就会减轻不少，实际生活中，女性更容易运用这种方法减压或减少负面情绪；二是运动宣泄法，通过运动和热烈的舞蹈来赶走负面情绪；三是倾诉宣泄法，找个知心的朋友、无人的空间或是在网络世界把憋在心里的委屈和愤怒都说出来；四是模拟宣泄法，将一个无生命的物体作为假想敌，对它发泄以减轻痛苦；五是环境宣泄法，找一处美丽的地方，拥抱大自然，尽情地呼吸新鲜空气，把不愉快的一切抛诸脑后；六是音乐发泄法，通过聆听不同的音乐放松心情，忘记烦恼。

治本的方法是改变理念、关爱自己。我们先来看看下面的案例：

案例 1

有一个美国年轻军官接到调令，必须立刻到一处沙漠边缘的基地工作。新婚的妻子愿意跟随丈夫同往。沙漠夏天酷热难耐，风沙多且早晚温差大，更糟的是附近部落中的印第安人都不懂英语，他们无法与其进行最基本的日常沟通。过了几个月，妻子因无法忍受这样艰苦难挨的生活，给妈妈写了一封信诉苦，表达了她想离开沙漠回到都市的心愿。妈妈的回信很简单："有两个囚犯，他们住同一间牢房，往同一个窗外看，一个看到的是泥巴，另一个则看到星星。"妻子顿悟，从此她改变了生活态度，她常常对自己说，打败自己的不是环境而是自己，她积极走进印第安人的生活，学习印第安语，利用沙漠的星空研究星星。后来她迷上了印第安文化，还成为天文星象方面的专家，出版了多本关于星星的专著。

在此案例中，正如那位新婚妻子所认识到的：打败自己的不是环境而是自己。正是这种理念的改变，使她的生活发生了翻天覆地的变化。所以，"一念天堂，一念地狱"。理念是影响人们情绪及其管理的重要因素。心理学家艾利斯认为，人总是带着或根据大量的已有信念、期待、价值观、意愿、欲求、动机、偏好对经验和环境进行解读。同样的环境人们的解读却不同。积极乐观的人总能找到积极的因素并加以利用，因而容易产生积极情绪，而消极的人总能找到环境的糟糕之处，很容易产生负面情绪，身心疲惫、健康受损。所以，要想从根本上解决情绪问题，就必须改变人们的理念，包括信念、期待等。

在与家长的沟通中，你会遇到各种各样的家长，有的蛮不讲理，有的刻板偏执，有的疑心重重等。当你遇到这些问题时，不应悲观失望、讨厌家长、厌倦工作，而是要努力理解家长，他们在这种情况下也深受负面情绪的危害，要找到他们产生负面情绪的原因，不能因为他们的愤怒而愤怒，把控自己情绪的人才是真正的强者。遇到冷脸的家长，可以试着去理解她产生负面情绪的原因，她也许是跟老公吵了架，也许是身体不舒服，也许是苦于不知道如何更好地教育孩子，这样就避免了自己不必要的负面情绪反应。"我们改变不了天气，但起码能够改变看待天气的心情"就是这种理念。事件本身的刺激情境并非是引起情绪反应的直接原因，个人对刺激情境的认知、解释和评价才是引起情绪反应的直接原因。我们重在改变自己的认知、解释和评价，这样对环境的依赖就会越来越少，自己就能自得其乐，充满积极情绪。

# 第二节　早期教育教师与家长沟通的过程

## 一、沟通模式

（一）沟通的线性模式

早期的研究者以各种模式来说明沟通的历程，线性模式是最早被提出的沟通模式。该模式把沟通过程视为一个线性过程，传送者通过一定的沟通渠道传递信息给接收者。传送者是主动的，接收者是被动的。这种沟通高效而明确，在一些领域具有较高的使用价值，如广播、电视、通告等均为线性沟通。在家庭沟通中也普遍存在线性沟通的模式，如专制型家长与孩子的沟通经常是这样的："你要听好了，我的话都要听清楚记在心里哦！"教师与家长在沟通过程中，如果是希望家长要听他们的，不顾家长的看法和意见，反感家长不认真听或者表达反驳的意见，均是线性沟通模式和思维作祟。在线性模式中，信息是单向的，沟通速度快，信息传递者压力小。但是，信息接收者和传送者是截然不同的，传送者强调自己所表达的信息却忽略了信息在接收者头脑中的建构，每个人都会根据自己的思维、理念和文化来理解信息，并且由于这种单向的沟通常常是自上而下的，接收者的感受是非常糟糕的。在现代社会，这种单向沟通往往让人产生抵触情绪而影响沟通的效果。

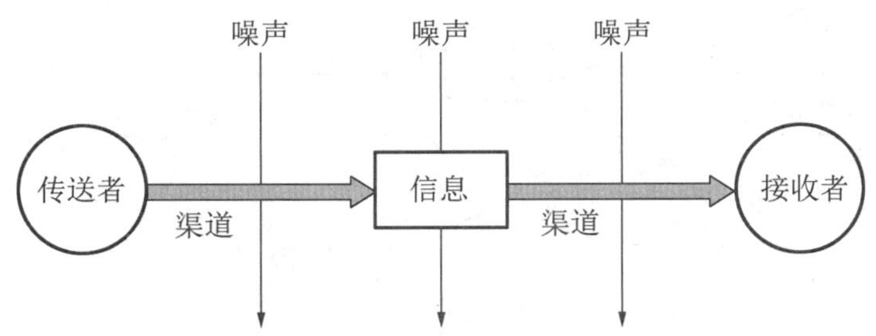


传送者：制造信息的人
信息：被转译过的资料
噪声：干扰传递的因素
接收者：接收信息的人
渠道：信息传递的媒介，如演讲、谈话等

图 2-1　沟通的线性模式

（二）沟通的交流模式

由于线性沟通存在诸多问题，人们又提出了沟通的交流模式。在沟通的交流模式中，没有传送者和接收者的区别，双方都是沟通者，但却是不同的沟通者，具有不同的理念、思维模式、文化和经验，是两个不同个体的集合。他们在沟通过程中追求信息的交流和意见的达成。两个集合的相融部分就是两者的共同部分。在沟通过程中，沟通双方会采用不同的渠道包括身体语言、口头语言、书面语言或网络语言进行沟通，沟通也会受到各种噪声的干扰。噪声来自两个方面：一是外界噪声，比如在沟通过程中，孩子们的欢笑打闹声、汽车声、音乐声、其他家长打招呼的声音等都会干扰双方的沟通；二是内在噪声，包括生理性噪声和心理性噪声，生理性噪声如疲惫、身体不舒服等，心理性噪声如个人的偏见、刻板印象、心理封闭等。

沟通包括两个向度：关系向度和内容向度。当同学生病了，你会安慰道：不舒服了？好辛苦吧？然后你们讨论到哪个医院哪个科去看病。询问对方是否舒服就是沟通的关系向度，你对对方的关心，让对方感到安慰和温暖，身体的痛苦似乎减少了一些。你们之间的关系也更为融洽了。关系向度是内容向度的基础，如果没有关系向度只关心沟通内容，那就是这样一个局面：生病了就该去医院，我觉得你应该去哪所医院哪个科。对方会感到你的冷漠和高高在上，心里会很不舒服，你的建议往往会引起对方的抵触，这样就不可能达到效果。在关系向度上，沟通者要关注到对方的心理感受和生存状态，通过说出对方感受、倾听、用连接语推进、用幻想的方式实现对方的愿望等方式发展关系向度。在内容向度方面，要清晰简洁地表达自己的想法，善于赞美对方的优点，化解对方问题，吸收对方的观点，通过提问和回应来推进沟通的进程。

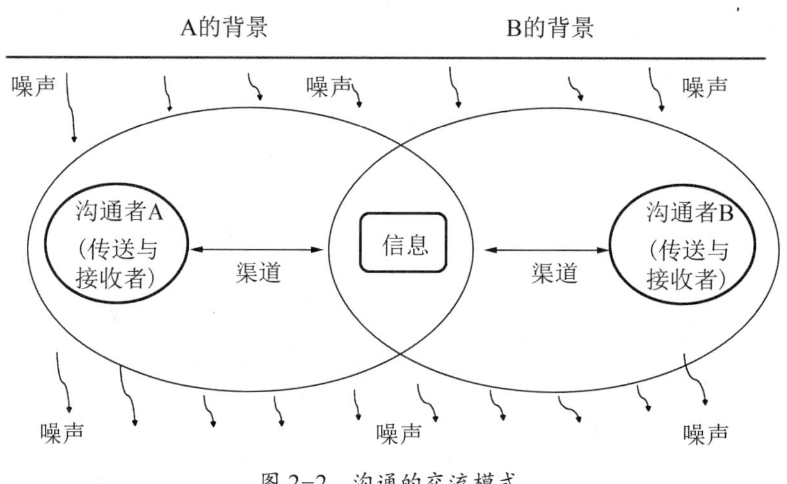


图 2-2　沟通的交流模式

（三）沟通过程应注意的问题

第一，沟通是不可逆转不可复制的。早教教师与家长沟通时一定要谨言慎行，每句话都要思考，以免言语不当伤害对方，进而影响彼此关系。沟通没有彩排，每一次都是现场直播，错误虽然可以在事后挽回，但往往比较困难。沟通也是不可复制的，你跟A家长顺利的沟通技巧和内容未必就适合B家长，要不断反思如何跟不同的家长进行有效的沟通。

第二，成功的沟通并不一定彼此了解。我们经常担忧班上有那么多家长，不可能全都了解，该如何进行有效沟通啊？其实，成功的沟通未必需要相互了解。正是不了解，所以才不

会有那么多的偏见，也不会有那么多不愉快或者因为太过了解失去沟通的兴趣，少了该有的委婉。例如，你的好友做了一个新发型，你觉得很丑，就直截了当地说：过去的发型多好，瞎折腾。好友一怒之下不再理你。如果是关系一般的同学你会说：挺特别的，我就没有胆量改变发型。于是你们就可能开始沟通如何有胆量改变发型的问题。这样的沟通反而会比较顺利成功。

第三，避免啰嗦唠叨。你想表达的意思其实并不复杂，但如果啰嗦唠叨，则让对方云里雾里，不知道你要说什么。有的情况下，你的啰嗦还会引起对方的反感，失去与你沟通的兴趣，更不愿意合作了。在很多情况下多说不如少说，言多必失。

第四，善于解读对方的真实意图。沟通者的特点和关系不同，就会有不同的沟通风格，有的简单直率，有的隐晦委婉，这就要我们去解读对方的真实意图，通过对方的言谈和身体语言去解读他们的真实意图。

第五，人在沟通中的反应不一定是针对单一的事件或单一的对象。如果家长火冒三丈、脾气很大，他们不一定只是针对你或者针对你说的某一件事情的，所以，先理解肯定再想办法解决问题。

第六，沟通不会解决所有问题。尽管我们非常重视与家长的沟通，但沟通只是问题解决的一个方面，早期教育中的各种问题还需要我们专业的教育指导水平去解决，孩子的身心健康发展才是家长最关注的问题，这需要我们沟通之外的努力和奋斗。

## 二、沟通过程

### （一）营造沟通气氛

沟通气氛指的是关系中的情绪氛围，包括心理氛围和关系氛围。在一个热情、友好、亲切、信任和相互尊重的氛围中，我们沟通的欲望油然而生。相反，如果沟通气氛紧张、尴尬、冷漠，我们肯定想快快逃离。所以，营造正向的沟通气氛是展开良好沟通的第一步。

首先，把正在沟通的家长作为最重要的人对待，手机静音，集中注意力与对方沟通，认真倾听。你的表情似乎在说，你说得很好，我很喜欢听。让对方觉得你很尊重他。相反，如果你一会儿看看手机，一会儿心不在焉，对方一定很不愉快，沟通的气氛骤然恶化。

其次，承认和赞同家长的看法。沟通的心态是很重要的。如果你以开放的心态，努力理解家长，并适时承认他们的感受，赞同他们的观点，家长往往很愿意继续沟通。相反，如果你只想让家长承认自己的问题，否定他们的观点，沟通的气氛就会向相反方向发展。你可能会认为，家长明明不对，我为什么赞同他们。赞同的基础是承认，承认他们的感受，以自己的同理心理解家长的观点和做法，从他们的角度来看，他们的观点和做法肯定有可取之处，那就毫不吝啬地赞同，接下来一同探讨更好的办法。同理心和同情心是不同的，同理心又称为“移情性理解”“设身处地理解”“同感”“共情”等，同理心是道德感的一种，是指理解他人的思想、情感和愿望并给予道义上的支持。具有较高同理心的教师可以将心比心、设身处地地理解家长的困境和问题，会随着家长的诉说投入相应的情感，与家长感同身受。这样的沟通者是非常受欢迎的，人们更多情况下不需要同情心但一定需要同理心，遇到同理心比较强的沟通者，家长如遇知音，沟通气氛和谐融洽。

案例2

家长：我们家孩子特别淘气，把家里弄得乱七八糟，我刚刚整理好沙发，他就把所有的抱枕都扔到地上。

教师：那你一定很郁闷。（这就是教师对家长的承认，表现了她的同理心。）

家长：是啊，你说怎么办啊？

教师：那你们怎么办的呢？

家长：我觉得孩子还小，舍不得骂他，就是给他讲道理。

教师：做得对！不能打也不能骂。（赞同）那效果怎么样呢？

家长：他就是不听啊，你说怎么办？

教师：可能孩子觉得你不理解他呢？也许他扔抱枕不是捣乱，是在锻炼他的能力呢？或者是想引起你对他的关注。

家长：真的吗？你给我好好说说……

案例2中就是教师承认和赞同家长的例子。正因为教师的承认和赞同，沟通气氛非常融洽，教师的专业知识也不是一开始就表现出来的，而是在承认和赞同之后，家长有了征求意见的动机时才表现出来。

最后，要注意身体语言的配合和谈话的措辞，把你的真诚、尊重、信任表现出来。

（二）开启沟通

沟通的气氛很好，但要开启沟通还是一件不太容易的事情，会沟通的人会从天气开始，谈得热火朝天，而不会沟通的人只是说天气，说完就没有了，接下来就是无尽的尴尬，恨不得赶快逃离。所以，如何挑起话题，开启与家长的沟通之路是需要好好历练的。首先，要了解家长的职业和爱好，在正式沟通前对家长可能的爱好和关注点进行观察和分析，做好沟通前的准备。其次，在正式沟通时先谈他们职业可能关注的问题，对公务员要谈国家大事，对商人要谈商业，对教师要谈教育，然后沟通孩子的可爱之处，还可以顺便把家长赞美一番，如衣着、气质、礼貌等。注意这些赞美最好是隐晦间接、不浮夸的，比如孩子的眼睛很大，可以说是遗传了家长的眼睛。有了教师的赞美和可聊的话题，家长的话匣子也就打开了。再次，适当地提出开放性问题请教家长。如家长是牙科医生，你可以这么询问：牙刷应该多久换一次啊？牙齿怎么能保护得好一些啊？最近吃东西牙齿酸痛是怎么回事？诸如此类。问到自

己熟悉的问题，家长一定会非常愿意表现自己的专业水平。教师的问题拉近了彼此的距离，这时候，家长估计就会询问孩子的表现和教育问题了，这样就成功开启了沟通。最后，开启沟通时要注意察言观色，预先设计几个方案，使用每个方案的时候都要根据对家长行为的观察判断是否适宜，是否能够成功地开启建设性的沟通。一般而言，巧妙地“投其所好”往往是开启沟通的重要技巧。

（三）沟通顺畅及深入

沟通启动以后，接下来就是深入顺畅的沟通。如何使沟通顺畅深入呢？

首先，倾听才能聊得开，会听比会说重要。人们对那些认真倾听他们讲话的人往往心怀感激、如遇知音，而对于不顾别人、口若悬河的言说者心有不满。

其次，先赞美再提建议，如教师说，你对孩子真是非常用心，让孩子不爱哭闹的话，我觉得这几个方法可以试试。

再次，适时地提问并作出适宜的回应。提问应以开放性问题为主，提出开放性问题的好处在于：沟通会更容易，你提出问题让对方讲，在倾听过程中发现问题进行适时的追问，把话题引向深入；对方会更有安全感，你提出一个开放性问题比提出很多封闭性问题让家长更有安全感，他们可以更好地表达自己的真实想法，不至于产生隔阂；有助于增进信任，你提出的开放性问题让家长感觉你是真心想听他们的看法，并通过倾听来鼓励他们更充分地表达，这个态度就说明了你的修养和尊重；掌控沟通的方向，如果你提出的开放性问题是一个可以聊得开的好问题，家长和你都有了可以深入沟通的空间，沟通的方向就自然而然地沿着你希望的方向发展了。当然，提问也不全都是开放性问题，开放性问题和封闭性问题自由转换会达到更好的沟通效果。

案例3

教师：那孩子一般是跟外公外婆住吧？（封闭）

家长：是的。

教师：我很想知道外公外婆带孩子是怎么样的呢。（开放）

家长：……

教师：看来问题不少啊？（开放）

这样可以一直沟通下去，最后让家长自己得出结论，是否让孩子跟自己住更好。

开放性问题和封闭性问题的交替使用能够使沟通逐步深入。有效提问的技巧是：事先做好计划列出问题清单，避免冒险和不恰当的问题；提出的问题由浅入深；提出的开放性问题要有针对性；真正在意对方的回答，提问后必须认真地倾听，并对对方的交谈非常感兴趣；遇到自己不理解的问题可以直接提问，让对方感觉到你的用心。

在与家长沟通过程中，必要时也要进行自我袒露。自我袒露就是郑重其事地透露与自己有关的信息的过程。自我袒露有几个特点：自我袒露是有意的；自我袒露是关于自己的信息，并不是一般人知道的信息；自我袒露是有价值的信息。

案例4

家长：我觉得当妈妈真是好辛苦，我都不敢要二胎了。

教师：就是，我妈也经常催我要二胎，我也是跟你的想法一样，后来我爸爸生病了，我们姊妹几个去看他，我的想法就改变了。（自我袒露）

在本例中，教师的自我袒露就具有上述三个特征：自我的信息，有意的袒露，有价值的信息。教师的自我袒露可能要比讲道理更能取得对方的信任。自我袒露具有如下好处：一是合理宣泄，可以一吐为快，宣泄自己郁积在心中的歉意、郁闷等；二是互惠，你的自我袒露为对方提供了一个有益的经验或示范，给对方带来启发，容易“以心换心”；三是自我澄清和自我确认，通过把自己的经验和感觉说出来，通过双方的讨论澄清自己的问题，得到有益经验；四是认同管理，自我袒露往往是一个人对沟通对象表示真诚、兴趣、友善和亲近的方式，很容易获得对方的认同，容易产生“自己人”的感觉；五是关系的维持和增强，自我袒露表示一个人的真诚相待和深度分享，拉近了人们之间的关系，增强并维持已有的社会关系。当然，自我袒露也会有风险，由于不恰当的自我袒露导致被人拒绝，对你产生负面印象，降低你的权威和影响力，有时候可能还会伤害别人。因此，恰当的自我袒露应注意如下几点：第一，自我袒露是必要的。一定在特别需要自我袒露的情况下才用到。第二，控制袒露的风险。自我袒露的目的是加深沟通，如果袒露一些不该袒露的东西，往往面临影响力降低，产生负面印象等风险，袒露前要想好再说。第三，袒露的量与方式要适宜。自我袒露不是越多越好，过多的袒露效果有时候比较差。同时，自我袒露还要注意：一要循序渐进、由表及里，不要一下子就袒露很多，让对方压力大，而且言多必失，要根据情况逐渐加深袒露；二要袒露比较正面的经验和信息，抱怨和悲哀的事情要尽量少说，以免引起不快；三要注意根据对方的兴趣调整自己的袒露时间，一个人自顾自地说往往是沟通能力和情商有限的表现。

### （四）沟通的结束和延续

沟通是一个持续的过程，对于早期教育的教师而言更是如此。为了能使沟通越来越顺畅，一定要在每次沟通后让家长期待下次沟通。具体的做法：表达你的感谢，说明自己的收获和感悟，表示自己与对方沟通很快乐，希望保持联系，一旦遇到什么教育问题要及时沟通。一次正式沟通之后，要通过微信和QQ等线上工具及时通报孩子的表现和进步，进行长期的非正式沟通，逐渐加深彼此的信任和关系。

# 第三节关键对话

## 一、关键对话及其特点

我们先来体会一下关键对话的案例：

案例5

### 鲍比的关键对话经历

我的关键对话经历开始于2004年初次被派驻伊拉克执行任务的前夜，当时，由于过去的种种经历以及观点上的严重冲突，我和家人们之间的关系非常紧张，到伊拉克参战的决定，让这种关系变得更加严峻，那天晚上父亲提出了一个非常刺耳的问题。这个问题把我气疯了，接下来的几个小时我的反应非常激烈，和所有家庭成员之间的关系都陷入了恶性循环。兄弟、表亲、叔叔、阿姨、父母、孩子和祖父母都站到了和我对立的一面。

当我在巴格达街头和战友巷战时，我的家庭关系仍在继续恶化，妻子带着刚一岁的老大和尚未出生的老二回了娘家。在我执行任务期间家里的情况变得越来越糟糕，当我结束14个月的战斗任务回国后，整个家庭已经开始摇摇欲坠。那时我已经有5年时间没有和父亲交流过。

就在这时，关键对话拯救了我和父母之间的关系。我的一位邻居是关键对话培训师，在第三次赴伊拉克执行任务之前他邀请我去参加培训活动。就在我出发前几周，我告诉父亲，我已经有了两个孩子，而且马上要再次去执行任务。我还告诉他不想再犯5年前的错误，想和他当面谈一谈。

在一个风和日丽的傍晚，我和父亲在位于休斯顿的祖屋阳台上进行了一次长达3个小时的对话，讨论长期以来在我们之间积累的痛苦和憎恨之情。在此过程中，我一直牢记在培训过程中所学的技巧。从不回避问题，坦率说出自己想法，努力营造诚实和尊重对方的对话气氛。当然这场对话进行得很艰难。为了坦诚面对问题，有好几次我们又差点陷入愤怒情绪。我不停地告诫自己，我的目标是要修复和家人的关系。正是这样的努力才使得棘手的问题化险为夷。

讨论结束后，我和母亲一起共进晚餐，母亲是我多年来愤怒情绪的最大受害者。她一直怀疑我能否改变爱争斗、好挖苦、小心眼和独断专行的毛病。在父亲的帮助下，她终于意识到我现在学会了尊重他人，有了忏悔之心，懂得了如何寻找共同目标。虽然我们还没有解决所有家庭问题，但现在我已经懂得了如何沟通，和妻子、孩子、父母形成了融洽的关系。我们向彼此承诺，从今以后再也不逃避问题，再也不用沉默方式掩盖问题了。

我现在良好的家庭关系完全得益于阳台上的那次关键对话，如果我没把所学的技巧加以应用，我和父亲之间的关系肯定会被愤怒感和冷漠感冰封。我应当感谢那位邻居，没有他的帮助，我也不会接触到关键对话，自然也就没有今天取得的成功。

（科里·帕特森. 关键对话[M]. 北京：机械工业出版社，2012.）

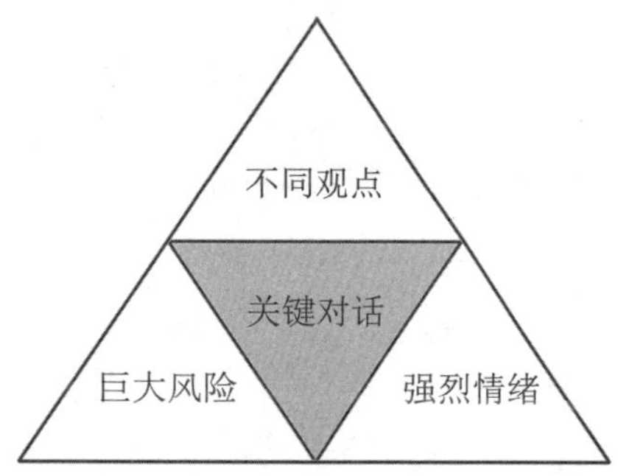

图 2-3　关键对话的特点

从这个案例中，我们知道关键对话是多么的重要。所谓关键对话是指个人与他人在特别重要的时刻所进行的日常对话活动，这些对话活动会影响到你的生活状态和生活质量。一次关键对话如果能够比较好地进行并取得成功，能够大大改善人际关系和生活质量，它比多次甚至数百次的一般沟通都要有效。关键对话有三个基本特征：一是对话双方的观点迥异，甚至针锋相对；二是对话存在着高风险，不一定能产生预期结果或期待，甚至可能更糟；三是对话双方情绪激烈，剑拔弩张。

在关键对话过程中，我们本来是想解决问题的，但因为无法控制情绪和缺乏对话的技巧而往往陷入恶性循环。久而久之，就避免进行关键对话了，以借口和沉默来逃避现实。这样人际关系每况愈下，严重影响身心健康。如果能够把握关键对话的策略，就不仅会改善人际关系、提高生活质量，而且还会对健康和事业大有裨益。

## 二、关键对话的策略

### （一）从自我反思开始

展开关键对话首先应从自我反思开始，因为一段关系的恶化肯定与双方都有关系，反思自己的问题，反思如何能够进行更好的沟通，确立目标、坚持目标。在对话构成过程中，要不忘初衷，不能因情绪化再次陷入恶性循环。

第一，非常清晰并始终坚持自己对话的目的。这往往是很不容易的，一旦对方情绪化就可能失去理智，所以要先理解对方情绪的来源。首先，人们争强好胜是适应环境的结果。其次，人类千百年的基因比较容易冲动。最后，社会竞争很容易让人失去理智。当一个人情绪化的时候，实际上智商和情商都很低，你要做的是要有同理心，保持自己心理的强大和基本的判断能力，不被他人的情绪左右。而后，控制好自己的情绪和身体，保持淡定。

第二，拒绝非黑即白，缺乏弹性的思维的“傻瓜式选择”。每个人的教育背景和生活经历不同，自然会有不同的观点，认真倾听别人的观点并不是坏事。“兼听则明”，别人的观点也有合理之处，有些想法恰恰是自己忽略的。所以，多设身处地地考虑他人的观点，善于从别人的观点中获得启发，逐渐形成发展性思维。发展性思维已经成为高素质人才的重要思维方式，我们应该有这样的心理准备：把他人的观点视为观点库和智慧库，取其精华、去其糟粕。不要动辄就认为都是家长的问题，我们需要做的就是对话沟通，在沟通中共同成长。

总之，面对棘手问题，沟通高手会这么应对：首先，关注你真正的目的，发现你将陷入沉默和暴力时，及时停止对话并冷静思考你的动机。你可以冷静地说：我们都冷静下，我的初衷不是这样的，我要冷静下，对不起，请稍等一下。自己在心中问自己：我的初衷是什么？我如何理解他们现在的状况？其次，放弃非此即彼、没有弹性的“傻瓜式思维”，用同理心和发展性思维争取双方都可接受的解决方案。

（二）让对方畅所欲言

第一个策略是让对方明白你启动对话的目的是想解决问题，很想听听他们的意见和看法。因为关键对话并不是认识之初所需要的，往往是经历了很多失败的交流后不得不进行的。所以，过往痛苦的经历让对方充满了防御和敌意。即使你非常真诚友好地表达你的善意，对方也未必领情，他们怀疑你的真诚，不相信对话会有什么好的结果，更不相信你真会改变。因此，我们要用足够的耐心、善意和真诚打动他们，也许他们很不合作，如对方厌烦或冷漠地说：我觉得没什么可说的，没必要。此时，你可以运用第二个策略，用对比和道歉的方法进一步说明你的意图。你可以这么说：过去我们的关系很和谐，我们要找找是什么原因让我们变成这样，我很在乎我们的关系，所以我才想跟你沟通一起想办法，过去我有很多做得不对的地方，请你原谅，我决定改变。我不想……，这让我们很难过，为了孩子我们也该携手共进是吧？我想要……，那是一个多好的局面啊，我们一起努力好吗？你的这种尊重、真诚的态度一定会打动对方，让他有所表达，你只要耐心倾听，然后发现自己的问题并勇敢地承认自己的错误。第三个策略是倾听。倾听是最好的尊重和赞美，也是化解矛盾的重要一环，很多误解正是因为没有倾听造成的。第四个策略就是创建共同目的。在倾听之后，你大概了解了问题和对方的诉求，那就可以建立共同目的了，即使找不到共同的目的，也要认可对方的一些观点，作出一定的让步；当对话陷入僵局时，询问对方这么做的动机是什么，再从动机中寻找共同目的；与对方交流如何实现共同目的，把对话引向解决问题和建设性的方向上。

（三）了解对方动机

案例6

过去几个月，玛丽的女儿温蒂在跟一个小混混约会，穿衣打扮和行为举止越来越恶俗，每次玛丽都想跟女儿谈谈，但女儿总是大喊大叫，然后把自己关在房间里生闷气。

玛丽这样开启跟温蒂的对话：

玛丽：（敲敲门）温蒂，能和你聊聊吗？

温蒂：随便。

（走进房间坐在她床边。）

玛丽：很抱歉，刚才让你难堪了，我的做法太粗暴了。（通过道歉建立安全感。）

温蒂：你老是这么做，就好像我的生活全是你说了算。

玛丽：那我们能谈谈这件事吗？（询问观点。）

温蒂：（语气愤怒）没什么好谈的，谁让你是我妈呢！

玛丽：从你说话的语气来看这件事情很严重（确认感受），我真的很想听听你是怎么想的，为什么觉得我在控制你的生活呢？（询问观点。）

温蒂：你就想说我不听话吗？好不容易有人喜欢我，现在你偏要分开我们。

玛丽：你觉得我不同意你的做法，你的朋友事事都关心你，是这样吗？（重新描述问题。）

温蒂：也不全是，我的朋友都有好多男生追求。可只有道格给我打电话，我也说不清楚怎么回事。

玛丽：我明白了，别人都有男生关注而你没有，这件事情让你很烦心，对吧？要是我的话也会产生这种感觉。（重新描述。）

温蒂：那你还让我在他面前出丑。

玛丽：亲爱的，你看我的想法对不对，你穿成这样和不同的朋友出去玩儿，是因为你觉得无法从男生那里、从父母这里或从其他人那里得到关注和重视，是这样吗？（主动引导。）

温蒂：（坐在椅子上沉默许久）为什么我这么难看呢？我很努力地改变自己的外貌，可……

上述案例就是妈妈了解温蒂动机的过程。了解动机不是一句话就能解决的，它是一个循序渐进的交流过程。在此过程中，发起关键对话的一方要首先道歉，请求对方的谅解，再进行询问。要注意不是质疑和质问，询问是一种平静亲切的态度，真诚而尊重。而后进行有品质的倾听，这是最关键的环节。要表现出专注、耐心、好奇的态度，倾听过程中进行询问和回应，包括询问观点、确认感受、重新描述、主动引导。在案例中玛丽的倾听和回应都比较有效。基本上通过这样的步骤就能够了解对方的动机了。

（四）控制想法

如何在愤怒、恐惧和受伤的情况下展开对话呢？这实际上就是如何控制自己的情绪。在前文中我们已经讨论过这个问题，在关键对话中我们可以运用情绪管理的方法控制自己

的情绪，如观察自己的情绪，深呼吸、慢发作，改变不合理的理念，关爱自己等。其中，改变不合理的理念就是这里所言的控制想法。情绪反应不是环境的直接作用，环境是通过你的理念认识才导致你产生不同情绪的。让你陷入情绪的不是别人而是你自己。我们知道三国时期大名鼎鼎的周瑜将军在战场所向披靡，谋略也非同小可，但却让诸葛亮活活气死了。如果诸葛亮让他生气他却不生气，就不会有这样的悲剧。所以，要改变情绪化的一系列不良后果，如“踢猫效应”“垃圾人定律”等，就要从想法的改变（控制）入手。一般人的情绪化过程经历环境刺激—主观臆断—形成感受—展开行动四个阶段，我们需要在第二个阶段就遏制情绪产生的过程。首先，要认识到，自己的负面情绪是可以通过控制想法而避免的，不要做情绪的奴隶而要做情绪的主人；其次，关注和体验自己的行为表现和感受，确定背后的想法，与主观臆断的想法进行辩论，试想其多种可能性。比如，老师今天脸色不好，如果你的主观臆断是，他肯定不喜欢我，我做什么事情让他生气了？这个老师怎么对别人不是这样啊！烦死了！那么，你就会越想越气甚至非常丧气。正确的做法是，你必须反思自己的想法，这些想法也许是主观臆断？老师可能遇到了什么不好的事情？或者他今天的身体是否不舒服？也许是其他的同学惹恼了他？这样设想多种可能性，并收集支持这些判断的事实依据，这样你就不会产生负面情绪了。

（五）陈述观点

做好上述步骤之后，就进入到关键对话的重要环节了，你陈述自己的观点，与对方寻找共同点，尝试解决问题并付诸行动。为了能够成功地陈述观点，应注意如下几个方面：首先，维持安全感，表现你的自信、谦虚和弹性开放的谈话技巧；其次，采用综合式陈述法，包括分享事实经过、说出你的想法、征询对方的观点、作出试探性表述、鼓励作出尝试。分享事实经过，可以让对方了解到具体的过程，让事实胜于雄辩，言之有据、客观公正是陈述观点不可或缺的。说出你的想法时要委婉而自信，但不要固执己见，避免主观臆断、侮辱或诋毁他人以及情绪化的想法，要一直努力维持良好沟通的气氛。征询对方观点要持谨慎真诚的态度，可以试探性地询问。鼓励对方说出不同的观点，给予一些肯定性的反馈，要抛砖引玉、谦虚谨慎但不能软弱懦弱，自高自大和妄自菲薄都是不可取的。而后一同分析问题的症结和解决的办法，逐渐达到关键对话的目的。

一旦在此过程中，实在不能继续沟通下去，你的诸多努力均不奏效，可以尽快结束对话，说明双方都要好好冷静一下。关键对话不是一次就能解决的，有时候需要多次关键对话才能真正解决问题。在对话之后，要付诸行动让对方看到你的改变和事情的转机。

## 本章小结

早期教育教师与家长沟通的要素是倾听、言语沟通、身体语言和情绪管理。倾听的价值包括本体论价值、道德价值、交往价值和治疗价值。有效倾听需要注意：一是与家长建立平等对话、尊重信任的社会关系；二是营造氛围，享受安静，怡人发声，在观察和倾听中开始与家长的对话，在此过程中，尽量让家长先说，少说多听，集中注意力，尽量做到共情和专心致志；三是明确倾听内容，尽量不作评判，或者不过早评判；四是明确倾听原则。

言语沟通就是通过言语，即口头语言进行的沟通，又称为交谈。教师与家长沟通时应该做到“五要”“五不要”。五要：一要态度亲切谦虚；二要让家长先说话；三要先肯定再规劝；四要找出共同点讨论；五要淡定从容。五不要：一不要争论；二不要夸夸其谈；三不要揭短；四不要消极悲观；五不要命令。

身体语言又称体态语言，或者肢体语言，是指在社会交往中，人们以姿势、手势、面部表情等身体动作表情达意的过程。在与家长沟通时，我们要善用我们的身体语言。首先，在读懂家长的身体语言时，我们要注意观察和体会对方的言外之意；其次，注意与家长眼神交流，表现自己的专注和认真；再次，通过身体的姿势表明自己的态度和支持。

情绪是反映主体需要与客观事物关系的态度体验。情绪管理要治标也要治本。首先，观察自己的情绪，防微杜渐；其次，深呼吸、慢发作；再次，运用多种方法无害发泄；最后，改变理念、关爱自己。

沟通模式包括线性模式和交流模式。沟通程序是营造沟通气氛，开启沟通，沟通顺畅及深入，沟通的结束和延续。

关键对话是指个人与他人在特别重要的时刻所进行的日常对话活动，这些对话活动会影响到个人的生活状态和生活质量。一次关键对话如果能够比较好地进行并取得成功，就能够大大改善人际关系和生活质量，它比多次甚至数百次的一般沟通都要有效。关键对话有三个基本特征：一是对话双方的观点迥异，甚至针锋相对；二是对话存在着高风险，不一定能产生预期结果或期待，甚至可能更糟；三是对话双方情绪激烈，剑拔弩张。开展关键对话应注意如下几个方面：从自我反思开始、让对方畅所欲言、了解对方动机、控制想法、陈述观点。

## 延伸学习

### 拓展阅读

**“关键对话”常见问题及解决方案**

**一、逃避重要问题**

“我的配偶就是你们前面说过的那种人，每次我想展开有意义的对话，想要解决重要问题，他总是避而不谈，我该怎么办？”

（一）危险之处

我们经常会指责对方不愿和我们对话，就好像这是一种遗传性交流障碍症。但实际上并非如此，对方不愿意讨论棘手问题，是因为对方认为这样做无济于事。

（二）解决方案

首先寻找自身原因，或许你的配偶厌恶所有关键对话，尤其是和高手展开的对话。尽管如此，你还是只能从改变自己做起，你可以先从简单的问题谈起，不要一上来就尝试讨论棘手的问题。你应当努力营造安全气氛，密切关注对方在什么情况下会感到不自在。这时，你应当使用试探性的语言，分清目的和结果之间的区别。例如："我相信你的目的不是要……"如果对方一直不愿谈论自己的问题，你可以尝试了解他的行为动机，每次一有机会就练习这种对话技巧。简而言之，从简单问题谈起，在对话中努力应用各种技巧。

除了上面所说的，你还必须表现出极大的耐心，不要抱怨不休，不要失去希望然后陷入暴力状态。每当你出现任何咄咄逼人或令人不适的态度时，就只会让对方更为坚定地认为关键对话无法解决问题，只会给他带来伤害。

只要坚持采用正确的对话方式，你一定会在夫妻关系中建立更大的安全感，对方作出改变的可能性就会越大。

看到情况有所改善后，你可以通过鼓励对方讨论表达方式的做法继续帮助对方改变自我。此时，你面对的问题是如何通过确定共同目的的方式营造安全感。你必须帮助对方认识到进行对话的原因，这个原因必须非常具有吸引力，能够保证对方愿意主动参与其中。

然后，你应当说明进行对话和不进行对话会带来怎样不同的后果，说明这样做对你们双方以及你们之间的关系会产生怎样的影响。接下来，你应当鼓励对方一起寻找以前难以面对的话题。轮流说明你们准备如何跟对方交流，讨论帮助对方改善对话技巧会带来哪些好处。

有时候，你们无法讨论棘手问题，可以谈谈自己谈论或逃避问题的方式，这样也有助于启动对话。

**二、缺乏积极性**

"我有几位同事是这样的，你让他做什么他就只做什么，从来不多做。如果遇到问题，他们只尝试解决一下，解决不了就放手不管了，我该怎么办？"

（一）危险之处

很多人都善于讨论错误行为的存在而不是正确行为的缺失。当员工或孩子把事情搞砸时，管理者和父母往往被迫采取行动。但是，如果他们只是表现得不够优秀，而不是犯错时，我们就不知道该怎么说了。

（二）解决方案

你应当建立新的、更高的期望，不要管具体某个问题，你应当面对的是整体行为模式。如果想让对方表现出行动积极性，你应当告诉他们，用具体事例指出他们遇到问题时总是浅尝辄止，不愿多作努力。你应当提高要求并明确告诉对方，和对方一起寻找办法，看怎样做才能在遇到问题时既做出必要的努力又充满创意。

例如："我说过这项任务一定要在我出差回来之前完成，你在工作中遇到了问题，试着联系我，谁知道竟然是给我4岁的儿子发了个短信，你让出差在外的我怎么了解情况啊？"

此外,你还应当注意,你是如何弥补对方缺乏积极性造成的后果的。你是亲自为其善后吗?如果是,你应当和对方讨论承担起分内责任的问题。你是让其他人帮助他收拾烂摊子吗?如果是,你应当和最初负责此项工作的人讨论遇到问题时尽早向你汇报,这样一来你就能安排其他人及时接手未完成的工作。

不要用暗示的方法让对方意识到自己不够积极,你应当明确说明自己的期望,和对方取得一致意见,让他们明白承担责任的重要性以及遇到问题时及早通知的意义。

**三、老调重弹**

"我的问题不是具体某个问题,而是模式问题。我总是和别人不停地讨论同一个问题,这让我感觉陷入一个怪圈,要么变成一个唠叨鬼,要么必须忍受别人带来的问题,我该怎么办?"

(一)危险之处

有些关键对话会出错,是因为你讨论的内容不对,没有抓住问题的核心。比如,某员工已经是第二次开会迟到了,你还是耐心地跟他讨论,可对方第三次犯同样的错误时,你就开始心存怒火了,板着脸再次提醒他们。最后,随着愤怒感在内心积蓄(因为你怀疑对方是有意为之),你开始变得充满暴力,对对方大加讽刺挖苦。这样做只会让你变得很愚蠢,因为相对于对方的小错误来说你无疑是反应过激了。

如果你依旧围着老问题(迟到)纠缠不清,却避而不谈一个新的问题(对方无法兑现承诺),你会陷入老调重弹的陷阱。在这里我们不妨用电影《土拨鼠之日》(Groundhog Day)中的情节作个形象比喻,如果你每次都面对的是相同的初始问题,你就会像主演比尔·默瑞那样每天面对同样的场景而不去处理更大的问题。在这种情况下,问题肯定无法得到解决。

(二)解决方案

要学会关注模式问题,而不应把目光局限于一次单独事件。要注意反复出现的行为,利用综合陈述法来说明对方的行为模式。例如,某人开会迟到,答应你下次会改正错误,如果下次对方又这样,你应当讨论的不是迟到问题,而是对方没有信守承诺的问题。显然,这是一个更大更严重的问题,它关系到对方是否值得信任和尊重。

当人们面对并不起眼的问题,而反应却非常情绪化时,这是因为他们讨论的往往是错误的问题。如果真正让你烦心的是对方的行为模式,但你和对方讨论的却是上次的错误表现本身,你的情绪就很有可能会失控。相反,当你真正抓住了核心问题时,你的情绪反而会变得非常冷静。也就是说,只有当你正确讨论真正让你烦心的模式问题时,你才会镇静自若地解决问题。

因此,不要被具体事件扰乱视线,把注意力浪费在细枝末节上,你应当和对方讨论的是全面的行为模式问题。

**四、愤怒的羔羊**

有人说过不要带着愤怒入睡,这是解决问题的最好办法吗?

（一）危险之处

当你觉得愤怒时，这种情绪很难冷静下来。你在大脑中构思了可怕的想法，身体做出准备战斗的反应。虽然你努力避免做出暴力举动，但身体已经不受大脑的理性控制了。你该怎么办呢？当直觉告诉你应当暂时冷静一下时，你还会试着急促进行对话吗？老话说“不要带着愤怒入睡”，真是这样吗？

（二）解决方案

其实，这句老话并不完全正确。它的正确之处是告诉我们不要忽视严重问题，错误之处是告诫我们必须时刻减少对话，无论对话者情绪状态如何。实际上，你认为需要一些时间冷静，需要稍后再讨论这个问题，这种想法根本没有问题。完全可以等肾上腺素的负面影响消失，对问题深思熟虑之后再启动对话。也就是说，和对方约定回头再谈并不等于你陷入了沉默应对的状态。这其实是一种很健康的对话方式。

值得注意的是，在对话中建议对方冷静一下，有时候不见得是个好主意。他们的确需要时间冷静，但你在提出建议的时候很难不让对方产生你有居高临下的感觉。例如，你告诉对方：“去，休息10分钟，冷静完了再回来跟我谈。”这句话会让对方感觉很刺耳。因此，你的正确做法应当是探寻对方产生愤怒的原因，了解其行为动机。

**五、无尽的借口**

“我的儿子很会为错误行为找借口，每次和他谈起一个问题，他总能找出理由说不是自己的错。”

（一）危险之处

找借口很容易暂时平息问题，当对方不想完成你要求的任务，意识到只要找到借口就能逃避责任时尤其如此。

例如：“儿子上学之前我就要去上班，因此他总是迟到，一开始他说迟到是因为闹钟坏了，第二天的理由是车在半路上出了毛病，第三天是朋友忘了来接他，第四天是感冒了睡得太死，没听到闹钟响，第五天……”

（二）解决方案

对于任何想象力如此丰富的人，你应当先发制人堵住所有的借口。让他们承诺解决问题，而不是一再为错误行为寻找理由。比如，第一次迟到时，除了了解闹钟问题，你应当说明其他可能的情况。修好闹钟只能解决一个潜在借口，你应当让对方面对的是如何保证不迟到的问题。

“就是说只要有了新闹钟，你就能准时到学校了吗？好吧，不管用什么办法。你必须保证按时到校，你能保证明天上午8点准时到校吗？”

另外要注意的是，随着借口逐渐增多，你应当和对方讨论的不是上次的借口，而是错误的行为模式问题。

**六、为失言感到后悔**

“有时候我会长期逃避问题，当我和对方讨论时往往会说一些非常糟糕的话，怎样才能改正这个问题呢?"

（一）危险之处

别人做了让我们讨厌的事，我们便在脑中把他们想象成邪恶和有问题的人，这样会把对话引向错误的方向。显然，当我们虚构可怕的想法并对此坚信不疑时，问题并不会得到解决，只会变得越来越糟。随着时间的积累，这些想法并不会改变，而是变成一颗颗定时炸弹。因此，当我们忍无可忍决定面对问题时，便会一时失口说出让自己后悔的话。

（二）解决方案

首先，不要压抑你的想法，利用综合陈述法尽早说明问题。不要等到事情变得无法收拾时再去面对。其次，如果问题已经累积了很久，注意不要在愤怒的情绪下展开关键对话，你应当在冷静的状态下和对方探讨。利用综合陈述法说明你看到和听到的事实，试探性地说出最简单、最不会激怒对方的看法。例如："刚才你告诉我邻居认为我是个白痴，你的说话方式让我感觉不太好，你笑得前俯后仰，让我觉得你是故意来幸灾乐祸的，情况是这样的吗?"

如果你失口说出了气人的话，比如："知不知道你这么做太损了！就会拿我开涮是吧?我受够了！"——你必须道歉。虽然说覆水难收，伤害已经造成，但你还是可以通过道歉来挽回局面，然后再利用综合陈述法说明自己的看法。

**七、麻烦而隐私的问题**

"如果是牵扯到对方个人卫生的问题该怎么办呢？或者，有个人让人讨厌，大家都不想跟他打交道，我该怎样和对方谈论高度隐私和敏感的问题呢?"

（一）危险之处

对于敏感的问题很多人都避之唯恐不及。的确，这么麻烦的情况他们又能怎么办呢?不幸的是，当真诚和勇气被恐惧感和错误的同情心理所取代时，人们宁愿长期隐忍也不愿主动说出可以帮助对方作出改变的建议。

随着问题的积累，等他们忍无可忍不得不面对问题时，结果经常会从平日的沉默状态一跃变成暴力状态，使用各种玩笑、外号和其他隐蔽的手段模棱两可地表达自己的观点。显然，这种做法不但缺乏真诚而且对对方不够尊重。此外，对问题熟视无睹的时间越长，最后表达自己的观点时你对对方造成的伤害就越大。

（二）解决方案

使用对比法，说明你的目的不是想伤害对方的感受，而是想和他分享一些积极的建议。你应当建立共同目的，让对方理解你的意图是正大光明的。你应当说明，鉴于问题的隐私性你不愿贸然提出。但问题是，它已经影响到了对方的行为表现，因此，你必须和对方开诚布公地探讨。你应当试探性地描述问题，不要夸大其词或言过其实。描述完具体行为之后，你应当和对方讨论解决办法。尽管这些讨论内容并不轻松，但你完全可以在表达方式上进行调整，努力让对方产生对话的安全感。

（科里·帕特森．关键对话[M]．机械工业出版社，2012：156-167.）

## 学习活动

1. 分组讨论“无效倾听的表现”,反思自己在倾听方面存在的问题。

2. 分组讨论什么是言语沟通的“五要”“五不要”？分析早教教师与家长沟通时容易出现的言语沟通问题。

3. 开展哑剧表演,用身体语言表现自己的情绪情感和意图。

4. 讨论不同的沟通模式。

5. 分组进行角色扮演：一个学生扮演教师,几个学生扮演家长,与家长开展沟通交流,并设置一些关键对话让扮演教师的学生解决。例如,一个家长无端指责教师,或者当教师与家长交流时家长不倾听等。

## 复习与思考

1. 什么是倾听？如何理解“聽”？

2. 倾听的要素是什么？你不能很好地把握哪个要素？改进的理念和方法是什么？

3. 早教教师与家长沟通时的回应可能存在什么问题？如何克服？

4. 什么是关键对话？如何把握关键对话？

# 第三章　早期教育教师与家长沟通的主要内容

学习目标

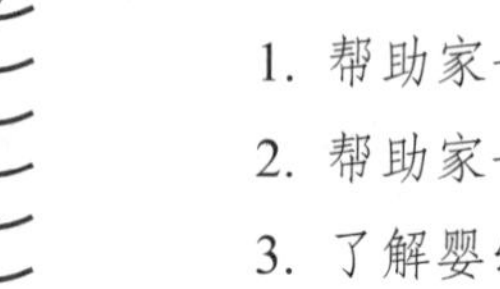

1. 帮助家长建立科学的儿童观。
2. 帮助家长熟悉不同月龄阶段婴幼儿的发展特点及需求。
3. 了解婴幼儿个人发展经历和家庭教养情况的沟通要点。
4. 掌握婴幼儿在园情况的沟通要点。
5. 通过沟通帮助家长提高亲子互动的质量，建立积极的亲子关系。

## 第一节　沟通科学的儿童观

家长的育儿行为很大程度上受到其育儿观念的影响。科学的儿童观是婴幼儿家长教育观念形成、发展的基础。只有建立了科学的儿童观，婴幼儿家长才可能建立更为适宜的、系统的、一致的教养目标和教养方法，从而促进婴幼儿身心的全面发展。

“所谓儿童观是指家庭、学校、国家和社会看待、对待、评价儿童的基本理念，也就是人们对儿童的看法、观念和态度的概况。它主要涉及儿童的地位和作用、儿童的特质和能力、儿童成长和发展的因素等，还反映了社会文化和社会价值观的主要情况。”儿童观取决于当时、当地的社会状况和文化环境，也反映着不同地域的社会文化心理和价值观念。随着时代的发展，人们的儿童观也会发生变化，进而影响着一代又一代儿童的成长。美国人类学家瑞什·本尼迪克（Ruth Benedict）访谈调查了二战时期在美国的日裔儿童的成长经历，发现人的个性和国民性的形成取决于儿童期的教育内容与方式。在《童年的消逝》中，尼尔·波兹曼（Neil Postman）指出儿童观的时代变迁特点：近代社会随着印刷技术的发明和进步，社会开始对其成员要求具备读写的能力，逐渐形成了成人与儿童的划分，儿童便被看作是未成熟的人群。1991年，中国政府正式签署加入了联合国《儿童权利公约》，这意味着“儿童优先”的原则得到了中国政府和社会的广泛认同。在当代中国，政治宣传、意识形态、行政干预以及政策引导等影响着社会的儿童观，对婴幼儿的生活、成长的影响也较大。例如，儿童是祖国的花朵、儿童是民族的未来等。《中华人民共和国未成年人保护法》《中华人民共和国义务

教育法》等法律法规的颁布在很大程度上也影响着社会的儿童观。在经济全球化和高科技快速发展的时代，我国家长们关于抚养和教育子女的方式和观念也受到国际社会的冲击，对传统的儿童观也产生了一定程度的影响。

在社会现实中，儿童在社会中处于弱势地位，相当数量的成年人存在把儿童看作是私有财产、未来劳动力的心理。基于这样的儿童观念，家长抚养儿童的方式不是以儿童幸福为目标，而是为了满足父母和家庭的需求，儿童权利的意识不突出。传统文化关于家庭内部结构模式的观念也在不同程度上影响着人们对生育选择和子女抚养的行为方式。较多的中国家庭仍然流露出偏重男孩的观念。随着对儿童研究的深入，人们才开始真正了解儿童所具有的特点、儿童发展的潜能等。当下，我国儿童的生活水平和受教育条件有了很大的提高，儿童教育、服装、饮食、娱乐、旅游等消费费用在家庭消费支出中所占的比例日益增加。随着时代的发展和全面两孩政策的实施，人们越来越重视胎教和儿童的早期教养，早期教育开始受到重视。

观念影响行为，早教教师应帮助婴幼儿家长建立科学的儿童观。首先，要指导家长全面、积极地认识婴幼儿。婴幼儿具有丰富的发展潜力和创造力，是全方位发展的人。当下，一些家长对婴幼儿的养育容易陷入重智力开发、轻能力培养的误区。因此，早教教师要协助家长认识到：科学教养对婴幼儿身体、智力、心理、人格、社会性等各方面的协调发展有促进作用。此外，一些家庭在婴幼儿的养育上容易走上重物质满足、轻精神培养的误区。早教教师要帮助家长认识到该做法不符合婴幼儿的健康成长规律，应在家庭环境、生活消费上帮助婴幼儿建立合适的环境和方式，为婴幼儿创造游戏探索、与自然接触的机会。其次，早教教师应协助家长认识到每个婴幼儿都其个性特点，家长既要努力帮助婴幼儿在一定时期内达到基本的发展里程碑，也要能够耐心接纳婴幼儿按其自身的特点去发展。教师还应与家长一起合作，根据婴幼儿的个性、能力特点及发展需求去制定适宜的目标，帮助家长避免因为要求过高、过急而产生育儿焦虑，造成拔苗助长的后果。最后，早教教师要让家长充分认识到婴幼儿是一个独立的、积极主动的个体，婴幼儿与家长是平等交往的两个主体，因此，在日常教养中要避免命令式的教养或者过度包办的情况。

## 第二节　沟通婴幼儿成长的过程与需要

作为早教教师，要更好地服务家长，就必须对婴幼儿的发展特点、发展里程碑有清晰的了解，从而给予家长更专业的指导和建议。必须注意的是，婴幼儿在某些月龄可能达到的里程碑只是一个指导方向，每个婴幼儿都有其独特的发展特点和速度。如果某个婴幼儿发展偏慢一些，或者有一些不同于他人的个性发展特点，只要他们处在正常的发展范围内，我们就无须过分担心。但是，当出现一些发展异常迹象时，早教教师就很有必要对婴幼儿作细致的跟踪观察记录，与专业团队讨论自己的想法。如果团队专家认为该幼儿可能有较为明显的发展风险或者发展迟滞等问题，早教教师就可以选择适当的时机向家长报告，并提醒家长寻找专业的鉴定机构对婴幼儿的发展进行诊断，以便对婴幼儿的发展问题早发现、早干预。

## 一、新生儿的特点及需要（出生到1个月）

新生儿，就是指胎儿娩出母体并自脐带结扎起，至出生后满28天这一段时间的婴儿。对于新生儿来说，进入这个世界就像一场大冒险。起初，他们不知道有亲人在照顾他们，他们只知道什么时候感到舒适、安全。从出生那一刻起，他们就已经开始和周围的人交流了。当他们感到疲倦或饥饿、清醒、警觉时，他们会给人们一些信号，他们一直在学习认识这个世界。父母等照顾者的工作就是帮助他们知道这个世界是欢迎他们、满足他们需求的。对新生儿来说，在交流和语言发展方面，哭是他们唯一的交流方式。尽快对新生儿作出回应是很重要的，因为这可以帮助新生儿学习到照顾者将会在他们身边帮助他们。新生儿还没有意识到他们是独立的人，也无法控制他们的运动，他们所有的身体活动都是无意识的或反射性的。

在情感和社会性发展方面，即使是害羞和困倦的新生儿也会对声音和面部产生兴趣。婴儿大脑的很大一部分是用来理解和记忆面孔的，照顾者们要多让新生儿看到你面带关心、安慰的表情。以下是新生儿的发展特点：

- 新生儿不明白他们在做什么，也还未能意识到他们是独立的人。
- 新生儿不知道是谁在喂养他们，谁在他们哭的时候帮助他们。
- 当他们感到饥饿或疲倦时，他们会哭，但不知道他们正在被照顾。
- 新生儿的哭并不是有意识、有目的或者为了引发父母关注的，新生儿不能以任何有目的的意识来回应父母或者照顾者。
- 与陌生人的声音相比，婴儿更喜欢听母亲的声音，喜欢看母亲的脸，看到母亲就高兴。
- 新生儿喜欢盯着东西看。
- 新生儿的头可以从一边转向另一边。
- 新生儿醒着时，目光能追随距眼睛20厘米左右的物体。
- 人类的脸是新生儿认识的第一个“物体”。
- 对气味有感觉，当闻到难闻的气味时会把头转开。

因此，在亲子互动上，早教教师可以建议家长进行如下的尝试：

- 照顾者移动并保持自己的身体姿势一会儿，可以变换一些姿势，如面对面看着他们、趴在他们的床上。
- 照顾者抚摸新生儿身体的不同部位，看看新生儿对被抚摸的部位和方式有什么喜好。
- 照顾者温柔地跟新生儿说话，说话时多呼唤新生儿的名字。

- 照顾者和新生儿一起欣赏音乐，或者唱歌给新生儿听。
- 照顾者要经常抱新生儿。
- 当照顾者和新生儿交谈时，让新生儿看着照顾者的脸。
- 照顾者轻轻地摇新生儿。

婴幼儿以不同的速度在发展，所以如果你的孩子做不到上述列出的所有事情，那可能是因为他们的学习和发展有自己的速度、特点。然而，如果你的孩子和其他婴儿有很大的不同，或者你的孩子似乎在退步，那就需要咨询相关专家的建议。下面是一些需要警觉的显示婴儿可能存在发展问题的迹象：

- 对大的声音没有反应。
- 对强烈的光线没有反应。
- 不能轻松地吸吮或吞咽。
- 身高、体重不增加。

## 二、婴儿早期的成长特点及需要（1—9个月）

（一）1—3个月的婴儿

3个月大的婴儿会微笑，很喜欢玩游戏，喜欢模仿你的面部表情，开始喋喋不休地模仿你发出的声音。这一阶段，我们不再需要时刻支持并保护婴儿的头部了。3个月大的婴儿可以抬起头和胸部，甚至还可以做一个小俯卧撑，可以打开和合上其双手、摇晃玩具、在摇晃的物体上拍打、把手放在自己嘴里。该阶段婴儿的手眼协调能力也正在提高，你会注意到他紧盯着那些让他感兴趣的物体，并且专注于脸部。以下是1—3个月大的婴儿的发展特点：

- 俯卧时能抬头，抱坐时头稳定。
- 能把小手放进嘴里。
- 喜欢看母亲的脸，看到母亲就高兴。
- 眼睛盯着东西看。
- 会笑出声，会叫。
- 能应答性发声。
- 能以不同的哭声表达不同的需要。
- 喜欢让熟悉的人抱，吃奶时发出高兴的声音。

我们可以根据婴儿早期的成长特点和需要为家长进行高质量亲子互动提供一些建议，例如：

- 对婴儿作出及时反应，这会让他感到安全和被爱，不要担心这会宠坏孩子。你可以给他一个安抚奶嘴来帮助他学会安抚自己。
- 继续帮助婴儿练习抬头，让这一活动成为他日常生活的一部分，这样他就可以锻炼他的新技能，增强他的肌肉。当练习抬头时，给他玩具和安全的物品，他可以伸手去拿、去探索。

- 给婴儿更多的关爱。每天多跟婴儿说话，描述你在做什么，给熟悉的对象命名。一起读书，分享拥抱，一起玩游戏、抓玩具，肯定和鼓励婴儿的努力，多和婴儿“聊天”。

每个婴幼儿都按照自己的节奏发展，但如果该月龄阶段的婴儿有以下的迹象，就需要多加留意了。下面是一些需要警觉的显示婴儿可能存在发展问题的迹象：

- 婴儿的身高、体重和头围不能逐渐增加。
- 不能对别人微笑。
- 两只眼睛不能同时跟随移动的物体。
- 不能转头找到发出声音的来源。
- 抱坐时，头不能稳定。

（二）4—6个月的婴儿

以下是4—6个月的婴儿的发展特征：

- 能翻身，靠着东西能坐或能独坐。
- 会紧握铃铛，主动拿玩具，拿着东西放嘴里咬。
- 玩具能在两只手间交换。
- 喜欢玩脚和脚指头。
- 喜欢看颜色鲜艳的东西，会盯着移动的物体看。
- 会大声笑，会自己发出“喔”“啊”等声音，喜欢别人跟他说话。
- 认识亲近的人，开始认生，见生人就哭。
- 会故意扔东西。
- 喜欢与成人玩“躲猫猫”游戏。
- 对周围各种东西都感兴趣。
- 能辨别别人说话的口气，受到批评会哭。
- 有明显的害怕、焦虑、哭闹等反应。

我们可以根据该月龄阶段婴儿的成长特点和需要为家长进行高质量亲子互动提供一些建议，例如：

- 给婴儿提供一面安全的、可移动的或者是低矮、稳固的镜子，婴儿会喜欢在镜子里看着自己。
- 你的婴儿会在与你的互动中茁壮成长，给婴儿洗澡时多向婴儿施以微笑、拥抱，当他牙牙学语时要多回应，以鼓励和促进婴儿的沟通技巧。每天和婴儿一起阅读，把你在书中和周围看到的东西命名给婴儿听。
- 给婴儿更多的机会来增强其新的身体技能，帮助婴儿坐下来，让婴儿无论是俯撑着或者仰面平躺着都能玩耍。在婴儿学习爬行之前，一定要确保婴儿所处的环境是安全的。
- 提供各种适合该月龄段婴儿的玩具和家居用品，比如干净、消毒过的、没有尖角的木

勺或塑料盒。

- 努力帮助婴儿建立日常作息常规。

下面是一些需要警觉的显示婴儿可能存在发展问题的迹象：

- 不会用手抓东西。
- 体重、身高不能逐渐增长。
- 不会翻身。
- 不会笑。

（三）7—9个月的婴儿

这个月龄阶段，婴儿已经完全地融入这个世界。婴儿会笑着和熟悉的照顾者进行“对话”。婴儿已经开始用身体和行动进行更多的探索了。7个月后，婴儿可能会翻滚、自己坐起来了。当你抱着婴儿的时候，婴儿的腿已经有足够的力量支持他的体重了。他把物体抓到自己面前，也可以拿着玩具，把它们从一只手移到另一只手上。婴儿对熟悉的照顾者的语气更加敏感，当你告诉婴儿“不”时，婴儿可能会注意到你的警告。婴儿现在也知道自己的名字，当你叫唤婴儿名字时，他可能会转过身来看着你或者用声音回应你。以下是7—9个月大的婴儿的发展特点：

- 能自己坐，扶着成人或床沿能站立，扶着大人的手能走几步。
- 会爬。
- 能用一个玩具敲打另一个玩具。
- 能用手抓东西吃，能用拇指、食指捏起细小物品。
- 能发出咿呀学语声。
- 能听懂成人的一些话，如听到“爸爸”这个词时能把头转向爸爸。
- 喜欢要人抱，会对着镜子中的自己笑。
- 能按成人的指令用手指出灯、门等常见物品等。
- 成人表扬自己时有高兴的表示。
- 喜欢与成人玩“躲猫猫”的游戏。

我们可以根据该月龄阶段婴儿的成长特点和需要为家长进行高质量亲子互动提供一些建议，例如：

- 与婴儿玩“躲猫猫”游戏，他喜欢找到隐藏的东西。婴儿的眼睛现在可以看得更远了，如果你在他面前移动一个玩具，他的眼睛会紧紧地跟着。
- 6个月后，许多婴儿已经有几颗牙齿，可以给婴儿提供合适的固体食物，让他学习小口咀嚼了。

下面是一些需要警觉的显示婴儿可能存在发展问题的迹象：

- 不能用拇指和食指捏取东西。
- 对新奇的声音或不寻常的声音不感兴趣。
- 不能独坐。
- 不会吞咽菜泥、饼干等固体食物。

## 三、婴儿晚期的成长特点及需要（10—12个月）

看看这时候的婴儿，他已经成长为了一个热切的探险家——你可能会惊奇地看到他能迅速地爬到一些他想去的地方。婴儿现在可以自己坐着，也可以抓住许多东西站起来、以扶着走的方式“巡游”四周。在婴儿的第一个生日之前，他们甚至可以自己独立走几步。这一阶段，婴儿的牙牙学语听起来更像是真正的对话，你会听到他讲的第一句话——通常是“爸爸”“妈妈”。很快，婴儿就会用简单的短语说话，但同时他也会用手势来表示他想要什么或者不想要什么，并且婴儿能够密切注意你的话语。婴儿的手越来越敏捷，会喜欢一次次地把东西装进容器里再把它们拿出来。婴儿可以用他的拇指和其他手指夹起东西，自己用手抓食物吃。这时候的婴儿在熟悉的照顾者面前可能表现得很外向，但是在陌生人面前他可能就会变安静了。在这个月龄阶段，婴儿普遍会有分离焦虑，当熟悉的照顾者离开时，婴儿可能会变得很焦虑。

以下是10—12个月的婴儿的发展特征：

- 长出6—8颗乳牙。
- 能熟练地爬。
- 扶着家具或别的东西能走。
- 能滚皮球。
- 喜欢反复捡起东西再扔掉。
- 会找到藏起来的东西，喜欢玩藏东西的游戏。
- 理解一些简单的指令，如拍手和“再见”。
- 会用面部表情、手势、词语与大人交流，如微笑、拍手、伸出一个手指表示1岁。
- 会随着音乐做动作。
- 能配合成人穿脱衣服。
- 会搭1—2块积木。

我们可以根据该月龄阶段婴儿的成长特点和需要为家长进行高质量亲子互动提供一些建议，例如：

- 继续多和婴儿说话，这是他语言发展的关键期。照顾者可以多给婴儿描述你的日常生活，你现在正在做什么，你接下来要做什么，你看到了什么。照顾者也可以多向婴儿描述他的情绪，这样可以帮助婴儿学习和感知情绪。继续多跟婴儿一起阅读、玩“躲猫猫”或者轮流玩的游戏。
- 随着婴儿变得更加活跃，提供一个安全的空间给婴儿去探索。有些婴儿可能还没法自己走，但照顾者可以帮他做好准备，比如抱着婴儿但是让婴儿的腿支撑着承受自己身体的重量，或者扶着婴儿靠在沙发上。
- 注意婴儿所喜欢的事情，放手让婴儿利用一切感官去玩耍和发现。给婴儿蜡笔和纸，积木，空的食物容器，锅碗瓢盆等。

- 表扬和奖励婴儿良好的行为。如果婴儿做了一些危险的事情，给予婴儿一个简短明确的“不”并重新引导婴儿就可以了。虽然婴儿还太小，不能理解和遵守规则，但照顾者可以向婴儿展示哪些行为是允许的、哪些是不允许的。
- 尊重和接纳婴儿的分离焦虑。给予婴儿时间去适应新的照顾者，在你离开之前要明确地跟婴儿说再见，以此建立婴儿对你的信任。

每个婴儿都按照自己的节奏发展，但如果婴儿有以下的迹象，就需要寻求专业人士咨询鉴定了：

- 当快速移动的物体靠近眼睛时，不会眨眼。
- 还没有开始长牙。
- 不会模仿简单的声音。
- 不能根据简单的口令做动作，如“再见”等。
- 不能和父母、家人友好地玩。

## 四、学步儿早期的成长特点及需要（13—24个月）

在婴幼儿生命的第二年，此时蹒跚学步的婴幼儿会对自己的脚很有信心，那些摇摇晃晃的脚步让他学会自己走路、上下楼梯、踮起脚尖、踢球，大多数婴幼儿在2岁的时候就能跑了。此时的婴幼儿也会成为一名攀爬者，喜欢爬上沙发和椅子。这一阶段，婴幼儿的语言能力正在增长，他接收的语言比他能表达的语言要多。到第18个月时，婴幼儿至少会说几个词语；到第24个月时，婴幼儿会说一些短句。此时的婴幼儿也会很快地从你给他朗读的书中学习到新的词语，并运用到日常对话中，也可以掌握含有两步的指令语言，比如“拿起你的书，把它带给我”。这时候的学步儿开始识别形状和颜色，会用蜡笔涂鸦，用四块甚至更多的积木搭建“高楼”，扔球，会享受填满和清空容器的操作游戏。在这些活动中，照顾者可能会注意到婴幼儿是右利手还是左利手的迹象。此时的婴幼儿想要自己做所有的事情，例如把他的衣服拿下来，自己使用杯子和餐具，自己洗手，开始对自己如厕有兴趣。到24个月时，婴幼儿会更愿意和其他孩子一起玩，也愿意与熟悉的照顾者一起度过更多的时光。与此同时，婴幼儿将变得越来越独立，可能还会反抗。

以下是13—18个月的婴幼儿的发展特征：

- 有8—14颗乳牙。
- 能独站、独走、蹲下再起来，会抬一只脚做踢的动作。
- 走路时能推、拉或者搬运玩具。
- 能玩简单的打鼓、敲瓶等音乐游戏。
- 能重复一些简单的声音或动作。
- 能听懂和理解一些话，能说出自己的名字。
- 喜欢听儿歌、故事，听大人的指令指出书上相应的东西。

- 能用单个字、词表达自己的意愿。
- 能从杯子中取出或往杯子里放入小玩具。
- 能有意识地叫"爸爸""妈妈"。
- 能辨别家人的称谓和家庭里熟悉的东西。
- 能认出镜子中的自己。
- 能将2—3块积木垒高。
- 能自己用杯子喝水,用勺吃饭。
- 能指出身体的各个部位。
- 能短时间内和小朋友一起玩。

以下是一些需要引起注意的发展问题迹象:

- 囟门仍较大。
- 不能表现多种情感:愤怒、高兴、恐惧。
- 不会爬。
- 不会独站。

以下是19—24个月大的婴幼儿的发展特征:

- 能向后退着走。
- 能扶栏杆上下楼梯。
- 在成人的帮助下,能在宽的平衡木上走。
- 在成人帮助下,能自己用勺吃饭。
- 能踢球、扔球。
- 喜爱童谣、歌曲、短故事和手指游戏。
- 试图拉开和闭合普通的拉链。
- 模仿做家务(如给干活的成人拿个小凳子、成人做面食时跟着捏等)。
- 能手口一致说出身体各部位的名称。
- 能主动表示想大小便。
- 知道并运用自己的名字,如"宝宝要"。
- 能自己洗手。
- 会说3个字的短句。
- 喜欢看书,学着成人的样子翻书。
- 模仿折纸,能试图将4—6块积木垒高。
- 能识别2种颜色,能识别简单形状,如圆、方块、三角等。
- 喜欢玩沙、玩水。
- 能认出照片上的自己,笑或用手指。
- 表现出多种情感(同情、爱、不喜欢等)。

以下是一些需要引起注意的发展问题迹象:

- 不会独立走路。
- 不试着讲话或者重复词语。
- 对一些常用词不理解。
- 对简单的问题，不能用“是”或“不是”回答。

我们可以根据该年龄阶段婴幼儿的成长特点和需要为家长进行高质量亲子互动提供一些建议，例如：

- 多把情绪用语言讲出来，与婴幼儿谈论你们一起读的书，问婴幼儿意见，回答婴幼儿关于他周围世界的问题，这样有助于培养婴幼儿的语言能力。此时，可以开始教婴幼儿字母和数字。
- 不要因为婴幼儿用词不当而批评他，成人可以用正确的方式复述他想说的话，重复示范，帮助婴幼儿纠正不当用词。当婴幼儿指着自己想要的东西时，要求婴幼儿讲出他要的东西的名称，鼓励和促进他学习和使用语言进行表达。帮助婴幼儿练习识别身体的各个部位，给熟悉的物体命名。
- 鼓励玩洋娃娃或者与食物有关的假装游戏。让婴幼儿帮忙整理玩具，把玩具放在相同的类别里，比如红色玩具放一起或毛绒玩具放一起。让婴幼儿练习自己使用杯子和餐具。
- 确保婴幼儿有足够的时间在户外，多带婴幼儿去公园、操场、动物园散步、跑步、自由地探索。
- 继续用表扬和关注来强化婴幼儿的良好行为。设定简单而明确的界限，并保持冷静和一贯的反应。多给予婴幼儿这样或那样的合理选择并让他作出自己的选择。和婴幼儿相处时要有热情、有耐心，要记住此时的他才刚刚开始学会如何表达和控制自己。
- 当婴幼儿获得新技能时，要不断地重新检查家居、环境里的安全情况，调整环境里安全防护策略，以保证婴幼儿可以放心、自由、安全地探索。

下面是一些需要警觉的显示婴幼儿可能存在发展问题的迹象：

- 到了18个月时还不能够走。
- 不能理解日常用品的使用。
- 到24个月时不能说出或至少说出有2个词语的短句。
- 不能模仿语言和动作。
- 对简单的问题，不能用“是”或“不是”回答。
- 失去了他之前有过的技能。

## 五、学步儿晚期的成长特点及需要（25—36个月）

这一阶段，婴幼儿的语言表达越来越清晰了，陌生人通常也能理解婴幼儿的表达，婴幼儿可以适当地使用一些代词并遵循多步指令。该月龄段，婴幼儿的词汇量会迅速地增加，到36个月的时候，他能够使用数百个词汇。此时的婴幼儿可以自己上下楼梯、跳起来、踩三轮车，双手的灵活度也在提高：他会考虑如何打开门和容器，并能操作玩具上的移动部件；他还可以画一个圆、完成简单的拼图。此时婴幼儿开始发展同伴关系，会表现出对玩伴的同情和喜爱。开始学会轮流和分享，但是当他的情绪不好的时候，他可能会发脾气。

以下是25—36个月的婴幼儿的发展特征：

- 乳牙出齐20颗。
- 会骑三轮车，能两脚并跳，能爬攀登架，能独自绕过障碍物（如门槛）。
- 能用手指捏细小的物体，能解开和扣上衣服上的大纽扣，会折纸，洗手会擦干。
- 能走较宽的平衡木。
- 能自己上下楼梯。
- 会拧开或拧紧盖子。
- 能握住大的蜡笔在大纸上涂鸦。
- 喜欢倒东西和装东西的活动，如玩沙、玩水。
- 开始有目的地使用东西，如把一块积木当作一艘船到处推。
- 能把物体进行简单的分类，如把衣服和鞋子分开。
- 熟悉主要交通工具及常见动物。
- 说出图画书上事物的名称。
- 喜欢有人给他念书，能一页一页地翻书，并假装“读书”。
- 能说出6—10个词的句子，能比较准确地使用“你”“我”“他”。
- 脾气不稳定，没有耐心，很难等待或者轮流做事。
- 喜欢“帮忙”做家务，爱模仿生活中的活动，如喂玩具娃娃吃饭。
- 喜欢和别的孩子一起玩，相互模仿。

我们可以根据该月龄阶段婴幼儿的成长特点和需要为家长进行高质量亲子互动提供一些建议，例如：

- 给婴幼儿提供尽可能多的机会与同龄的孩子玩耍。让婴幼儿有机会和他的朋友们解决冲突，但是要准备好介入，因为他们需要通过帮助来学会解决问题以及处理情绪，帮助婴幼儿学会分享或轮流。
- 照顾者多和婴幼儿一起玩学习性的游戏，如一起数楼梯、让他找到匹配的玩具、说出身体各个部位的名称。假想游戏可以帮助婴幼儿学习辨别情绪，但是要让婴幼儿主导游戏的进行。确保婴幼儿有足够的时间在户外跑步、跳跃、踩车、自由探索。
- 设定简单而明确的界限，并保持冷静和一贯的反应。当婴幼儿表现得很好时要表扬他。
- 持续地跟进婴幼儿新发展的技能，不断地检查家居、环境里的安全情况，调整环境里的安全防护策略。
- 当婴幼儿临近3岁时，多数婴幼儿已经可以从婴儿床搬到自己的床上睡觉。照顾者要多观察、注意婴幼儿是否已经出现可以接受如厕训练的信号。

每个婴幼儿都按照自己的节奏发展，但如果婴幼儿有以下的迹象，就需要寻求专业人士

咨询鉴定了：

- 不能自如地走，经常会摔倒；不能在成人帮助下爬台阶。
- 不能提问题。
- 不能指着熟悉的物品并说出它的名称，不能说2—3个字的句子。
- 不能根据一个特征把熟悉的物品分类，如把吃的东西和玩具分开。
- 不喜欢和小朋友玩。

## 第三节　沟通婴幼儿的发展经历和家庭教养情况

早教教师经过专业培训，能较系统地了解婴幼儿的发展规律，但也需开放心态、虚心向家长了解有关婴幼儿的生活经历、个性特点、学习和生活习惯等。如果教师不了解婴幼儿的生活经历、家庭教养情况，则难以对婴幼儿在托育机构的一些需求有充足的准备，难以给予婴幼儿适宜的支持，也难以对婴幼儿的某些问题和表现进行准确的分析，这都会降低婴幼儿早期教育的质量。

案例1

教师因不了解幼儿在家的生活习惯而造成教学事故。某幼儿通常在家是上午排便，家长也没有提前告知教师。班级集体活动时，该幼儿突然在原地大便了，一位教师马上帮助幼儿清洗、更换衣物。因此，集体活动只剩另一位教师在组织，有两个幼儿还没有良好的常规意识和习惯，便“溜”到玩具区玩耍了。该教师为了让活动完成，带领着其他幼儿继续进行活动，没有精力马上引导在玩具区的两个幼儿回到集体活动中。

案例2

教师因不了解幼儿以往的过敏病史而造成安全事故。某日分餐时，生活老师给幼儿娜娜分了一块蛋糕。娜娜吃了一口蛋糕，不喜欢，就放在一边。没多久，教师发现娜娜的额头发红，脖子下起了疹子，看起来很难受，哭着不说话。教师不明白为什么幼儿会突然很难受，不知道怎么帮助娜娜。保健医生来查看，问教师：“宝宝看着像是过敏症状。她今天接触了什么？吃了什么？是不是吃了什么引起过敏的食物了？”教师打电话联系家长才明白，宝宝有蛋白过敏，不能吃蛋糕类的食物。看着起疹子难受哭泣的娜娜，老师很自责没有在此之前就向家长了解娜娜的过敏史。

案例3

某2岁半的幼儿萍萍在家是由妈妈和保姆一起带养的，存在诸多的教养困难，早教教师对此并不了解。在托育班级里，新来的萍萍发现自己处于一个新的环境里，总是哭闹。连着好几天，教室里一直都出现萍萍的大声哭闹，她没法像其他小朋友一样找到教室里的玩具，体验游戏的乐趣。萍萍偏胖，走路也是歪歪扭扭的，容易跌倒。偶尔，萍萍很喜欢教师播放的音乐，有时还会玩吹泡泡的游戏。但是萍萍容易一兴奋就快走，一快走就因腿脚不协调而跌倒，一跌倒就大声啼哭，难以安慰平复，嘴巴里会一直喊“妈妈，我要妈妈”。很多时候，萍萍哭的时间太长，似乎也忘记了自己为什么哭，但是却沉浸在哭闹的情绪里难以平复。教师如果关注她，并拥抱安抚等，萍萍就会更加大声地哭喊，小手也会推开教师。教师尝试了多种安抚方式，都难以缓解萍萍的哭闹问题，这让班级里的两位教师非常苦恼。她们向园长诉苦，并表达萍萍性格不好，很难带。园长提醒教师不要把目光和分析局限在孩子问题的表象，不妨跟萍萍妈妈沟通或者到家庭里去家访，实地了解情况，寻找孩子产生行为问题的原因。于是，教师与萍萍妈妈电话沟通，萍萍妈妈反映:“她在家里有时候也是这样的，一遇到点什么不顺心的事情就会一直哭着喊我。但是即便我到她身边了，她还是会哭。”教师更困惑了，于是决定进行一次家访。教师到了萍萍家里发现，萍萍一直都是保姆阿姨帮忙带养。教师还观察到，保姆阿姨非常疼爱萍萍，有些时候萍萍还没有讲出她要什么，但是她的一个眼神、一个手势都会让保姆阿姨迅速地了解到，并把东西拿给她。萍萍不小心跌倒、磕到了，保姆阿姨立马会过去抱紧她，轻声安抚。萍萍自己在家玩着，保姆阿姨就坐在一旁看着她，并夸奖她的一些表现。萍萍有时还会跑去钻到保姆阿姨的怀里，跟保姆阿姨的关系非常亲密，反而跟妈妈的拥抱、互动很少。教师询问后得知，平时都是保姆阿姨为萍萍准备饭菜并喂饭，萍萍也一直是和保姆阿姨一起睡的。通过家访，教师们觉得，萍萍在教室一直哭闹的症结不在于她性格不好，而是和她之前的生活习惯和家庭教养方式紧密相关。在新的教室环境里，没有保姆阿姨每时每刻的陪伴、回应，萍萍很不习惯。因此，教师建议妈妈让保姆阿姨在家里不要对萍萍过度保护，适当地给予她独立自主的空间，鼓励她尝试自己的事情自己做，也鼓励她用语言表达需求。对于她的无理取闹，家长要采取冷处理的方式，久而久之，孩子自然会知道无故哭恼是解决不了问题的。在学校，教师也采取各种方法建立起与萍萍的亲密、信

任关系。教师有意识地多跟萍萍互动、对话，沟通她的需求和想法，引导她参与游戏活动。同时，教师还经常对萍萍微笑，轻轻抚摸并拥抱她，为萍萍创设她喜欢的音乐时刻、泡泡游戏时刻。渐渐地，萍萍的哭声减少了，再渐渐地，萍萍的哭声不见了。萍萍对教师、教室熟悉了，有了足够的安全感，开始探索教室里的各种玩具，更愿意与教师、同伴沟通交往了。

为了加强早教教师对婴幼儿的了解，可以借助一定的表格工具，对婴幼儿日常生活、学习经验、日常作息、健康情况、特殊饮食需求、生活特点等进行了解。如果时间紧张，教师可以书面问卷的形式让家长填写提交。如果时间充裕，教师可以进行单独家长会或者家访，通过引导式提问对婴幼儿情况作深入了解。教师还要注意，对于所搜集到的婴幼儿个别化信息，要及时存档、整理，并且与班级教师团队进行沟通，这有助于形成教师团队对每一个婴幼儿采取一致、适宜的个别化照顾方法，提升托育服务的质量。

表3-1　对婴幼儿个人信息的了解

一、基本资料

填表人＿＿＿＿＿＿＿＿　　与婴幼儿的关系＿＿＿＿＿＿＿＿　　填表日期＿＿＿＿＿＿＿＿

婴幼儿入托时间＿＿＿＿＿＿＿＿

<table>
<tr><td colspan="3">姓名：</td><td colspan="2">性别：</td><td colspan="2">出生日期：</td><td colspan="2">户籍：</td></tr>
<tr><td colspan="6">现居住地址：</td><td colspan="2">电话：</td><td rowspan="7">照片</td></tr>
<tr><td colspan="8">户籍地址：</td></tr>
<tr><td rowspan="5">家庭成员</td><td>称谓</td><td>姓　名</td><td>年　龄</td><td>教育程度</td><td>服务单位</td><td>职　称</td><td>备　注</td></tr>
<tr><td>母亲</td><td></td><td></td><td></td><td></td><td></td><td></td></tr>
<tr><td>父亲</td><td></td><td></td><td></td><td></td><td></td><td></td></tr>
<tr><td></td><td></td><td></td><td></td><td></td><td></td><td></td></tr>
<tr><td></td><td></td><td></td><td></td><td></td><td></td><td></td></tr>
<tr><td colspan="2" rowspan="3">紧急联络人<br>（其他接送人）</td><td colspan="2"></td><td>关　系</td><td></td><td>电　话</td><td colspan="2"></td></tr>
<tr><td colspan="2"></td><td>关　系</td><td></td><td>电　话</td><td colspan="2"></td></tr>
<tr><td colspan="2"></td><td></td><td></td><td>电　话</td><td colspan="2"></td></tr>
<tr><td colspan="2">特殊需求</td><td colspan="7">□ 发展迟缓　　□ 特殊境遇家庭儿童（情况＿＿＿＿＿＿＿＿＿＿＿＿）</td></tr>
</table>

二、家庭生活概况

1. 之前照顾方式：□ 父母自己带　□ 祖辈带　□ 保姆带：□ 白天　□ 全天
□ 早教班　□ 托儿所/托班　□ 其他＿＿＿＿＿＿

2. 排泄：　排便平均＿＿＿＿天＿＿＿＿次，颜色＿＿＿＿
性质：　成形　□ 正常　□ 偏软　□ 偏硬

（续表）

未成形 □水便 □糊便 □偏黏

小便颜色＿＿＿＿＿＿

需要使用尿布：□不需要 □需要（□只有睡觉时间使用 □日常都使用）

如厕训练：□还未进行 □有进行把尿 □小便大便可以提前说出需求

□可以自己去小便 □可以自己脱裤子 □可以自己提裤子

□能说出要小便但是不能自己穿脱裤子 □其他＿＿＿＿＿＿

3. 睡眠状态：□独立睡觉 □哄睡后可独立睡觉 □与父母同睡

□与他人同睡，此人为＿＿＿＿＿＿＿＿＿

□安稳 □不安稳，易惊醒

午睡时间：约＿＿＿点开始＿＿＿小时；夜眠时间：约＿＿＿点开始＿＿＿小时

特殊睡眠习惯：＿＿＿＿＿＿＿＿＿＿＿＿＿＿＿＿＿＿＿＿

4. 饮食： □母乳 □配方奶 一天＿＿＿＿餐，每餐＿＿＿＿cc

副食品： □尚未尝试

□已喂食过 □水果泥/丁 □米汤 □米糊/麦糊 □粥 □已可进食米饭

□可以自己吃饭 □可以使用汤勺 □可以使用练习筷子 □需要喂饭

□吃饭速度好 □吃饭很慢 □吃饭习惯不好，喜欢边吃边玩

会过敏食物＿＿＿＿＿＿＿＿＿＿＿＿＿＿＿＿＿＿＿＿＿

宝宝一日喂食时间：

| | | | | | | | |
|---|---|---|---|---|---|---|---|
| 上午 | 食物＿＿＿＿ | 喂食时间＿＿＿＿ | 量＿＿＿＿ | 下午 | 食物＿＿＿＿ | 喂食时间＿＿＿＿ | 量＿＿＿＿ |
| | 食物＿＿＿＿ | 喂食时间＿＿＿＿ | 量＿＿＿＿ | | 食物＿＿＿＿ | 喂食时间＿＿＿＿ | 量＿＿＿＿ |
| | 食物＿＿＿＿ | 喂食时间＿＿＿＿ | 量＿＿＿＿ | | 食物＿＿＿＿ | 喂食时间＿＿＿＿ | 量＿＿＿＿ |

5. 水分摄取：

□以母乳/配方奶为主 □仅喂奶后喂水漱口 □有额外喂水的习惯

□开始离乳 □会自己喝水 □还不会自己喝水 □不爱喝水 □用奶瓶口式的杯子喝水

□可以用吸管杯子喝水 □可以自己用有把手的杯子喝水 □可以自己用没有把手的杯子喝水

6. 自理能力：

□能自己吃饭 □用手指抓食物吃饭 □用勺子吃饭 □用练习筷子吃饭 □用筷子吃饭

□能自己穿鞋子 □能自己穿袜子

□能自己穿衣服 □能自己脱衣服

□能自己刷牙 □能自己收拾玩具

7. 语言：□普通话 □英文 □其他＿＿＿＿＿＿＿

8. 为了保证托育质量，请家长提供下列婴幼儿的身体状况资料：

（1）血型＿＿＿＿

（2）是否为过敏体质：□否 □是，何种状况＿＿＿＿

（3）过敏类别： □食物＿＿＿＿＿ □药品＿＿＿＿＿ □动物＿＿＿＿＿

□尘螨＿＿＿＿＿ □花粉＿＿＿＿＿ □其他＿＿＿＿＿

（4）有无下列疾病或状况：□无 □有（□气喘 □癫痫 □心脏病 □慢性支气管炎 □皮炎

□早产 □中耳炎 □唐氏综合征 □自闭症 □发展迟缓

□多动症 □听障 □视障 □高热惊厥

（续表）

□ 其他＿＿＿＿＿＿＿＿＿＿）

照顾应注意事项＿＿＿＿＿＿＿＿＿＿

（5）特殊饮食习惯：□ 无　□ 有＿＿＿＿＿＿

（6）曾接受外科手术：□ 无　□ 有，病名＿＿＿＿＿＿　照顾应注意事项＿＿＿＿＿＿

（7）其他应该注意的健康状况＿＿＿＿＿＿

（8）婴幼儿发生紧急健康事故时，您要求：□ 联络家长，由家长自行送医

□ 紧急时，请先联络家长再由幼儿园方送医

□ 其他＿＿＿＿＿＿

9. 请描述宝宝特质（如活动量、规律性、坚持度、情绪等）＿＿＿＿＿＿

10. 请描述孩子平日喜好的东西（如喜欢的安抚物、游戏、活动、歌曲、朋友等）

11. 家长的期许

三、意向就诊医院资料

| 医院名称 | 电　话 | 地　址 | 医　生 | 医生电话 |
| --- | --- | --- | --- | --- |
|  |  |  |  |  |
|  |  |  |  |  |
|  |  |  |  |  |

四、紧急处理

有紧急送医治疗需要时，幼儿园托育教师、保健医生等立即拨打120，并通知婴幼儿监护人，当班教师与保健医生共同陪护婴幼儿前往医院。

| 紧急处理同意签名 |
| --- |
|  |

## 第四节　沟通婴幼儿在园情况

早教教师一定要重视让家长了解婴幼儿在园情况，包括婴幼儿的生活及照料情况、学习情况、同伴互动情况等。家长了解了婴幼儿的在园状况，能促进家长对教师建立起信任关系，有助于形成良好的家园合作，促进婴幼儿的健康成长。

案例4

2岁半的文文刚入托一周，还没有完全适应。每天早上妈妈送文文入园，文文都会要求妈妈抱着，双手紧紧地抱住妈妈的脖子，不肯让妈妈离开。如果教师稍微靠近，文文就会开始哭喊。教师跟妈妈沟通过，让妈妈告诉宝宝“妈妈去上班了，你在幼儿园玩，吃完午餐妈妈就来接你回家”。今天，文文又抱着妈妈，不让妈妈离开，妈妈对文文说：“文文，妈妈去上班了。老师抱抱你哦！”教师上前把文文抱到怀里，文文奋力挣扎，哭喊道：“我要妈妈！我要妈妈！妈妈不要走！”妈妈看着文文，有点担心、难受，不舍得离开了。这时，教师提醒文文妈妈：“文文妈妈，您离开吧。把宝宝交给我们，放心吧！文文就是早上入园这会情绪大些，等会吃早餐时间他一般就会平静下来做游戏的。您放心上班去吧！”文文妈妈笑着对教师点点头，说：“好的，谢谢老师了。”教师抱着哭喊的宝宝进行安抚。教师告诉文文：“文文，挥挥手跟妈妈再见。宝宝吃完午餐，妈妈就会来接你，别哭哦。看看你都流鼻涕了，老师帮你擦擦鼻涕。”等文文稍微平静下来后，教师给文文读书、玩一些玩具，转移文文注意力。到了临近早餐时间，文文完全平静下来了，主动去洗手、排队等待拿餐。教师则拿起班级手机拍照、录视频发给文文的妈妈，让家长可以看到幼儿情绪稳定的状态，以免担心。

第一，教师需要重视让家长了解婴幼儿在园的即时动态。新入托的婴幼儿往往存在分离焦虑，哭闹明显，家长都很担心婴幼儿是否得到很好的安抚和照顾。为了打消家长顾虑，教师可以抓拍一些婴幼儿情绪稳定、快乐学习的场景分享给家长，让家长安心。拍摄集体活动视频时，教师注意“扫描”教室里的每一个角落，教师边拍边简单述说正在发生什么，并发到班级家长群中。这样，每一位家长都可以及时了解到婴幼儿在园的状态。教师在述说中也会带领家长看到婴幼儿的学习，如“A宝宝正在玩捏珠子的操作，你看，宝宝真专注，努力尝试着，小手在练习中会越来越厉害！我们的宝宝在游戏中会成长得更加心灵手巧哦！B、C宝宝正一起玩泡茶游戏，小小的友谊在成长哦！”教师也可以抓拍婴幼儿在园游戏、活动的内容，以视频、图像的方式在婴幼儿离园后整理好发送给家长。教师可以对这些图片、视频信息配上文字描述、分析，让家长看到婴幼儿学习的过程，还可以多捕捉婴幼儿生活自理、同伴交往、自主游戏与探索等方面的内容与家长分享、沟通。

第二，事关婴幼儿健康和安全的情况，教师要及时告知家长。例如，告知家长今日发现婴幼儿打喷嚏或者流鼻涕的情况比较多，针对不同婴幼儿的情况，提醒家长注意给婴幼儿多加衣服，来园时候给婴幼儿多带几套衣服备着更好，也提醒家长在家注意调控好空调的温度，防止婴幼儿玩水弄湿衣服着凉等。教师也要注意事关婴幼儿安全的情况要及时让家长

知悉。例如，婴幼儿被小伙伴咬到手了，教师要在家长来园接送时告知家长婴幼儿手上有齿印，并告知家长婴幼儿发生同伴冲突的情境。同时，教师要注意告知家长在婴幼儿冲突后，教师是如何引导的，让家长了解到婴幼儿可以通过冲突事件学习同伴交往的策略和方法。如果教师没有及时告知家长这些情况，等到家长事后发现再追问教师，则很容易让家长质疑教师的观察、照顾不到位，影响对教师的信任。如果教师及时告诉家长，家长会感受到教师的认真负责和坦诚，促进家长理解、支持教师的工作。

第三，教师也要注意与家长沟通婴幼儿的问题行为，例如吃饭挑食、坐姿不好、大喊大叫、攻击性行为较多等。对于这些问题，教师可以引导家长一起探讨有没有好的解决办法，询问幼儿在家的表现情况。家园合力有助于了解问题的全貌而找到适宜的解决途径。

### 案例5

2岁半的琳琳到全托班一个月了，她很喜欢早教中心的班级生活，但是琳琳吃饭存在诸多问题，很令教师头疼。琳琳总是不太有胃口，吃饭的时候身体坐姿随意，发呆或者玩弄餐具，不愿意主动吃饭。如果教师提醒她，琳琳会马上坐好，拿起勺子舀一口饭吃，但是慢悠悠的，显得很不主动。如果教师走开，她又开始玩弄起餐具来。如果教师监督琳琳吃饭，她也只是吃些米饭，不愿意吃青菜和肉类。每天，琳琳都会倒掉许多剩饭剩菜。教师觉得需要帮助琳琳建立良好的用餐习惯，便把琳琳的用餐情况拍录视频给琳琳家长知情，并且跟琳琳妈妈沟通琳琳在家用餐的习惯。原来，琳琳平日有时跟着妈妈，有时会到外婆家由外婆照顾。在外婆家吃饭时，琳琳会边看电视，边在沙发上跳上跳下的，外婆就拿着饭碗追着喂饭。教师了解到，对于琳琳来说，在学校时保持坐着用餐已经是琳琳很大的进步。但是琳琳还需要进一步建立更多的健康用餐习惯，琳琳需要教师在其用餐时更多地陪伴和引导。教师与琳琳妈妈沟通琳琳在学校吃饭的情况，讨论问题和策略。琳琳妈妈非常理解教师的用心和努力，也及时跟教师沟通琳琳的生活、学习情况并参与到策略的思考和尝试中。教师每周跟踪琳琳吃饭问题并制订了家园合作计划，及时发送给琳琳的家长。

表3-2 琳琳个别化教育方案家园合作计划

| 时 间 | 问 题 | 教师建议的方法 | 干预时间 |
|---|---|---|---|
| 第一周 | 吃午饭容易受到窗外家长的影响，看到有人就不想吃，想回家，但是早餐、课间餐都没有问题。 | 提醒所有家长接送时不要影响孩子。<br>提醒琳琳外婆接送时不要拉开教室的窗帘、不要大声呼喊琳琳，以免干扰琳琳，帮助琳琳养成专心吃饭的态度。 | 1周 |

（续表）

| 时　间 | 问　　题 | 教师建议的方法 | 干预时间 |
|---|---|---|---|
| 第二周 | 午餐只吃饭不吃菜。 | 对全体婴幼儿进行健康食物金字塔主题教育。<br>吃饭时，教师多陪伴、引导、监督。例如，引导琳琳不偏食、不挑食，吃饭时要专心拿好勺子，不要把玩勺子。引导琳琳要坐正，保持吃饭的状态。引导琳琳不要把玩餐桌周围的玩具。引导琳琳不要离开椅子和餐桌随意走动，要保持坐在椅子上，有需要时告诉教师即可。 | 1周 |
| 第三周 | 午餐只吃饭不吃菜问题还是比较严重。 | 教师团队多与家长沟通。教师加强与妈妈的沟通，详细沟通琳琳回家后饮食情况和习惯。建议妈妈让家人与自己保持一致策略，在琳琳回家后不再给予食物，让琳琳知道“自然后果”，如果午餐不专心吃，会比较容易饿，所以中午要多吃饭菜。无论琳琳在家或者在外婆家都要建立一致的规则，例如，吃饭必须坐在椅子上，不可以边吃边跳。让琳琳自己吃饭而不是成人追着喂饭。 | 2周 |
| 第四周 | 吃饭时容易不专心、坐姿不正、没状态，饭量不多。 | 教师在与琳琳妈妈沟通时了解到，琳琳最近喜欢看大姐姐跳舞。午餐时，教师借机对琳琳说：“只有吃饭长高才能去跳舞，美美的。这些菜可以让你长高。娜娜这么高可以去跳了，琳琳还不够高，得多吃饭才可以。”<br>教师建议：琳琳下午回家了不要再给饭喂饭，琳琳在家吃饭也要像在学校一样坐下来，保持坐姿，好好吃饭，不可以随意起来走动、跑跳。建议外婆多引导琳琳：“老师说宝宝吃饭不可以起来走哦。在学校和家里要一样。”建议外婆不要追着喂饭，让琳琳自己吃。 | 1个月 |

此外，月龄小的婴幼儿会有更多的保育要求，例如，需要更换尿布、喂奶，教师要注意与家长沟通这些婴幼儿每日的照料情况。教师可以借助表格，与家长就这方面信息进行及时的沟通。

表3-3　婴幼儿每日在家照料情况登记表

婴幼儿姓名＿＿＿＿＿＿＿　婴幼儿月龄＿＿＿＿＿＿＿　日期＿＿＿＿＿＿＿＿＿＿
婴幼儿今天的情绪＿＿＿＿＿＿＿＿＿＿＿＿＿＿＿＿＿＿＿＿＿＿＿＿＿＿＿＿＿
婴幼儿今天起床时间＿＿＿＿＿＿＿＿　婴幼儿昨晚入睡时间＿＿＿＿＿＿＿＿＿＿
婴幼儿昨晚睡眠情况：□ 好　□ 不安稳　□ 其他＿＿＿＿＿＿＿＿＿＿＿＿＿＿＿
婴幼儿最近一次喝奶时间＿＿＿＿＿＿＿　喝奶量＿＿＿＿＿＿＿　喝奶类型：□奶粉　□母乳
婴幼儿最近一次喂食时间＿＿＿＿＿＿＿＿＿＿＿＿＿＿＿＿＿＿＿＿＿＿＿＿＿＿
食物＿＿＿＿＿＿＿＿＿＿＿＿＿＿＿＿＿＿＿＿　食物量＿＿＿＿＿＿＿＿＿＿＿
婴幼儿最近一次尿布更换时间＿＿＿＿　情况：□ 干　□ 湿　□ 大便
最近一次大便时间＿＿＿＿＿＿＿＿　昨晚到今早大便次数＿＿＿＿＿＿＿＿＿＿＿
今日照顾需要教师特别注意的情况＿＿＿＿＿＿＿＿＿＿＿＿＿＿＿＿＿＿＿＿＿＿
＿＿＿＿＿＿＿＿＿＿＿＿＿＿＿＿＿＿＿＿＿＿＿＿＿＿＿＿＿＿＿＿＿＿＿＿＿＿

表3-4　婴幼儿每日在园照料情况登记表

婴幼儿姓名________________　婴幼儿月龄________________　日期________________

| 婴幼儿排便情况 | | | | | | |
|---|---|---|---|---|---|---|
| 时　间 | 尿布更换 | （尿布）干 | （尿布）湿 | 大　便 | 自己如厕 | 备　注 |
| | | | | | | |
| | | | | | | |
| | | | | | | |

小睡时间

____到____

____到____

| 早餐 | 午餐 | 午点 |
|---|---|---|
| ____没有　一些　所有____ | ____没有　一些　所有____ | ____没有　一些　所有____ |
| ____没有　一些　所有____ | ____没有　一些　所有____ | ____没有　一些　所有____ |
| ____没有　一些　所有____ | ____没有　一些　所有____ | ____没有　一些　所有____ |
| ____没有　一些　所有____ | ____没有　一些　所有____ | ____没有　一些　所有____ |

我今天做了什么/今日在园重要信息

________________________________________

________________________________________

________________________________________

## 第五节　沟通积极亲子互动、亲子关系的内容

美国《心理学百科全书》里提到，父母应具备如下重要的养育目标：第一，保证孩子的健康和安全；第二，为了让孩子成长为有用的成人而做好准备；第三，向孩子传递文化价值观。那么，对于年幼的婴幼儿，家长应如何做以支持达成这些养育目标呢？早教教师应该引导家长在哪些方面作出努力呢？

### 一、重视营造积极的亲子互动

#### （一）积极亲子互动的价值

积极的亲子互动有利于建立优质的亲子关系，优质的亲子关系是婴幼儿建立信任及其他健康人际关系的必要基础。婴儿向他们的父母发出信号，在饥饿或不舒服的时候哭泣，并咕咕地叫着进行情感交流。当父母以一种温暖、关爱的方式回应婴儿的信号时，婴儿很快就会学会依赖父母。当婴儿和父母的感情受到积极的影响时，父母和孩子会形成亲密、信任情感纽带。在婴幼儿探索、学习的成长过程中，亲子关系是婴幼儿的安全基础，也是婴幼儿获得安慰的重要来源。

积极亲子互动可以为婴幼儿的发展和学习提供一个良好的基础。当父母给予婴幼儿敏感的、回应的和可预测的照顾时，婴幼儿能够发展出多种他们所需的生活技能。积极的亲子互动是婴幼儿能够探索、体验关系和解决问题的基础。父母和婴幼儿之间的健康依恋或情感纽带在帮助婴幼儿调节饥饿、不适和压力方面起着核心作用。父母的优质回应将帮助婴幼儿从饥饿到满足、从不舒服到舒适、从经受压力到压力消失。这些积极的亲子互动培养了婴幼儿的适应能力、信任感、好奇心、自主性，会显著影响婴幼儿的身体发育、行为模式、社会情绪发展、早期语言发展等。

（二）积极亲子互动的特点

第一，以儿童为本的亲子互动。亲子互动应该视婴幼儿的情况而发起、持续或者结束。例如：当婴幼儿正对发出音乐的安抚玩具感兴趣时，爸爸或者妈妈可以跟着一起哼唱、轻轻摇摆身体，抱着婴幼儿并抚摸他们的小手小脚。这样的亲子互动可以激发和延续婴幼儿对音乐的关注、兴趣和喜爱之情，增进亲子联结，让亲子关系更加亲密、愉快。但是，如果发现婴幼儿感到疲倦，父母就不要继续给予婴幼儿过多的声光刺激了。在生活中经常会出现这种情况，当家里来了客人，有些父母就迫不及待地让婴幼儿展示各种“技能”，即便婴幼儿疲倦了，父母还千方百计想让他给客人展示。这种不顾婴幼儿精神状态、动机意愿的亲子互动就是消极的。过度的要求甚至强迫婴幼儿会让婴幼儿对活动本身失去兴趣，不利于婴幼儿持续的学习动机的培养。

第二，高质量、高回应的亲子互动。许多实证研究数据表明，高回应的父母更能够激发、提升婴幼儿的回应性，婴幼儿对周围事物、对刺激的反应也会更加敏感。父母要注意把握回应的及时性和一致性，这有助于激发婴幼儿对回应的预测和情感投入。父母可以在回应时多给予婴幼儿眼神交流或者皮肤接触（如轻轻抚摸、拥抱等）、多给予婴幼儿适当并且丰富的语言输入（例如，父母可以多用简单但是清晰的语句告诉婴幼儿你们正在做什么、听到或者看到什么）。高质量、高回应的亲子互动需要婴幼儿父母时刻遵循“以儿童为本”的原则，所有的回应要依婴幼儿的兴趣、需求和状态而定。

案例6

小雪，十个月大，她的妈妈是全职妈妈，平时不仅要照顾小雪，还要肩负全家的煮饭、洗衣、清洁等家务。虽然妈妈很爱自己的宝贝，但是还是会不时感到劳累、疲倦。妈妈常常在忙完家务后躺在沙发上玩手机，让小雪自己在沙发附近玩耍，当小雪跟她说话或者表示需要什么东西时，妈妈就会抬头看一眼小雪，温柔地说：“哎！妈妈知道了，宝贝。”偶尔还会伸手摸摸小雪，然后又继续玩手机，让小雪自己玩耍。

这样的亲子互动看似具有回应性，但其实这种回应并不能达到高质量回应的标准。那么，小雪妈妈需要怎样提升回应的质量呢？依据积极亲子互动的特点，我们会发现小雪的妈

妈要改进的地方很多。例如,小雪妈妈应该“以儿童为本”,让回应基于小雪的兴趣、状态、需求,而不是以敷衍、空洞的方式去回应。在与小雪互动时,小雪妈妈应该暂时放下手机,让小雪感到妈妈对自己的关心和爱护。如果小雪妈妈养成边玩手机边与小雪互动的习惯,小雪慢慢地就会形成一种妈妈更爱手机,并不关心自己的想法,长此以往,不利于小雪学习品质的形成和社会技能的学习。

第三,温暖而有原则的亲子互动。无论是与婴幼儿玩乐互动,还是平时的洗澡、换尿布、吃饭时间,父母都要积极营造温暖的情感氛围。但有时候婴幼儿有不适当的行为,比如做出危险的动作、抓咬其他人、任性吵闹等,父母要以明确、简单的指令性语言告诉他:“不行!”并且讲出原因,要运用严肃、坚定但是温柔的语气。在帮助婴幼儿处理问题行为的过程中,可以适当运用“隔离(time out)”的策略让他自己独处一两分钟,把无理取闹或者伤害他人的婴幼儿暂时放到你视线所及的安全区域内独处,并告诉他“请你平静下来”或者“我不喜欢你伤害别人,这让我很难受,请你自己待一会安静下来”。在这个过程中,不要对他嬉皮笑脸,也尽量不要因为哭闹给他身体爱抚,但是需要与他进行适当的言语对话和眼神交流,让他知道你明白他的情绪,也告诉他你为什么要这样做,你希望他接下来怎么做。这样可以让婴幼儿感到你的严肃是有原因的,你对他是关爱的、温柔的。在他情绪平静后,父母可以拥抱他、亲吻他,告诉他无论如何爸爸妈妈都是爱他的,告诉他为什么会隔离他,希望他以后怎么做。

在对待婴幼儿的问题行为时,父母要坚持一致性原则,帮助婴幼儿建立行为的规则,并做好适当的情感投入。例如,婴幼儿在进行各种身体运动探索时会经常跌倒摔伤而大哭,如果婴幼儿并无大碍,父母可以在旁边看着他,温柔而坚定地告诉他:“我看到你摔伤了,你觉得很痛所以哭了,但是还好宝宝伤得不重。妈妈知道了,宝宝下次要更小心哦!请你勇敢地站起来,我相信你能做到。”父母一定注意不要过度反应,比如快速地跑到婴幼儿身边,将他抱起来哄,如果父母习惯以这种方式回应婴幼儿,那么每次婴幼儿摔倒都会寻求父母的疼爱而没有机会去学习如何利用自己的力量站起来。所以,父母要依情况而进行适宜的回应,既不可缺位,也不可过度。

父母要通过一致性回应经验而让婴幼儿知道,父母会对婴幼儿的行为和表现作出怎样的回应。例如,让新生儿明白,他的哭闹会唤来父母的回应、关心和怀抱;让触碰危险电插座的学步儿明白,这是不可以的,会受到严厉批评的;让打人、伤人的婴幼儿明白,这会让爸爸妈妈对他作出隔离处理,这会让他和他伤害的人感到不愉快;让急着要抢别人玩具的婴幼儿明白,等一会就可以轮流玩了或者玩其他类似的玩具,持续的争抢可能会导致玩具被父母没收,或者被批评。

第四,关注安全的亲子互动。在亲子互动时,父母要时刻注意为保证婴幼儿的安全做好防护举措。例如,随着婴幼儿月龄和身体运动技能的增长,父母要持续检查家庭里的安全防护措施,给电插座安装防护盖,给婴幼儿移动范围内的家具粘贴防撞泡棉,合理放置垃圾箱和其他不可食用的物品,将过于细小的金属或者危险物品妥善放置。另外,父母要注意,在与婴幼儿嬉戏玩闹时不要猛烈地摇晃婴幼儿，过度的摇晃会造成婴幼儿大脑的结构和功能损伤。父母在与婴幼儿玩耍时也不要过度兴奋，要时刻考虑安全因素，控制自己的过激行为并做好安全防护措施。例如，当爸爸妈妈把婴幼儿举高逗他们开心时，要预防婴幼儿可能会兴奋地往后仰或者向前俯身、踢腿，要确保自己的手能保持婴幼儿的身体平衡。只有在确保安全的情况下，才可以与婴幼儿进行互动。

（三）早教教师对婴幼儿家庭日常亲子互动的了解与指导

早教教师要与家长实现专业的、有效的沟通，并得到家长的认可和理解，需要教师有明确的沟通目标、证据事例，以及专业的分析、建议，而这些都要基于早教教师对婴幼儿家庭日常亲子互动的了解。教师可以通过直接的访谈或者观察了解家庭亲子互动的相关信息。

1. 访谈

为了理解父母与孩子互动的信念、态度和期望，早教教师可以采用以下调查问卷表在家庭中进行访谈。值得注意的是，使用简单的开放式问题和深思熟虑的倾听可能会让人感觉“效率低下”，但这却是最有效的方法。早教教师通过这些问题，让父母反思自己的角色与信心，自主为自己和孩子作出改变。早教教师在访谈过程中要聚焦、谈论积极的期待而不要过多地使用“问题”这样的词语。

表3-5　访谈父母：探索亲子互动的问题

| | |
|---|---|
| 一、父母的教养角色和信心 | 1. 作为一个母亲/父亲，你最享受或者最喜欢的事情是什么？ |
| | 2. 作为一个母亲/父亲，你最困难或最具挑战性的事情是什么？ |
| | 3. 请告诉我，照顾新生儿的感觉如何？ |
| | 4. 你认为你是如何应对照顾孩子这样的新角色的？ |
| | 5. 当你成为父母的时候，你会担心什么呢？ |
| | 6. 和你的宝宝独处的时候，你有什么感觉？ |
| | 7. 你的宝宝多久哭闹一次？ |
| | 8. 当宝宝哭泣或哭闹时，你感觉如何？你有什么好的方式来回应你的宝宝吗？ |
| | 9. 在成为父母后，你是否有过困惑、紧张或焦虑的感觉呢？ |
| | 10. 你对自己的新角色有信心吗？ |
| | 11. 你会给其他新手妈妈/爸爸们什么建议呢？ |
| 二、关于养育宝宝的信念和期望 | 1. 当你怀孕的时候，你内心对你未来的父母角色是什么期待？ |
| | 2. 现在你成为父母的样子与你内心期望的一样吗？请作解释。 |
| | 3. 你是否认为孩子会改变你的生活，让你的生活变得更好或者更坏？ |
| | 4. 成为父母是如何改变你的生活的？ |
| | 5. 对你来说，作为父母最重要的知识是什么？ |

（续表）

| | |
|---|---|
| 二、关于养育宝宝的信念和期望 | 6. 对你来说，作为父母最重要的行动是什么？ |
| | 7. 自从你成为父母后，你的生活发生了什么变化？ |
| | 8. 当你想到你自己的父母时，他们的哪些方式是你想要学习的？哪些方式是你想要改变的？ |
| 三、父母的幸福和社会支持 | 1. 你对改变感到满意吗？ |
| | 2. 你如何应对意外的变化？ |
| | 3. 你现在有什么压力和担心吗？ |
| | 4. 请告诉我，你的健康和精力水平。你现在有什么健康问题吗？ |
| | 5. 你多久看一次医生？ |
| | 6. 你有足够的时间休息吗？你什么时候可以休息？ |
| | 7. 有没有人偶尔给你帮忙？ |
| | 8. 当你生病时，谁来帮助你？ |
| | 9. 当你成为父母后，谁对你的帮助和支持最多？ |
| | 10. 当你需要建议或支持的时候，你是否有一个可以打电话倾诉或寻求帮助的人？ |

2. 观察

早教教师观察亲子互动的目的在于确定亲子互动、亲子关系的优势、难题和挑战，从而引导婴幼儿父母科学育儿并树立积极亲子互动的信心。观察能帮助早教教师对问题进行探索或者验证，从而为决策与干预提供重要信息。观察之后，早教教师还需要和婴幼儿父母沟通相关信息，提出问题和改进建议。

（1）观察要遵循的原则。

第一个原则是：基于婴幼儿自然生活情境的真实观察。婴幼儿自然的生活情境指的是婴幼儿日常生活所经历的、所熟悉的环境，包括物理环境（例如，家居环境、教室环境、常去的商场和公园）和人文环境（例如，家庭氛围、班级氛围、生活社区的人文素质）。为什么观察要基于婴幼儿自然的生活情境呢？首先，我们要理解婴幼儿的学习是如何发生的。基于大量的实证研究可以发现：婴幼儿在参与发生于社区、家庭里的活动时，获得了最自然的学习机会，并且体验着作为家庭、社区一员的生活。当婴幼儿对这些活动感兴趣并参与其中时，这些活动会增强婴幼儿各方面的能力和技能。因此，我们提倡在家庭和社区的真实生活环境中观察、评估婴幼儿的技能，而不是通过一些与日常生活无关的、孤立的测试任务来完成观察评估。其次，基于婴幼儿自然生活情境的真实观察，我们可以得到婴幼儿发展、父母教养、亲子关系等情况的真实数据，从而为进一步作出准确判断、分析和策略建议提供参考。

第二个原则是：基于婴幼儿日常作息时间的观察。教师在选择观察时间前可与婴幼儿家长先作沟通，询问家长在什么时间对亲子互动进行观察、沟通会比较方便。同时要征询家长意见，所选择的观察时间是否会与婴幼儿的休息时间重合、可否支持早教教师捕捉到家庭亲子互动的真实情况。基于婴幼儿日常作息时间的观察：一是能够方便婴幼儿家庭的参与；二是体现了对婴幼儿家庭文化的尊重和接纳；三是能够在真实的家庭环境中了解父母教养、亲子互动、婴幼儿发展的状况。与在实验室、观察室、早教机构等陌生环境里规定了条件、程序的观察相比，基于婴幼儿日常作息时间、家庭日常生活的观察所获得的了解会更加真实，有个别性和针对性，可以帮助早教教师探查到婴幼儿在家庭生活中真实的行为表现，有助于对婴幼儿家庭制定个性化指导策略。

（2）观察的方法。

观察法是指研究者按照一定的目的和计划，在自然条件下，对研究对象进行系统、连续的直接观察，并进行准确、具体和详尽的记录，以便全面而正确地掌握所要研究的情况，收集有关资料加以分析和解释，最后获得对研究问题的认识。观察的方法有很多，下面主要介绍几种适用于观察亲子互动情况的方法。

① 依据观察是否有严格的设计，可采用结构性观察或者非结构性观察。

结构性观察在此是指有目的地就观察的内容、程序、记录方法进行设计，以观察婴幼儿亲子互动的不同方面。例如，教师针对不同父母与婴幼儿的互动、依恋特点进行观察，或是教师对婴幼儿在亲子互动中的回应方式进行观察。教师对家庭的指导不是一蹴而就的，而是需要一定的时间和系统工作有条不紊地达成指导目标。结构性观察有助于教师收集到一手的有效资料，根据家庭指导的阶段有计划、有重点地推进工作。

非结构性观察指的是事先没有严格设计，随着行为或者时间的自然发生与进程进行观察。例如，早教教师在幼儿父母接送幼儿时对其亲子互动行为、对话等自然过程进行有目的、非结构性的观察。

② 依据观察是否通过中介物，可分为直接观察和间接观察。

直接观察是指早教教师不借助仪器，靠自己的感觉器官对婴幼儿及其家庭的亲子互动情况进行观察。直接观察有助于教师真实地、直接地捕捉婴幼儿亲子互动的实际情况，但是由于观察者个人的观察视野和精力有限，难以实现全面的记录。

间接观察是指教师借助其他仪器设备、他人的观察，或者是事后留下的痕迹进行观察。间接观察也可以通过询问婴幼儿家长、与婴幼儿家庭有接触的其他人达成观察目的。间接观察可以采用录音机、录像机、问卷等进行信息的收集和记录。间接观察的优点是可以在较为有限的时间内通过仪器设备或他人的视角快速地对婴幼儿亲子互动情况进行了解与把握。

③ 依据观察所选取的时间特点，可分为定期观察和追踪观察。

定期观察是非连续性的、按一定时间间隔进行观察。比如，对某幼儿及其家长就亲子互动的引导性和回应性品质进行观察，规定每两周一次。

追踪观察是指早教教师有计划地对婴幼儿亲子互动进行长期的、连续的跟踪观察。追踪观察分为长期观察和短期观察。长期观察可以帮助教师对婴幼儿家庭亲子互动的问题进行长期、全面、深入的关注和了解，以便提供及时的教育支持，也有助于教师深入了解婴幼儿

及其家庭的特点，不断调整指导策略。短期观察相对来说精力和时间比较集中，可以在较短的时间内获得一个即时的了解，但是，只能对研究对象获得一个片刻的印象，很难获得比较全面、深入、整体性和过程性的了解。

（3）观察计划的制订。

早教教师可在观察前设计个别化的观察与沟通计划，如果教师没有一定的观察目的、计划，就容易在观察、沟通的过程中被其他情况干扰，难以在有限的时间内聚焦需要重点关注的问题。教师的观察如果可以考虑婴幼儿的发展情况、家庭状况，同时能够聚焦观察、讨论的问题，就会更有针对性。教师可以在观察、沟通前先向婴幼儿家长了解他们对于目前婴幼儿的发展情况、家庭教养有何问题，针对父母正关注的问题进行观察计划的制订。教师应注意在观察、沟通结束后进行及时的记录，以保证信息的清晰、完整，并根据所获得的观察信息，计划下一阶段对婴幼儿及其家庭的引导要点。

（4）观察后的反馈和评估。

经过合理设计的评估表可以帮助教师进行专业的总结，并给予家长专业、实用的反馈，辅助后期计划的制订。提供给家长的反馈报告可以是教师的观察、沟通记录表、评估表等，但是教师最好对反馈报告进行处理，对观察记录信息进行分析、评估、总结，呈现给家长简洁清晰的反馈报告表。同时，教师也要考虑家长的意见和要求，以改进后期的观察和反馈。此外，教师和家长可各留存一份反馈报告表（见表3–6）。

表3–6　与家长沟通反馈报告表

| | |
|---|---|
| 孩子姓名＿＿＿＿＿＿＿＿ | 孩子年龄＿＿＿＿＿＿＿＿ |
| 观察教师＿＿＿＿＿＿＿＿ | 沟通教师＿＿＿＿＿＿＿＿ |
| 日　期＿＿＿＿＿＿＿＿ | 在场的父母＿＿＿＿＿＿＿＿ |
| 观察、沟通会面的原因＿＿＿＿＿＿＿＿＿＿＿＿＿＿＿＿ | |
| 要向家长报告的项目＿＿＿＿＿＿＿＿＿＿＿＿＿＿＿＿ | |
| 父母的意见和要求＿＿＿＿＿＿＿＿＿＿＿＿＿＿＿＿ | |
| 教师的总结＿＿＿＿＿＿＿＿＿＿＿＿＿＿＿＿ | |
| 教师签名＿＿＿＿＿＿＿＿ | 家长签名＿＿＿＿＿＿＿＿ |

此外，教师也可以将反馈结果制作成简明清晰的图表呈现给家长。在表中，对于婴幼儿在不同月龄段的发展里程碑进行详细阐述，方便家长对婴幼儿的发展情况进行比对，及时发现婴幼儿发展中存在的问题。同时，对不同婴幼儿在亲子互动中遇到的问题、挑战及目标也进行记录，以方便家长及时调整亲子互动的方式方法（见表3–7）。

表3-7　婴儿发展里程碑，个案的亲子互动挑战与目标

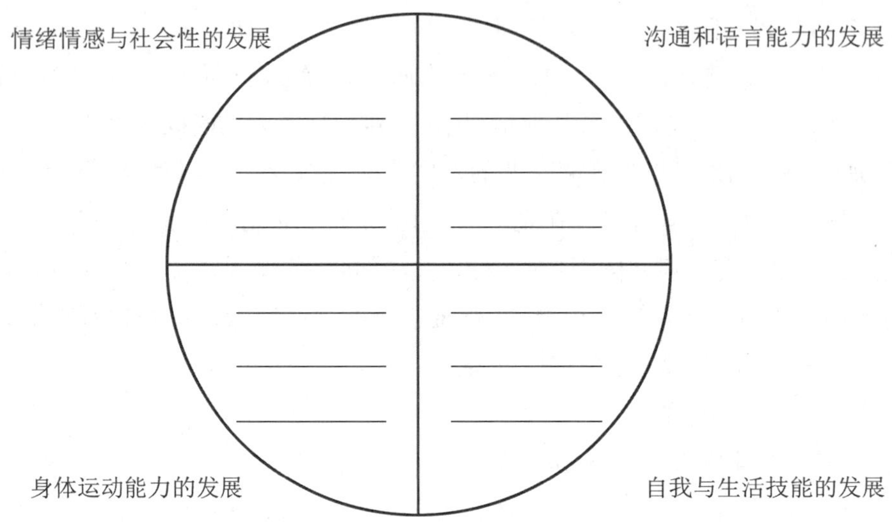


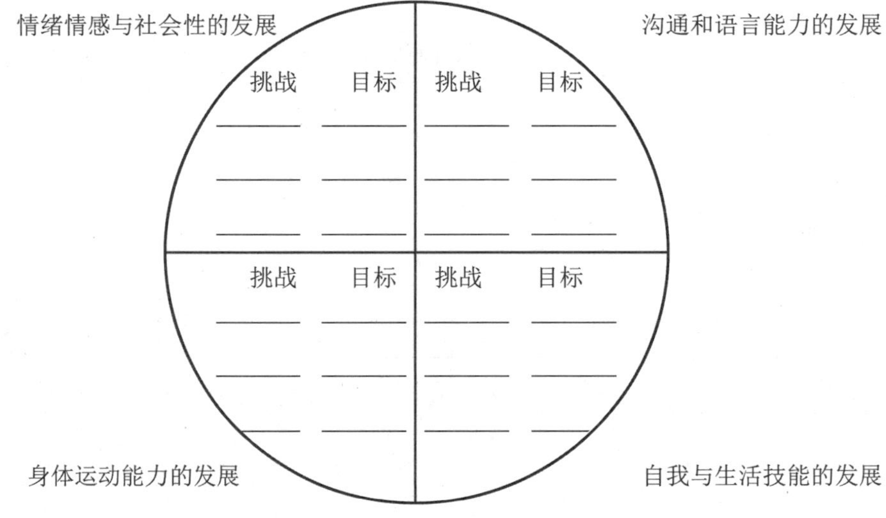


（5）观察结束后，早教教师对家长的指导培训。

除了对家长提供反馈性的总结报告和指导建议之外，教师还可以通过示范互动的方式给家长实景化的指导培训。

实景化的指导培训包含七个基本步骤：第一步，在教师给予家长示范指导之前，先向家长解释自己将要做什么以及为什么要那么做。第二步，教师要告知家长，在他与婴幼儿互动的过程中，家长要注意观察哪些具体的事情。第三步，教师跟婴幼儿进行示范性互动，家长

进行观察。第四步，教师请家长说说在刚才的互动情境中发生了什么，哪些方法奏效了，哪些方法没有奏效，哪些还需要继续改进，有哪些经验可以借鉴。第五步，邀请家长尝试教师示范的亲子互动。该步骤要依据家长的意愿来实行，如果家长觉得暂时没准备好，也不要勉为其难。第六步，教师和家长一起回顾教师示范的互动活动，如果家长尝试了互动示范，可以讨论教师观察到的家长与婴幼儿的互动情况是怎样的，家长可以如何改进，如何在日常生活中持续地推进这些互动。第七步，教师跟家长拟订计划，指导家长在日常生活中可以使用哪些策略进行互动。

（6）观察结束后，早教教师的自我反思。

早教教师除了要对婴幼儿发展、亲子互动、亲子关系等进行评估，也要在评估时反思自己的专业成长。因为教师自身的观察、沟通技能水平会影响对家长教养引导、育儿支持的成效。教师可以借助以下问题评估自己观察、沟通的水平：

- 我观察、倾听得怎么样？
- 我如何做好对家长参与的促进和支持？
- 我提供给婴幼儿家庭足够的、满足其个别化需求的指导内容了吗？
- 我在观察、沟通时做得积极吗？
- 我在观察、沟通中的舒适度如何？有没有哪些地方感到别扭？

这些问题的反思评估能促进早教教师专业能力的成长，并为支持、促进教师开展类似的后续活动提供经验。在时间间隔上，如果婴幼儿在1岁以内，教师最好每隔6周就与家长进行一次观察、会谈，如果婴幼儿超过1岁，教师至少每隔3个月就要与家长进行一次观察、沟通。

## 二、帮助婴幼儿父母梳理积极亲子关系的理念和方法

如果父母对基本亲子关系的理解出现了偏差，那么即便有知识、技能的培训，其教育效果也难以理想。早教教师要帮助婴幼儿父母树立科学的亲子关系理念和方法。

### （一）帮助婴幼儿父母掌握实现积极亲子关系的五个基本工具

早教教师应努力帮助婴幼儿父母熟悉实现积极亲子关系的五个基本工具，即：

第一，回应。以适当的方式回应你的孩子。例如，当婴幼儿语言表达出现错误时，父母可以用正确的表达方式给他重述一遍，而不是说“你说错了，怎么这么笨呢”之类的话语，这样容易打击婴幼儿自由表达的积极性，不利于激发婴幼儿学习的内驱力。

第二，预防。在可能的风险性行为或者问题出现之前做好预防。例如，某位敏感的妈妈观察到她的孩子喜欢积木游戏，但是太小块的“雪花片”积木对于婴幼儿手部精细操作要求很高，孩子在频频的操作失败后引发了短暂的挫败感和厌烦感。于是，这位妈妈撤掉了“雪花片”积木，为孩子提供了大块的木质积木和塑料积木。这样，孩子凭着自己的专注和努力把这些大块、有一定重量的积木成功拼接上了，很快就恢复了操作的兴

趣和信心。

第三，监督。当孩子与周围世界接触时，父母做好监督。例如，检查家里玩具的大小和安全性，以免太小的硬物被婴幼儿误吞。

第四，指导。在适当的时候指导你的孩子，支持和鼓励其做出期待性行为。例如，婴幼儿想模仿大人撕开纸张，但是他的双手握着纸张往两边撕扯，难以撕开纸张。妈妈观察到孩子的困难后，立刻给予指导支持。

第五，示范。父母应以身作则，为婴幼儿提供一种持续的、积极的示范。在建立生活习惯和学习习惯的时候，父母的以身作则非常重要。例如，吃饭的时候不看电视和手机，晚上要有专门的家庭阅读时间，早睡早起，积极锻炼等，这些都会对婴幼儿的日常行为形成潜移默化的影响。

（二）帮助婴幼儿父母察觉到自己是婴幼儿教养的重要力量

早教教师帮助婴幼儿父母意识到自己是婴幼儿成长过程中最关键的照顾者，帮助他们审视个人教养中一些不适宜的理念和行为，指导婴幼儿父母学习和调整，以实践适宜、科学的教养观念和方法。在婴幼儿阶段，家庭充分的支持可以帮助婴幼儿开发潜能、获得优质发展，对其发展有极其重要的影响。在进行科学育儿指导服务的过程中，早教教师应尊重不同家庭的文化背景、幼儿父母的受教育水平，采用适合于婴幼儿父母的个性化学习的方式，为他们制订个性化教养的学习目标和进度。对于发现有特殊问题的儿童，早教教师应树立积极的期待，相信幼儿、相信家长，充分了解特殊儿童的特点及应对措施，给予其家庭专业性的问题分析，订立合理的目标建议。

案例7

15个月大的欣欣在出生时遭受了创伤性脑损伤。这种伤害影响了欣欣的语言、运动和认知发展。为了帮助欣欣治疗，原本收入不高的小家庭过得更加拮据了。欣欣的父亲小张为了给欣欣治疗，不辞辛苦，日夜兼职。每次带欣欣去咨询、治疗、训练，他都需要停工请假。欣欣对很多食物都不感兴趣，吞咽和咀嚼都有困难。小张想帮助欣欣更加独立，像其他孩子一样吃饭。他希望吃饭可以成为他和欣欣一起享受的愉悦时光，而不是充满挣扎、挑战的时光。

小张向欣欣周末早教班的教师讲述了自己的这一烦恼，在教师的帮助下，他们找到了一些帮助欣欣学习吃饭的目标、策略：

第一，小张同意把欣欣的一些食物搅成很浓的糊状食物，食用更顺滑的糊状食物，可以减少欣欣窒息的风险。

第二，小张同意在本周和欣欣一起尝试两种新的食物：胡萝卜和桃子。小张之

所以选择了胡萝卜和桃子，是因为欣欣喜欢橙色食物，可能会尝试它们。

第三，小张同意帮助欣欣在进食时更加独立，把食物切碎，放在欣欣的进餐托盘里，让她自己练习用手指抓食物吃。如果欣欣需要帮助，小张也会帮助她。

案例8

24个月大的小强最近被诊断出患有自闭症谱系障碍。他的祖母不太清楚这对小强的未来意味着什么，她不知道小强未来可不可以变成一个普通人。祖母努力照顾小强，但是她自己身体也有一些健康问题。当她和小强去超市买东西的时候，她感到很沮丧，因为小强总是想和她在一起，而不是坐在购物推车里。当她推着购物车的时候，他就自己跑到过道里去了。祖母很害怕如果稍有疏忽就可能再也无法找回小强了。

祖母向帮助小强进行感统训练的教师咨询这一困惑，在教师的帮助下，他们找到了一些帮助小强的目标、策略：

第一，祖母同意联系残联、社区居委会等组织，看看有哪些资源可以用于帮助祖父母照顾自闭症儿童。

第二，祖母同意试着让小强坐在他真正喜欢的“车子型推车”里。祖母还同意把小强最喜欢的两件玩具带来，把它们作为转移小强注意力的安抚物。

第三，祖母同意让小强帮忙把食品杂货放在购物车里。

第四，祖母同意，如果小强开始逃跑，她会给他进行二选一的选择：让他选择坐在车里，或者选择继续帮助她把食物杂货放在购物车里。

在帮助、指导婴幼儿父母克服亲子关系的挑战时，早教教师要注意观察评测婴幼儿父母的效能感和情绪情感，多以支持、理解、鼓励、肯定的态度去推进亲子教育。此外，对于婴幼儿家庭所面临的难题和挑战，早教教师不要过多地强调“问题”“难题”等词语，而应该多以积极的期待、合理的目标去推进这些问题的解决。积极的期待可以帮助婴幼儿父母减缓育儿挑战带来的焦虑，以更加积极和从容的态度去面对和解决问题。例如：当教师和婴幼儿父母谈及他们的孩子脾气暴躁、无故发怒的问题时，可以用“帮助婴幼儿发展健康的情绪控制能力”为话题，并设立如下积极期待的目标：“帮助婴幼儿学会在焦虑时平静下来”“帮助婴幼儿学会用语言或者手语表达自己的需求和情绪情感”“提升父母转移婴幼儿注意力的方法策略”。

案例9

安娜现在快3岁了，刚刚来到托育班上学一个月。某天深夜，丹丹老师收到班上小朋友安娜爸爸的微信咨询。安娜爸爸非常担心安娜在家的一些表现，他问道："安娜有点以自我为中心，有时候脾气倔起来我们真是没办法，作为家长我们应该怎么处理？"丹丹老师回复安娜爸爸："谢谢你的反馈。安娜现在3岁，以自我为中心是这个年龄阶段的显著特点，反过来，我们也可以说这时安娜比较有自己的想法和个性。当然，如果是不合理的情况，我们就需要帮助她明白发脾气也是不行的，我们要给她清晰的界限规则。有时候她发脾气是在测试我们，如果我们妥协了，下次她可能就会用哭闹来争取。所以家里人要保持一致性原则。"安娜爸爸认可并解释了家里的情况："对，我也认为的，娜娜跟我和她妈妈在一起的时候比较乖，也比较独立。最近老人家跟我们一起，对孩子比较宠，现在我会努力调整，我也和娜娜妈妈一起努力。"丹丹老师说："不用太焦虑，爷爷奶奶会不自觉更爱宝宝们。爸爸妈妈试试给爷爷奶奶讲讲，对待宝宝的问题行为要给宝宝界限。娜娜已经很棒了，给她讲道理进行认知引导，她很容易接受的。"安娜爸爸又回复："她最喜欢说不要。"丹丹老师说："是的，这个年龄段的宝宝有两个高频词语——'我的''不要'。不同国家的宝宝在这一阶段都会有这个共同特点。美国这个月龄阶段的宝宝们也是天天讲'mine''no'。"安娜爸爸说："那就是正常的？那我就放心了。"丹丹老师回复道："非常正常哦！有时候她说不要，但是心里可能其实是想要的。也许说'不'的时候她感到更有控制感。安娜已经是很棒的了。爸爸妈妈这么重视观察和思考这些问题，你们一定也有力量找到好方法帮助安娜成长得更优秀！"安娜爸爸说："谢谢老师哦，我在家也多加引导一下，尽量定好规则。"

在这个案例里，早教教师帮助家长把聚焦点从对某个具体问题的烦恼、难受的状态上升到对如何克服挑战有一个可视化的期待性目标，并引导家长通过跟早教教师的学习获得切实可行的方法支持。

## 本章小结

早教教师指导家长建立科学的育儿观点：儿童有其不同于成人的独特生理、心理特点，儿童具有丰富的发展潜力和创造力，是一个全方位发展的人。

早教教师需要把握婴幼儿不同月龄阶段的发展特点及其需求，为家长提供适合于婴幼儿月龄阶段的亲子互动建议，对于有异常发展现象的信号早发现、早干预。

早教教师要向家长了解婴幼儿自身的个人发展经历和家庭教养情况，以把握适合婴幼儿个别化需求的学习支持方式和照顾方法。

早教教师要帮助婴幼儿父母了解婴幼儿在园的生活和学习情况，促进婴幼儿父母对早教教师工作的信任、肯定和支持。

早教教师要帮助婴幼儿父母达成积极亲子互动，建立优质的亲子关系。早教教师应视婴幼儿父母为对婴幼儿发展最有帮扶力的教养人并帮助婴幼儿父母察觉自己是孩子发展中重要的支持力量。教师不要过多地强调“问题”“难题”等词语，也不要给幼儿和其父母的问题贴标签，而应该多以积极的期待、积极明确的目标去推进这些问题的解决、改善。早教教师还可以帮助婴幼儿家庭订立合适的科学育儿计划，尊重不同家庭、父母的文化背景和教育水平，采用适合于婴幼儿父母个性化学习的方式，订立适合于他们学习要求的目标和进度。

## 延伸学习

### 拓展阅读

**早教教师如何把握与祖辈家长沟通的内容和方法**

**一、主动“关心”**

教师是与人打交道的工作。人是感情动物，通常情况下，一方主动的付出也会赢得另一方的理解和认可，教师与祖辈家长之间也是如此。由于婴幼儿是家园沟通的核心所在，也是联系教师与祖辈家长的纽带，因此，教师对祖辈家长主动的付出首先是指教师要对婴幼儿进行尽心尽力的关心和照顾。“关注每一个孩子，发现孩子有点不舒服了，要主动去跟他爷爷奶奶说：‘我看到宝宝今天好像有点不太舒服哦。还需要我们怎么做……还是今天早上在家里就有点不舒服啊。’关心孩子一定要主动在先。”当然，教师的关心不只限于言语上的表达，更要注重行动上的表示。“像我们有一个孩子，他先天发育可能有点儿不太好，老是淌口水。这个孩子一开始上幼儿园，他的祖辈家长就要求老师每天给他换一块布，就是兜在面前的一块布。我们老师二话不说，每天坚持给他换，湿了就换，湿了就换。一段时间下来，爷爷真的很感动，他觉得老师真的不容易。全班几十个孩子，教师每天都要特意关注我孩子。当他对你感动的时候，如果你觉得他的孩子好动、有攻击性行为，跟他沟通孩子的这些问题时，他也比较容易接受。”黄园长说道。

教师对祖辈家长主动的付出还指教师对祖辈家长本身表示关心。诚如马斯洛需要层次论中所指出的那样，每个人都有被关心、被重视的需要，这种关心对于处在人生晚年的祖辈家长来说更是如此。教师的主动关心容易让祖辈家长对教师产生心理上的亲近感，为双方后续的沟通工作打好感情基础。为此，陈老师举例说：“除了沟通交流孩子的情况以外，我还会对爷爷奶奶本身表示比较关心，人与人之间需要一种比较真诚的相互关爱。比如说有的时候奶奶腿脚不是很好，我就会说：‘今天奶奶怎么来的啊？’奶奶会说：‘坐公交车。’我说，那要小心或者怎么样。如果老师这样表达对老人的关心，也会让老人更有积极性，然后你跟他沟通的时候可能他会更愿意配合你的工作。我个人感觉是这样。然后比如说有时候奶奶来接了，小朋友会乱跑，我就会提醒他‘慢一点，你看奶奶脚都不是很方便，现在你长大了要搀着奶奶慢慢走’。就是给小朋友提出一些他能做到的要求。老人其实心里还是挺高兴的。”

**二、做事“细致”**

在受访的教师们看来，与祖辈家长沟通之初要首先争取到他们对自己的信任。信任是影响沟通进行的一个重要因素，它的存在能使沟通双方将彼此视为“自己人”，让双方更容易接近。对同一问题，人们对来自自己信任的人所提供的信息的信任程度时常超过通过其他渠道得到的信息。当一方信任另一方时，一方会对另一方更为宽容和理解，也更愿意认可和接纳另一方的观点，从而使双方的沟通更为顺畅。由于祖辈家长一般都承担着照顾婴幼儿生活起居的责任，所以他们很关心教师在这方面做得够不够好，因此，教师可以把精心照顾好婴幼儿的生活起居作为获取祖辈家长信任的突破口。比如，邹老师指出：“我觉得和祖辈家长沟通，最重要的一点就是要取得他们的信任。取得信任是要他觉得你是发自内心关爱孩子的。首先是要从保育上去关心照料好他的孩子，让他觉得他的孩子交给你很放心，然后他跟你的沟通渠道就会比较顺畅。另外就是教师要主动跟祖辈家长去交流、沟通孩子的情况。比如吃喝拉撒的问题，对孩子生活方面要做到细心。”万老师说道：“为什么爷爷奶奶特别关注生活，因为孩子他要经常带。如果你带得不好的话，他就会说你不如他带得好。所以他到了幼儿园以后最关注的就是孩子有没有生病，有没有吃得很多，吃得饱，今天有没有喝水，更多地关注孩子在幼儿园的生活。所以，我们要让爷爷奶奶放心，在生活上面我们要多关注孩子，多跟爷爷奶奶交流。跟他沟通的时候，我们要跟他讲，孩子今天在幼儿园多喝了水很能干，自己会大便了。要细心观察孩子的生活表现，在接送时间与爷爷奶奶沟通。”看到教师在婴幼儿的生活照料方面做得很细心，婴幼儿被照顾得很好，祖辈家长就会对孙子、孙女在幼儿园的生活感到放心，发自内心地认可并接纳教师。“关键是让他们放心。”汪老师强调。对此，华老师提出了自己的看法，“因为现在的家长和孩子都更加地敏感，所以这时候，老师真的更要站在家长的角度上——不仅从观念上站在家长的角度，甚至你所有的行为都要让家长感觉到我的孩子放到你那儿很放心”。

**三、主动“帮助”**

总结受访教师们的经验，教师对祖辈家长主动提供的“帮助”既包括在看到祖辈家长接送婴幼儿行动不便时积极主动的援助，也包括当祖辈家长与其他家长发生矛盾时的沟通疏导，还包括当祖辈家长遇到教育孙子女上的难题时，有效建议的提供。祖辈家长正在逐渐步入人生的晚年，体力精力都大不同以往，因此，当教师看到祖辈家长在接送过程中行动有不便时要主动伸出援助之手。袁老师举例说：“我们班有个爷爷的脚不是很好。一般情况下，

我们是要求家长必须得把孩子送到三楼去，但他的脚确实有问题，我经常会说爷爷你在这里吧，我给你带上去。”看似不起眼的举动，在细心的祖辈家长看来却是教师发出的一个积极的沟通信号，祖辈家长会觉得，老师是体谅他的，是关心和尊重他的。因此，他也会给予积极的反馈。“这个爷爷每个人都说他牛哄哄。牛哄哄就是不大理人的意思，比较跩的，然后就是说不是很有文化的。但他对我很好。他走之前就说，我很舍不得你，我们的孩子跟着你四年了，我舍不得你。”袁老师说道。有时候因为爱孙心切，祖辈家长在看到自己的孙子女受到别人“欺负”或者是吃了亏时，很容易冲动地去保护孙子女、责备“欺负”其孙子女的孩子，如果此时正好被该孩子的家长看到，那么，一场矛盾常在所难免。在这种情况下，教师要及时介入，帮助双方脱离困境。“首先第一时间是把双方分开，肯定是双方分开处理，双方分开各自交流，等爷爷奶奶冷静下来。其实有的时候老人只是那会儿比较冲动，冷静之后他也会觉得不是大事儿的。”张老师建议。不过，对于正在气头上的祖辈家长，教师注意不要以批评者的姿态讲过多的道理。“因为他是老年人，你讲不好万一把他气到了，问题就更复杂了。所以你要以一种很委婉的方式去跟他讲话，然后再跟他的女儿或者他的儿子去讲这个事情。”邹老师指出。除了掌握这些事发之后的处理方法，张老师还建议教师要学会未雨绸缪。考虑到婴幼儿在有家人在的时候，尤其是在平时比较纵容他的老人在场时比较“人来疯”，因此，在婴幼儿入园和离园的时间段，教师不要给他们这种纵容自己的机会。“我们也会给孩子做一些教育的，一般家里面人来接了之后，就跟老师说再见回家，不要让他有太多的机会在那儿打闹。”不少祖辈在如何抚育好第三代子女上有着很多的困惑和惶恐。一位退休前曾是公司老总的爷爷在发言时无限感慨地说：“我虽然曾经是个公司的老总，管理过几千人都不觉得有多么困难，但是，在如何教育好我的孙辈上，我却有着很多的惶恐。”对于祖辈家长来说，如何教育好孙子女是其在扮演祖辈家长角色中的一个烦恼，他们做祖辈家长所得的经验是与其孙子女共同成长的。除此之外，当祖辈家长与父辈家长共同教育幼儿时，两代家长之间教育观念的冲突也容易加剧这种心理。在研究者看来，要促使教师与祖辈家长的沟通向着更高层次发展，尤其需要教师在专业上给予祖辈家长相应的引领和指导，以帮助其获得教育孙子女的成功体验、提高其在教育孙子女过程中的自我效能感。正如游老师所说：“如果孩子出现什么问题了或者你觉得有什么问题很有必要跟他沟通时，告诉他现象的时候，你要从他的角度，帮助他去想办法。告诉他，我们在幼儿园是怎么做的，让他运用我们的办法，而且讲这个的时候呢，要当着孩子的面告诉他，老师和爷爷奶奶是一边的，你怎么做老师也会知道的，爷爷奶奶也可以告诉老师，也可以像老师一样的来表扬你，来帮助你。树立他们在孩子面前的威信。告诉他们一些可行的策略，那么他们有办法了，尝到甜头了，他就会好沟通些。”另外，当两代家长之间存在教育观念的冲突时，教师要通过一些特别的策略让他们明确双方的目标是一致的，都是为了孩子好，只不过彼此在方法上有所不同而已，双方应在相互理解和尊重的基础上寻找最合适的方法。教师可以举行两代家长座谈会。

（袁飞飞. 幼儿教师与祖辈家长沟通的策略探究[D]. 南京师范大学，2011.）

## 学习活动

涵涵20个月大了，上个月涵涵开始参加早教中心的托班。在托班里，涵涵午餐时间、点心时间总是需要老师喂食，如果老师不帮忙喂食，涵涵就用手玩着托盘里的食物。老师向涵涵的妈妈了解到，涵涵在家吃饭一直都是奶奶陪着喂她吃饭，因此形成了被喂饭的习惯。涵涵在家里吃饭也是慢吞吞的，需要奶奶哄着吃。妈妈还反映，涵涵还有边吃饭边看电视的习惯。有时候涵涵看着电视太投入了会抗拒吃饭，奶奶还拿着饭碗满屋子追着她哄吃饭。涵涵妈妈觉得奶奶哄喂涵涵的习惯不好，经常告诉奶奶这样不行。奶奶也开始觉得给涵涵看电视喂食的习惯不好。但是他们都不知道该怎么做才能帮助涵涵克服这个坏习惯，他们也希望能够帮助涵涵早点学会自己吃饭。

1. 如果你是涵涵的老师，当涵涵妈妈给你反映这些问题时，你会怎么跟她沟通呢？请你跟你的同学两人一组进行角色扮演，模仿与家长沟通的这一过程。

2. 如果你是涵涵的老师，为了帮助涵涵养成自己吃饭的习惯，你还会采取哪些方式与其家庭沟通合作呢？

## 复习与思考

1. 说一说婴幼儿在每个月龄阶段的发展特点是什么，相应的家庭教养策略有哪些。
2. 如何营造积极亲子互动？
3. 实现积极亲子关系的五个基本工具是什么？

# 第四章　早期教育教师与家长沟通的原则与形式

学习目标

1. 熟悉并把握早教教师与家长沟通的基本原则。
2. 熟悉早教教师与家长沟通的形式。
3. 能够灵活运用早教教师与家长的沟通形式与家长有效沟通。
4. 明确沟通需要注意的问题。

## 第一节　早期教育教师与家长沟通的原则

想要有良好的沟通，想要处理好人际冲突，就要有一个基本的原则，就是无论与谁交往，我们都要努力采取既有助于与对方合作，促进彼此间的关系，又能给自己带来好处的措施。即使对方不这样做，不遵循这样的原则，我们也要坚持。这就是说，良好的沟通要从积极的心态开始。

### 一、积极热情

良好的沟通离不开热情的态度，它不仅能化解彼此之间的尴尬和矛盾，而且能使沟通双方感受到情感的温度和支持的力度。热情是积极心理学的研究领域，是指人参与活动或与人交往过程中的积极、主动、友好的态度和行为。心理学认为热情有三个方面的基本含义：一是一种积极的情绪，二是一种人格特征，三是一种内心体验。热情又可分为强迫型热情和和谐型热情。强迫型热情并不是发自内心的，比如服务人员的热情和礼貌性的热情，往往来自外在的压力和要求。如果早教教师出于强迫性热情与家长沟通，往往双方都会很不舒服，建设性的沟通就难以达成。和谐型热情是发自内心的激情，这种激情给予教师沟通的动力和潜力，也给予家长沟通的兴趣和热情的回报。

与热情相反的是冷漠和无所谓的态度，假如教师习惯以这种态度对待家长，任何预设的沟通目标都会化为泡影。孩子经常会告诉家长："我不喜欢某某老师，因为她不喜欢我。"孩子说的不喜欢就是教师的冷面孔，如果教师的冷面孔成为习惯，对家长也是如此，那沟通的效果肯定是不如意的。面对冷面孔谁都没有交流的欲望，如果孩子凭着想象说老师打他们、骂他们，家长也倾向于相信孩子，对教师多加指责与埋怨。沟通是一门艺术，沟通的基调就是情感的温度，能够融化冰雪的温度，有了这个基调，就有了沟通的基础。

积极原则包括两层含义：一是多看到孩子的进步和闪光点，尽量作纵向比较而不是横向比较，不要总是盯着孩子的不足和缺点。二是对孩子和家长的积极期待，发挥期待的罗森塔尔效应。

## 二、相互尊重

“尊重”可以从两方面去理解，“尊”为尊贵显要，“重”为重视，古语是指将对方视为重要的人物进行重视和对待。发展到今天，尊重就是指交往双方要平等相待，谦虚有礼。林语堂先生曾经说过这样一个故事：

从前有一个年轻人骑马赶路。时已黄昏，他还没有寻到客栈。遇到一位老农，他在马上喊：“喂，老头儿，这有旅店吗？还有多远？”老农说：“无理。”“五里？”他快马加鞭，跑了十几里不见人烟。心中纳闷，猛然醒悟过来。调转马头往回赶，见到那位老农后，急忙下马诚恳道歉：“老伯，请您原谅我刚才太没礼貌了，您能告诉我哪儿有旅店吗？”老农笑着说：“年轻人知错就改就好，你已经错过旅店，我也不能让你白跑。如不嫌弃今晚就到我家住吧？”年轻人满心欢喜地跟老农走了。

这个故事告诉我们，与人交谈一定要礼貌热情，相互尊重，不能粗鲁无礼。

尊重从人本主义心理学的视角应该是“无条件尊重”，这是一种专业的尊重。无论教师和家长地位、形象、学历、水平如何都应该相互尊重。正如叔本华所说：尊重每一个人，不论他是何等的卑微与可笑。尊重的要点是把对方当成我们自己来看待。在与家长的沟通中，你是否在倾听，是否在关注他们的感受和自尊心？尊重不仅是一种平等待人的态度，而且是在沟通过程中所表现出来的行为和心理感受。

从人际沟通的三维需要理论来看，每个人在沟通过程中，都有三种基本需要：包容需要、支配需要和情感需要。你是否尊重家长的这三种需要？

首先，看你是否包容家长的缺点和误解。早教教师要对婴幼儿及其家庭在沟通中发生的各种情况、观点及其原因持有一种尊重、宽容、接纳的态度。在沟通中，早教教师即便面对一些暂时的不愉快、矛盾，也要能够尊重家庭不同的观点甚至误解，并努力以冷静、理性的方式去面对，以维护好后续的沟通关系。

其次，看你是否关注倾听家长的表达需求。家长对孩子的养育有很多自己的观点或者有很多困惑难以克服，需要早教教师耐心倾听，才能真正解决问题。这不仅是对人的尊重，也是解决问题的基础。家长的困惑包括：没有足够的时间参与；感觉自己无力作出什么贡献、改变；不理解或者不知道怎么参与；缺乏照顾孩子的知识经验；害怕面对老师；在教师

选定的时间里不方便参与；有语言、文化上的不同；交通不便；感到不被欢迎等。理解到家长在育儿和面对教师沟通时的这些问题，有助于早教教师更加尊重每一位婴幼儿父母，去打开最适宜每个家庭的沟通渠道。

再次，看你是否投入积极的情感，使你们双方的沟通愉悦畅快。这需要早教教师做到如下三点：其一，保持与家长沟通的愉悦感和耐心，让家长感到沟通是必要的也是快乐的；其二，尊重并体谅家长的难处，相信家长可以改变，发现并激发家长的长处、优势和能力；其三，接纳幼儿家庭的多元性和差异性，视每个家庭为特别的、不同的，这是发挥所有参与者最大学习潜能的有效方式。

## 三、愉悦、简明、自信

愉悦、简明、自信体现了早教教师的积极乐观的情绪管理能力，高超的语言沟通艺术和强大的专业自信。

沟通的愉悦感是维持家长沟通兴趣的关键要素之一。霍曼斯认为，人际交往的动机和逻辑基于六个基本命题：成功命题、刺激命题、价值命题、剥夺–满足命题、攻击–赞同命题和理性命题。我们可根据六个命题增加沟通的兴趣和愉悦感。首先，根据成功命题和价值命题，我们尽量在每次沟通前做好充分准备，尽量保证沟通的成功概率和价值，以减少出现因沟通无效和无价值而失去沟通的兴趣和动机；其次，根据刺激命题，我们在沟通过程中，应保持浓厚的兴趣和愉悦的情绪，减少紧张和尴尬的沟通局面；最后，根据剥夺–满足命题、攻击–赞同命题和理性命题，我们要研究家长的需求和期待，并努力满足，以避免家长对沟通的失望。例如，家长期待教师多关注自己的孩子，在自己接送孩子时能够听到教师对孩子情况的描述和评价，但教师的沟通总是泛泛而谈、蜻蜓点水、敷衍了事，家长开始还抱有期待，以“我家孩子今天还吸吮手指吗？他跟哪些小朋友玩啊？”等问话开启沟通，但得到的回答始终是“还行”“好多了”，这让家长逐渐失去了与早教教师沟通的兴趣和期待，愤怒的情绪也渐渐积累起来。

为了增加沟通的愉悦感，早教教师应充分利用记忆的首因效应和近因效应，即人们对于第一次和最近一次的沟通印象最深。所以，在第一次与家长沟通时，要做好充分的准备，了解家长的需要和特点，对他们的孩子进行深入的观察和解读，开启与家长沟通的美好之旅，让家长感受到沟通的快乐有效和符合期待，获得“人生若只如初见”的美好感觉。这种美好的第一感觉往往是有效沟通的关键环节。依据记忆的近因效应，我们应在每次沟通结束时留下愉快的体验，因此，早教教师与家长的沟通要在沟通的高潮结束，让家长余兴未尽，期待下一次的沟通。

沟通中的语言艺术和专业自信也是非常重要的。沟通需要简明自信地表达自己的观点。比如，在一次学术会议上，有一位学者首先说明，这是一个命题作文，自己没什么研究，也不知道是否说得正确，只是表达自己不成熟的个人观点，仅供大家参考。他的本意是谦虚，但听者就会认为，你不是深思熟虑的思想，更不是自己的研究成果，你自己都不信，我们还有必要听下去吗？所以，与人沟通时不能高高在上，以专家的角色和道德高地的位置压制他人，但也不能唯唯诺诺失去了该有的自信。家长希望通过教师了解孩子、获得一些专业的指导，如果他们觉得你没什么专业水平，就失去了沟通的耐心，甚至会对你的工作质量充满怀疑。可见，适当的谦虚是必要的，但过于谦虚就是沟通的大忌了。

如何在沟通中简明自信呢？首先，说话要诚恳，以情感人、以情动人；其次，以理服人，通过自己的专业分析和判断说明观点；再次，用清晰自信亲切的语言沟通交流，让家长感受到你较强的专业能力和表达能力。当然在表达自己观点时，不能长篇大论，尽可能简明有力地表达你的观点，也要倾听和理解家长的观点和看法。

在思维模式上，教师要持有“我行，你也行”的思维模式，使沟通在两个自信和相互尊重的成人间展开，这就避免了很多沟通中可能存在的问题，如退缩焦虑、自卑依赖，或者自视甚高、轻视他人等。啰唆唠叨是沟通的大忌，有时候多说不如少说。例如，你到商店里购物，假如店员口若悬河地介绍他们的商品，你往往心生抵触，如果是简明亲切地表达，往往更能激发你的购买欲望。

## 四、专业沟通为主

早教教师在与家长沟通时，必然会有情感沟通和关系沟通，但在沟通时要注意引导家长到专业的问题视角中，并以专业的分析和指导给予家长教养支持。早教教师对沟通交流的内容要具有专业敏感性，能对婴幼儿的各种发展表现和问题及时捕捉并迅速分析、判断，继而在合适的时机与家长进行沟通。

早教教师与家长进行专业沟通时存在的问题主要有两类：第一类问题是家长把教师的专业性看得很高以至于产生过于权威的感觉，造成沟通中的距离感和抵触感。教师容易以专家的姿态，对家长提出过多的要求，从而让家长感到自己与教师、专家有距离感甚至产生抵触情绪。这种分离甚至对立的状态让教师和家长之间的有效沟通难以实现，教师认为他们的专业权威是告知家长、影响家长的单向过程。在这种信息沟通过程中，家长是消极、被动的状态，处于教师信息制定过程之外，仅得到教师的信息通知和指示。这种传统的认知暗示着家长是有缺点和不足的，教师要试着纠正家长，如此容易造成家长难以有效地跟教师一起分享想法和责任。这种传统的认知也暗示着教师作为专业人士是拥有权威和权力的，教师的专业能力和权威是高于家长的。第二类问题是家长对教师的专业性没有足够的信任和尊重，教师在与家长沟通时产生较大的心理压力和难度。当代的年轻父母们多经历过高等教育，随着资讯工具的发达，大部分的父母也会主动阅读育儿书籍，多数将孩子送到早教机构的父母更加重视婴幼儿早期教育，甚至喜欢不断探索、交流科学育儿信息。与此同时，由于现实条件问题，目前从事早教工作的教师素质参差不齐。一些早教教师可能没有足够的专业背景、学历资质，因此容易让家长对其专业能力持怀疑态度，影响家长对这个职业群体

的认同。由此，在我国，早教教师普遍面临着来自家长对其专业认可的挑战，对自己的专业缺乏自信。

早教教师要帮助婴幼儿实现有意义的学习和发展，必须重视家长对育儿过程的积极参与。早教教师要虚心倾听婴幼儿家长的声音、向家长学习，以此发展与家长之间的伙伴关系。早教教师要把家长也视为积极的成员，这种理念意味着他们是一种互动、互惠的关系，教师与家长共同承担婴幼儿成长的责任。在这种新的视角下，家庭、家长乃至婴幼儿不被视为问题的对象，而是解决问题的力量。早教教师使用他们的专业技术和知识去引导家长，并且也期待着家长能给予教师相关的信息和反馈。每个家庭最理解自己孩子的情况，也最能理解自己的传统、价值观和社会文化规则。因此，教师与家长协商不同观点、价值观，以帮助家庭找到教养孩子最有效的方式。

早教教师在专业性方面应加强四个品质：认真尽责、温暖友好、心态开放、情绪稳定。“认真尽责”要求早教教师做到负责、守时、精确，对工作做好组织、计划、准备，并且可靠、可信任、关注细节、细心仔细。“温暖友好”要求早教教师需要具有较好的社会沟通能力，让家长觉得好沟通、易交流。“心态开放”要求早教教师对待事情客观、灵活、包容、创新、独立、开放。“情绪稳定”要求早教教师情绪要保持平静、放松，面对事情不过分反应、不过分激动。

案例 1

托班幼儿做游戏时，欣欣小朋友摔倒受伤了，缝了三针，如果您是这个托班的主班教师，您应当如何与来园接欣欣的家长当面进行沟通呢？

在这个案例中，欣欣的老师主要把握了如下的沟通要点：第一，教师努力保持谈话气氛愉快。面对家长的指责，教师努力控制自己的情绪，保持稳定、平和的态度向家长清楚地陈述事实。第二，教师努力反映事件的积极面。教师告诉家长孩子们最近学习跑步了。欣欣对跑步表现出很好的兴趣，并且有很多努力的尝试。但是在学习过程中难免还是会有些挑战，容易受伤。第三，教师尽量多地陈述教师的积极处置行为。如事后教师第一时间陪伴、安抚欣欣，查看伤情，并及时地帮助欣欣处理伤口、缓解疼痛。随后，教师及时与医院联系，送欣欣到医院就医。第四，反映每一个积极的细小情节。例如，教师如何处理欣欣伤口，欣欣摔倒时情景是如何的。第五，在家长面前呈现孩子的态度，获得孩子的支持。当教师A在与家长当面沟通这一事件时，教师B询问站在一旁的欣欣：“欣欣，A老师今天是不是在你受伤后给你抱抱，帮你处理伤口，还一直陪伴你？”欣欣害羞地点点头，面露微笑。B教师又说：“那你想不想跟A老师说什么呀？”欣欣点点头看着A老师说：“谢谢！”第六，教师在需要道歉时向孩子道歉。如果孩子受伤是因为老师的疏忽而造成的，教师要在此时及时向孩子道歉。在欣欣说“谢谢”后，A老师说：“欣欣，老师也向你道歉。如果当时老师陪着你玩就能在你快摔倒时及时保护你！”第七，教师努力让家长感受到她对孩子的主动关爱，也让家长觉察到孩子对老师的依恋。

事后证明，这样的沟通很有效，家长不仅没有大声责备，还对教师对孩子伤口的处理表示满意。虽然家长也心疼孩子受伤，但是看到孩子的成长进步也很欣慰，并没有表现出特别消极的情绪。

早教教师可以根据观察到的事实，向家长反映婴幼儿发展或者家长教养方法上的问题。教师可给家长仔细列举所记录到的一些细节现象，给予家长一面专业的“镜子”去了解事实。教师诚实、真诚的反映能促进家长更好地接受和配合教师的建议。在沟通中可能会遇到各种各样的问题，无论问题容易还是棘手，早教教师都要积极面对、克服困难。有些家长喜欢在与教师沟通时不断地提问、转移问题，因此，早教教师与家长的沟通应掌控话题目标，并尽量地以专业的沟通技巧让家长有更多的时间与你一起聚焦讨论话题并思考对应的策略。对于家长提出的一些超越教师现有专业经验的问题，教师不要畏难，也不要用敷衍的态度匆匆给出答案。教师可以告诉家长：“这是个好问题，让我回去查找一些资料，再与我们专业团队里的同事开会讨论一下，回头我会给您更好的建议。”

案例2

早教教师安娜接待了初次来参观园所的佳尹和他的妈妈，细心的老师发现这位家长的眼神里满是焦虑和不自信。安娜老师委婉地通过一些问题了解到已经3周岁的佳尹小朋友比较内向、胆小，日常生活中多是待在家里，很少和同龄的伙伴一起玩，也不经常跟家里人表达自己的想法。妈妈说佳尹平时除了玩电子产品以外，对于其他事情都没有兴趣，一旦离开电子产品，他就一刻也坐不住。佳尹妈妈为此十分担心这个“无电子产品不欢”的孩子，以后如果去上幼儿园能否适应幼儿园的生活。安娜老师耐心地倾听了佳尹妈妈的表述，面对佳尹妈妈的问题，安娜老师并没有马上给出答案和指导。安娜老师默默想着：为什么这个孩子会出现这种情况呢？这个问题是不是与佳尹的家庭环境有关呢？安娜老师需要通过更深入的访谈来慢慢了解佳尹家庭情况。

通过深入的访谈，安娜老师了解到，佳尹的妈妈与爸爸的关系这一年也变得很紧张，佳尹有时跟着妈妈回家住，有时跟着爸爸回奶奶家住。佳尹的生活环境由此变得不稳定，家庭氛围也变得很冷淡。佳尹爸爸宠爱佳尹的方式就是用钱和礼物来满足孩子，给佳尹买了手机、Ipad，也允许孩子随便玩。在过去半年多的时

间里，佳尹白天不是看动画片就是玩手机游戏。妈妈的担心、反对并没有得到爸爸的重视和支持。妈妈因此很焦虑，她希望佳尹能够马上到托班来生活，希望新的生活、学习环境能够改变他对电子产品的沉迷和依恋。

怎样才能帮助到佳尹妈妈呢？安娜老师觉得自己找不到非常有把握的方法来帮助佳尹妈妈，但是安娜老师并没有因此放弃或者敷衍佳尹妈妈，她马上把这一案例报告园长，希望通过园所的力量来解决这一指导难题。当天下午，园长在会议时间里与教师们讨论佳尹的情况，教师们一起头脑风暴了可行策略，并根据佳尹的性格、问题特点为佳尹安排了一个适合他的、人数比较少、年龄与他相近的班级。

刚入班就读的佳尹就像妈妈所描述的一样，整天就是跑来跑去，没法专心坐下来。佳尹经常打扰其他小朋友进行教具操作，自己操作教具时也常常弄得满地乱糟糟的。老师们则花了很多时间、精力观察、陪伴、引导他，帮助他学习最基本的行为规范和教室常规。每次教师工作会议，该班的三位教师都会详细地讨论对佳尹行为变化的观察数据，并依据对佳尹的观察、理解来设置后续的指导重点。经过教师们的努力协助，佳尹的专注力越来越好，他能够找到自己喜欢的玩具并坐下来操作一会。在班级里，有教师的陪伴、鼓励和支持，佳尹的社会性能力也得到了发展，他开始能与班里其他同伴做简单的交流、互动了。与此同时，园长每月与佳尹妈妈进行一次单独会谈，对佳尹妈妈进行家庭教育辅导。经过园长的辅导，佳尹妈妈意识到和睦的父母关系是幼儿健康成长的重要因素，孩子习惯问题是她与先生不当的教养方法造成的，佳尹妈妈找到了问题的症结和改变的方向。在园长的鼓励、教师的帮助下，佳尹妈妈也找到了心理支持和方法支持，她的焦虑舒缓了许多，心态和信心都越来越好。她赞同教师的建议，坚决减少孩子在家里玩电子产品时间，也坚持每周一次与先生带孩子去户外活动，积极改善与先生的关系，为亲子互动创造机会。这些努力慢慢地显示出积极的效果，一年多过去了，佳尹现在非常喜欢读绘本，认识了许多新字，操作教具能专注1个小时。在班里他还是教师的好帮手，当值日生时能够按照流程和要求来备餐和收拾，把教室里的植物也照顾得非常好。对于佳尹的成长改变，祖父母也感到非常欣慰，每次来园接佳尹都欣喜地向教师介绍佳尹在家里的变化，他们感激教师的帮助，也更愿意倾听、接纳和支持教师的专业建议。

在与家长沟通婴幼儿的发展问题时，教师可以使用婴幼儿活动的图片、视频、观察记录表等资料，还可使用一些发展筛查表。这些涉及婴幼儿的隐私的发展信息，教师要做好保密，并单独与家长沟通，以保护婴幼儿及其家庭的隐私。部分较为棘手的问题，凭借教师一己之力很难解决的，教师要在征得家长同意后，才可与团队里的专业教师或者团队外其他的专业人员进行商讨并分享这些数据。

## 五、关爱至上

早教教师在工作中会碰到各种各样复杂的问题，如果处理不好，可能会积累压力。如果教师没有做好合理的工作安排，则会造成工作量超负荷。这些都可能造成早教教师的职业倦怠，也会消磨教师的专业效能感与工作激情。因此，早教教师如果要胜任工作，除了要拥有扎实的专业知识技能，还需要拥有对婴幼儿、婴幼儿家庭和工作的爱心。爱心能够让教师保持高度的工作热情、积极的工作态度，即使面对工作中的一些挫折，教师也能依靠自我的力量去寻找突破。早教教师积极的正能量能够潜移默化地影响家长和婴幼儿，教师真挚的关爱有助于增强彼此的信任与合作。

案例3

22个月的哲睿父母是双职工，平时主要由外婆照顾，哲睿的父母经常抱怨宝宝这么大了还不会说话，脾气也暴躁，一言不合就倒地大闹。接待哲睿妈妈入园报名的苗苗老师觉察到哲睿妈妈的焦虑：哲睿还不会说话，要是被别人欺负了不会表达出来怎么办？哲睿也很好动，如果到托班后他打扰到别的小朋友，引发同伴冲突了怎么办？有一天晚上，哲睿班里的三位教师以及园长都收到哲睿妈妈的语音信息："我们家哲睿的脸是谁抓伤的？老师是怎么看孩子的？那个孩子多大，怎么能这样欺负我们呢？要是伤到眼睛怎么办……"教师收到家长这样的信息觉得很委屈。原来当天下午，哲睿外婆来接孩子回家的时候，老师已经清楚地告知过外婆：哲睿下午在上音乐活动的时候，总是去抱尧尧，尧尧不喜欢，推开他的时候不小心划到了哲睿的眼角，就有了一道红红的印子，没什么大碍。外婆听了没说什么就带哲睿回家了。教师们没想到哲睿妈妈在晚上却有这么激烈的反应。教师并没有马上给家长打电话，而是把这一情况详细报告给了园长，大家商讨好统一的态度和合理的措辞后邀请家长周末来早教中心进行面谈。面谈时，教师首先为没有及时保护到哲睿表示抱歉，事发时在场的敏敏老师也一起跟家长交流了哲睿平日在班里的表现情况。几位教师把准备好的能帮助哲睿家长的育儿方法向哲睿妈妈进行了解说。教师分析道：哲睿虽然小，但很快适应了班里的集体生活，适应性是不错的，对于外婆带外孙的辛苦表示了赞赏，但也指出，孩子原来不说话、脾气大、难以与伙伴相处的情况与平时在家的隔代带养有紧密联系。哲睿因为还不太会说话，常常是用动作表示需求，家人会快速敏感地回应他。但是在学校环境里，哲睿这个特点容易让同伴产生误会。此外，教师努力让家长了解到，幼儿的社交能力是

通过与他人的互动来习得的，他们之间的交往具有幼儿间交往的模式、特点，只要幼儿间的互动没有出现严重伤害他人的情况，成人还是要给予他们机会去学习解决同伴冲突。教师向家长介绍了幼儿间一些充满友爱的故事和图片。听完了大家的介绍，哲睿的家长终于意识到，如果只是理想化地期待幼儿在园与小伙伴相处愉快而没有冲突，那么孩子是没有办法真正提升社交能力的。教师还强调，哲睿进到托班尽管只有1个多月，但他并未表现出妈妈所担忧的不适应和被欺负，所以家长应该相信孩子，避免自己的过度焦虑。教师建议家长可以参加园所组织的亲子教育讲座，阅读园所公众号里推送的教养文章，学习和了解孩子的发展特点及适宜的引导策略。通过面谈沟通，哲睿妈妈感受到教师对自己孩子浓浓的爱心，也放下了自己心中的愤怒与焦虑。家长表示要好好学习育儿方法，修炼自己的心性和脾气，与老师一起合力将孩子教育得更好。在这个案例里，教师因为对幼儿有关爱之心，才有力量搁置暂时的委屈，耐心地找方法与幼儿家长沟通，成功地解决了家园沟通的问题。

早教教师要面对婴幼儿家长各种各样的问题和倾诉，如果没有足够的关爱之心，教师可能会敷衍了事而不愿面对这些沟通，或者把这些沟通工作当作是负担。早教教师也会经常遇到家长对婴幼儿成长问题的咨询，这些问题多数与孩子的成长、生活事件有关，如婴幼儿吃饭挑食、喜欢咬人或抢玩具、大喊大叫脾气暴躁等；也可能跟教师对婴幼儿的照顾相关，如婴幼儿在机构里被其他小朋友抓伤了、活动时穿衣服少感冒了等。面对这类问题，教师一定要仔细倾听，让家长觉得教师重视他们的问题和看法。有时候，家长与教师沟通的问题甚至会涉及家长自身的情绪状态、压力状态、家庭关系纠纷等。面对家长的表达和沟通，早教教师需保持温暖、倾听、开放的态度，帮助家长梳理这些问题，引导家长提高育儿动机和能力，突破教养难题。

案例4

教师了解到某2岁幼儿存在被家长过度保护的情况，他不能独立穿脱裤子、吃饭和穿鞋等，手部肌肉力量不足，精细动作操作较弱。教师观察时发现，如果给予该幼儿鼓励、引导，以及充分的时间和空间，该幼儿是可以自己做到一些生活自理的。通过深入观察与访谈发现，该幼儿的问题与其一直是妈妈自己带养有关。该幼儿家庭是城市的新移民，平日爸爸工作忙，妈妈便辞职在家成为全职妈妈。在这个新城市，他们缺乏亲朋好友，平日里只有妈妈陪伴幼儿在家里游戏。妈妈很能干也很细心，总是能够及时回应幼儿的需求，幼儿也习惯了妈妈随时的回应和帮助。渐渐地，幼儿表现出软弱、“懒惰”，没有自主做事的动机和意识，非常依赖妈妈，妈妈也习惯了照顾他。妈妈告诉教师：“他好懒的，在家里就喊‘妈妈帮忙’，做事情特别磨蹭。我性子急，就会控制不住发脾气。他爸爸在外地工作，每周就周末回家一天，他回来我也会跟他吵架。”教师发现，这位独自带宝宝的妈妈相当不容易，沟通时也注意肯定这位母亲的付出。幼儿初入托时，妈妈非常担心、焦虑，白天独自一人在家非常不习惯。教师发现这名幼儿的一系列问题，都与该幼儿母亲的过度保护有关系，虽然这个问题产生的主要原因在于这位妈妈，但是需要注意陈述问题的方式，避免让该幼儿妈妈感到自责、难受，沟通的关键在于帮助其订立积极、正向的目标，提出可行的解决方法。因此，为了帮助该幼儿及其家庭，教师们帮助该幼儿妈妈分解方法和步骤，给予其具体、可行、可操作的建议。例如，对于每周的个别化教养方案，教师提出：针对幼儿手部肌肉力量不足、精细操作能力弱的问题，可多给幼儿进行夹球游戏，练习平稳拿举托盘，建议在家也可以进行这方面的训练。对于吃饭问题，考虑到该幼儿有一定的自主吃饭能力，只是吃饭意愿不强，在午餐时间，教师会陪伴该幼儿吃饭，鼓励他用勺子自己吃，有需要时则进行手把手示范。同时，教师也注意提醒他小口吃饭，以避免因吞咽困难而发生呕吐。建议妈妈在家也采用同样的做法，对幼儿进行支持、引导、鼓励，坚决不要喂。一个月后，该幼儿的自理能力明显提高。因为教师的耐心倾听和真诚帮助，家长感觉到了被支持，也有具体的方法去调整和提升自己的教养水平，增强了其教养信心。

早教教师的工作内容注定这项工作并不轻松，教师既要支持婴幼儿的发展，也要支持婴幼儿家庭的成长。有些家长还喜欢跟教师倾诉自己家庭生活中的问题。早教教师要认识到这些问题对婴幼儿的成长和家庭教养的影响，愿意耐心地参与沟通、疏导以帮助婴幼儿较好地成长。

## 第二节　早期教育教师与家长沟通的形式

### 一、家访的沟通

家访是一种盛行于美国几十年的家园沟通模式。在0—3岁婴幼儿服务上，美国的许多著名的早期服务项目均采用了这种模式作为主要的服务策略，如开端计划（Head start）、家长成为老师（PAT，parent as teachers）等。家访时，受过专业训练的早教教师会与家长约定合适

的时间进行家访。家访人士为父母提供资源和指导，让他们拥有足够的资源来保护自己和孩子的安全、健康。这些家访的时间一般在1—1.5小时，教师先与家长交谈，交谈内容包括与家长讨论他们面临的教养问题或者疑惑，向家长介绍婴幼儿所处的发展阶段和关键任务，以及家长的支持策略。与此同时，观察家长与婴幼儿的互动、家庭生活情况、家庭关系等。然后，早教教师会邀请家长和婴幼儿互动，早教教师也会带一些自制玩具与婴幼儿互动，观察家长与婴幼儿互动的情况，为家长示范与婴幼儿互动的合适方法。最后，教师与家长讨论、总结与指导。有时候在家访中，教师会对婴幼儿进行发展检查，可以让家长填写发展问卷表。家访模式的优点是教师可以根据所观察、了解的情况给予家长针对性的教养建议和指导，可以较好地接触到婴幼儿家庭里的成员，让家庭成员共同参与家庭的教养活动。

在我国，一些早教教师也会采用家访形式与家长沟通，但效果并不明显，多数家访缺乏科学观察、系统信息收集的量表和工具，而且专业化、系统化、持续性跟进的家访单靠教师个人是难以实现的。因此，为了实现科学的入户指导，国内的早教机构可以采用一些措施提升家访的效率和质量，如设计关于婴幼儿发展特点的家访调查表，挖掘专业支持资源，对教师的家访技巧进行培训，培训内容包括家访信息搜集技巧、游戏互动能力和家庭沟通技巧等，以提升教师进行家访的技能和效果。

## 二、游戏小组的沟通

游戏小组在英国、美国、澳大利亚等国家是被广泛采用的一种早期服务模式。通常，游戏小组在其开放时间会有一个充分的游戏空间供婴幼儿游戏，婴幼儿家长可以在游戏室陪伴孩子游戏。游戏室的布置类似于幼儿园的教室，会有运动攀爬区、科学探索区、角色游戏区、建构区等，各个区域有丰富的材料。有些游戏小组如果没有固定独立的游戏室，也可以依托社区一些机构提供的暂时空间，在固定时段内布置成游戏空间。游戏小组不同于幼儿园教育，一般不提供全职护理，通常每天只在上午开放几个小时。

游戏小组的监管、工作人员多是受过婴幼儿教育培训的专业人士或有婴幼儿教育资历的志愿者，多由私人或慈善机构管理。在英国，目前游戏小组通常只在0—3岁的孩子进入托儿所之前满足他们的要求。在美国，游戏小组是由一些早期干预项目发起组织的，也有一些是父母组织的，家长通过参与游戏小组可以认识其他家长，交流育儿或者生活问题，观察学习到其他家长与幼儿互动的一些好方法。游戏小组的监管教师也可以为家长的问题、困惑作出建议和指导。有些游戏小组还提供玩具库、图书库供家庭借用。有些时候，一些项目会采用游戏小组的形式，组织孩子们一起到游戏室玩，家长们则围坐在一边与专业指导师就特别的话题进行讨论、学习，家长们抱团取暖、相互鼓励和共享资源信息。

国内的早教教师可参考游戏小组的模式，发起类似的婴幼儿家庭团体活动，让家长有机会彼此倾谈、相互交流学习。有条件的早期教育机构可以开发一些可利用的空间，组织游戏小组的活动，让婴幼儿跟伙伴们共同游戏，让婴幼儿家长之间相互认识，沟通育儿困惑，寻找心理支持。早教机构可以为游戏小组活动配备专业教师，现场指导家长如何理解婴幼儿的行为表现，如何与婴幼儿互动，如何支持婴幼儿的游戏，或者进行与教养有关的专题育儿沙龙。这样的活动有助于提高家长育儿的积极性，让教师有机会接触家长并进行有效沟通。

## 三、家长会的沟通

家长会是早教教师经常采用的沟通形式，但是由于针对性不强，效果往往不理想。因此，为了提高沟通的效果，早教教师可以规定每个月集体家长会的时间，以沟通共性问题，也可以把某一周定为家长会周，根据家长方便情况召开个别家长会，或者对家长的情况分类，分组召开家长会。

多数情况下，家长会的沟通普遍存在家长认可教师的观点和建议，却未必执行。可能因为教师所提供的建议是不可行的，也有可能是教师的建议与家长价值观和信念不一致，教师并没有给到家长令人信服的建议。因此，在家长会的沟通中，教师切勿快速给建议，可以引导家长自主思考解决的方案。例如，“我感觉你希望通过这样的方法来寻求改变。”“让我们一起看看我们能不能想出好办法解决这事情。”“你已经做了什么？”“那个对你而言奏效吗？”“你认为可以怎么做来帮助菲菲学会自己吃饭？”“过去类似的情境下有没有哪些方法对你有帮助？”这一过程中，教师应多以提问来帮助家长找到自己的观点和方法。但是，这并不意味着教师不作为。这种方法的关键是在先征询家长的想法，根据家长的想法找到适合其家庭状况的解决方案。教师通过耐心倾听家长的想法，根据婴幼儿及其家庭的实际情况给出针对性建议。

## 四、电子媒介的沟通

随着电子媒介的快速发展，早教教师可以采用微信群、QQ群的方式，建立班级社区，让家长及时了解班级新闻、孩子动态。早教教师可以及时拍下婴幼儿在园活动的情况，以图片、视频的方式发送给家长。此外，早教教师也可以采用邮件、微信等便捷的通信手段与家长进行个别和小组沟通。需要注意的是，发送相关信息给家长时，可以选择相关幼儿的家长进行小组群发，如果是单个幼儿的活动记录，则单独发给其家长。这样，一方面不会因为信息过载打扰所有家长；另一方面，也能保护孩子的个人隐私。教师还可以使用一些科学记录表，对婴幼儿日常事件进行记录，这有助于教师的分析、反思及与沟通。

## 五、环境影响和动态沟通

早教教师可以设计每周婴幼儿发展新闻、教养宣传单、手册等。这些形式的沟通可以向家长传递班级婴幼儿的学习发展动态，让家长了解项目的进展情况，也可以向班级的家长宣

传婴幼儿身心发展的相关规律和关键问题等。

早教教师还会利用班级环境里的一些空间与家长进行动态沟通，如墙面上张贴婴幼儿活动图片、班级活动小报等。此外，教师还可以在班级宣传栏向家长介绍一些优秀的社区教养资源、新近的社区家庭活动等，如图书馆最近的幼儿故事读书会、社区公园的亲子开放日活动等。

## 本章小结

沟通的原则包括积极热情，相互尊重，愉悦、简明和自信，专业沟通为主，关爱至上的原则。早教教师与家长沟通的形式可借鉴国外优秀的沟通模式经验，例如家访模式、游戏小组模式，也可结合现有机构的条件开创沟通的新渠道：如家长会的沟通、电子媒介的沟通、环境影响和动态沟通。

## 延伸学习

### 拓展阅读

**教师提高自身沟通能力**

**一、要取得家长的信任**

首先，教师要喜欢和关心每个孩子。《幼儿园工作规程》第二十一条幼儿园教育工作原则中明确指出要“面向全体幼儿”，家长也经常从教师对孩子的态度和评价中，揣摩教师对自己孩子是否喜欢。当家长感受到幼儿园老师喜欢自己的孩子时，就自然会信任教师了。因此，教师要关爱每一个幼儿，这不仅仅关系到幼儿的身心发展，而且影响着家长对教师的信任，关系到家园能否架起合作的桥梁。

其次，要求教师必须尊重家长。《幼儿园教育指导纲要》明确指出：“家庭是幼儿园重要的合作伙伴，应本着尊重、平等、合作的原则。”教师要摆正自己的位置，不要以教育者自居。要善于听取家长的意见，使家长愿意和教师接近沟通，教师要有强烈的责任感和角色意识，要明确自己在家园合作中承担的任务，教师树立为家长服务的意识，改进服务质量，争取家长的理解，做好教育工作，以服务求发展，解决家长的后顾之忧。

再次，教师的态度需要改变。教师必须先对自己的人格特质、与他人的关系有充分的了解，用心了解不同家长的性格，清楚自己的价值观，才能保持客观的立场。教师要有主动积极地与家长交流的意识，制订交流计划。教师要懂得去等待、沉默和倾听家长的语言，保持开放的心。教师也要具有同理心，教师对处于低社会经济背景人群的消极态度会阻止家长参与沟通。因此，教师不仅应视家长为重要的教育伙伴，而且还应提供与家长沟通他们习俗和价值的机会。教师要尊重家长的社会背景、生活经验和文化，接受不同的教养方式。

最后，要提高教师自身素质。教师的自身素质影响着家长对教师的信任程度。这就对教师的自身素质提出了更高的要求。教师要不断充实自己的教育理论和实践的知识。幼儿教师是具有教师资格的专业人才，他们不仅是家长教育幼儿的合作者，也是指导者。教师要向家长汇报孩子的成长、发展与不足，并帮助家长提高科学育儿水平和提供家庭指导，回答家长的咨询。这就要求教师必须掌握并不断充实有关幼儿发展与教育的知识，提高并掌握家长工作的能力。除此之外，教师也要提高自己的职业道德，完善自己的教育教学能力及知识结构，使自己成为有爱心、有能力、有创造力、有责任心和勇气的人，才能得到家长的信任，促进家长主动积极地与教师沟通合作。只有家长信任教师，家长才会主动积极地与幼儿园合作。因此，得到家长的信任是合作的基础，教师应采取主动的态度，建立两者相互的信任。

**二、教师要重视并广泛深入地与家长沟通**

教师要重视日常的家长工作，应在日常工作中有目的、有计划地做好每位家长的工作。教师可以根据家长的不同情况，进行相应的沟通、交流。根据幼儿的表现，定期进行家访、谈话，让家长深切感受到教师在关注每个幼儿的成长和进步。家长参与的有效性的关键是家长与教师之间的信息交流。此外，教师与家长的沟通不应是出于偶然的需要，或当孩子出现问题的时候才联系，而应当与家长保持经常性的联系，只有这样双方才能全面、系统、深入地了解幼儿，促进幼儿成长。

**三、教师要具备一定的沟通技巧**

作为教师来说，掌握一定的沟通技巧是进行有效沟通的必要保证。马卡连柯就曾主张在各类师范院校里，进行谈话技巧的训练。并说师范学生不仅应当练习怎样和学生谈话，同时还要练习怎样和家长进行谈话。教师可以通过有意识的阅读，来提高这方面的水平。

第一，积极倾听。听和倾听是不同的，单纯的听是被动的，而倾听是积极主动地搜寻对方的信息。倾听是建立或保持沟通双方的关系的一项基本技能。不懂得倾听是危险的，教师会不自觉错过重要的信息，同时也不会预见即将发生的问题。倾听同样是一种承诺，是对家长的尊重。倾听是理解他人如何感受，如何看待世界的一种承诺。这意味着教师将自己的偏见和信念、渴望和私心搁置在一旁，设身处地地看待家长和幼儿的问题，努力从家长的角度看待问题。心理观察显示，人们喜欢善听者甚于善说者，积极地倾听可以加深沟通双方彼此的感情。

第二，运用反馈。沟通的很多问题是直接由误解或信息不准确造成的。为了核实和检查沟通是否达到了预期的效果，往往需要随时将接受过程的好坏转达给发信息者。反馈能最终了解信息传递是否有效，同时也是接受对方发送信息的过程。作出反馈有三条重要准则，即及时、诚实和婉转。教师在沟通过程中经常及时、诚实和婉转地反馈信息，会使家长了解教师的意图，准确接收信息。同时，家长也会被感染，而准确将反馈技能运用于与教师的沟通中。

第三，肯定幼儿。教师的主要任务就是教育和发展幼儿。无论幼儿存在何种缺点，教师

都要以积极的态度帮助家长解决幼儿的问题，并同时肯定幼儿的优点。教师不吝惜对幼儿应有的赞美与期望，哪怕是一句微不足道的称赞，都会让家长感到高兴。同时，这种肯定也能使家长轻松面对教师，并期望得到教师的帮助。教师再耐心诚恳地指出问题所在，就能有效地促进双方的沟通。

第四，讲究沟通场合。沟通场合的选择对沟通效果起着不小的作用。尤其是教师和家长双方讨论幼儿缺点的时候，如果被其他幼儿和家长听到，会影响沟通效果。家长会碍于面子不愿将谈话进行下去，也会迁怒于孩子，回家后打骂孩子，结果造成不良的后果。因此，教师应根据沟通目的选择适合的沟通场所。

第五，发挥语言魅力。语言是一门艺术，教师巧妙使用语言会起到异曲同工之妙。在美国幼教机构，家长与教师约谈已形成制度。全美幼儿教育协会制定的《高质量早期教育标准》中明文规定教师每学年至少与每个孩子家长约谈一次，并可根据需要随时安排，以讨论孩子在家和在园的进步、成绩与问题。教师与家长约谈在美国已成为一种比较成熟的家园沟通方式，并积累了丰富的经验。美国出版的《幼儿教育学》《早期教育概论》都载有关于约谈的经验介绍及注意事项。因此，学会和家长交谈是家园合作的关键。教师在这一方面要充分利用机会，采取积极的态度，不论是每天的接送时间还是正式的“家长课堂”时间，都需要有通盘的计划和系统的内容与家长沟通，并且提供一定的教育指导。在指导的过程中，语调要柔和、亲切，切勿以专家自居，不要发号施令似地总是说“必须”“应该”怎样，也避免使用专用术语，更不能责怪家长，要尊重身份和职业不同的家长，多倾听家长的话，征求家长的意见。争取家长的理解，做好教育工作，以服务求发展，解决家长的后顾之忧。合作是一种社会交往能力，合作双方在工作中可能会有很多矛盾，如果矛盾激化就可能使合作破裂，甚至造成更坏的影响。俗话说“话不投机半句多”，因此，教师在与“有异议”的家长交流时，要善于体谅和支持家长的意见，对家长某些错误的想法和看法要有耐心，要控制好自己的情绪，要首先用积极和友好的态度说明“我也同样爱着您的孩子”，然后，指出“如果我们采用了您的方法，就会……您看这样行不行……”并说明家园双方不同的意见和建议在教育儿童方面有哪些不同的作用和影响。这种亲切友好的气氛表明了教师对家长观点的重视，有利于家园之间的相互了解。

第六，注意非言语作用。非语言环境的创设最能体现教师的良苦用心，也是家园合作的主要渠道之一，如“家长园地”和“家园联系手册”等。它们在时间、空间、交流的广度等方面都具有显著的优势。在合作中，非语言的运用往往在帮助教师改变家长教育观念的过程中，能够真正起到“润物细无声”的作用。同时，非言语信息与言语信息常常会有矛盾。在复杂的信息中，非言语沟通常常比言语更可信，往往语言信息想掩饰的东西，在非言语沟通中很难掩饰，常常是无意识流露。因此，教师也应注意自己的非言语提示，保证它们也同样传达了自己所期望的信息。教师的一举一动都左右着家长的视线和对教师的印象。教师对幼儿的态度和微笑、眼光、动作等都会引起家长的注意。因此，教师与家长沟通时，尤其要注意非言语提示的重要作用。

（刘明．幼儿教师与家长沟通现状研究[D]．辽宁师范大学，2009.）

## 学习活动

请同学们两人一组，一位扮演家长，一位扮演早教教师，运用所学的沟通方法练习沟通。请先选择下列情境中的其中一个进行练习，练习完成后两人交换角色另选一情境练习。

（1）丁丁的爸爸送丁丁入园，爸爸的眼神显得很疲惫，丁丁则一直抱着爸爸的大腿、扯着爸爸的衣角哭个不停，不想让爸爸离开。爸爸看着老师，无奈地抱怨："唉，真不知道怎么办好。他今天醒来就一直哭。他昨晚夜里也哭醒几次，要我去抱着他才肯睡觉。"

（2）红红的妈妈来园接红红，有点焦虑地问A老师："我听B老师说红红最近经常在班里咬人，我在家里教过她不可以咬人，可是她最近老是咬人，有时候生气时还会咬我，好像教导她之后问题也没有得到改善，我该怎么办好？"

（3）2岁的强强经常是奶奶来接送的，今天终于是妈妈来接强强回家了，老师向许久未见的强强妈妈打招呼："最近怎样？还很忙吧？"强强妈妈说："是啊，我工作挺忙的，但是强强每天晚上都要我陪着他睡觉，其他人陪他睡觉他都不愿意，怎么办呢？我是不是要强迫训练他自己独立睡觉？"

（4）1岁半的壮壮妈妈对老师诉苦："壮壮跟朋友的小孩一起玩时总是要抢别人的玩具。他力气很大，经常抢赢其他人，总是把别的小朋友搞哭了。我对着朋友们感到特别不好意思啊！跟他说不行，不可以抢，要分享，但是都不奏效。我都不敢带他去跟朋友小孩玩了。"

## 复习与思考

1. 沟通的原则包括哪些内容？

2. 早教教师要努力去加强自己哪些品质？早教教师为把握好这些品质分别要注意哪些问题？

3. 早教教师与家长沟通可采用的形式有哪些？

# 第五章　与家庭不同成员的沟通

## 学习目标

1. 了解母亲、父亲、祖父母、保姆的教养特征及问题。
2. 掌握与母亲、父亲、祖父母、保姆沟通的关键点。
3. 掌握与母亲、父亲、祖父母、保姆沟通的常用方式。

生态系统理论认为儿童的发展受到生活环境的制约和影响，儿童的发展过程是一个不断扩展对生态环境的认识的过程，从家庭到幼儿园再到社会，儿童的生活环境的变化对他们的发展具有举足轻重的作用。早教教师不仅要清晰掌握婴幼儿的生理和心理发展规律，更要了解环境和照顾者对婴幼儿成长的影响。

早期亲子关系的建立，跟照顾者有着密不可分的联系。刚出生不久的婴幼儿，一般家庭中都会有多个照顾者，如爸爸、妈妈、爷爷、奶奶、外公、外婆等，有的家庭还会请保姆帮忙照看，这些不同的照顾者因为年龄、性别、文化背景、个性习惯等的差异，对婴幼儿的教育观念、教育态度和方法也会有所不同。作为早教教师，了解不同家长的心理特征和行为习惯，可以更好地掌握跟不同家长沟通的关键点，提高跟家长沟通的有效性。

## 第一节　家庭不同成员的教养特征及问题

人际交往的心理效应理论认为，人际交往的心理效应会影响人际交往的效果与深度，恰当地运用心理效应可以更好地开展人际交往。心理效应是制约人际关系、影响人际知觉良性发展的重要因素，所以早教教师在跟不同类型家长的沟通过程中，了解不同家庭成员的心理效应以及在这种心理效应下产生的教养特征及问题，可以帮助早教教师把握沟通的关键，提高沟通的效率。

在婴幼儿成长的过程中，有两个重要的照顾者——父亲和母亲，两者因遗传、性激素、身体构造与生理机能的不同导致心理特点不同，了解两者的性别差异可以辅助早教教师跟他们进行有效的沟通。一般来说，像有雄心、主动、富于竞争一般被认为是典型的男性品质，而被动性、乐于照顾他人、情绪化则被看作是女性品质。此外，男性比女性更具有攻击性，他们的冒险精神比女性强，在面对危险时更容易迎难而上。因男女心理特点的不同，男女的教养特征也会有很大差异，我们需从两者的教养特征及问题出发，探讨沟通的关键点与方法。同时，祖父母和保姆也是婴幼儿养育中不可忽视的群体，也将对其特点进行分析，归纳出沟通的策略和方法。

## 一、母亲的教养特征及问题

母亲在儿童早期影响巨大，相比其他养育者而言，母亲更容易对孩子发出的信号作出敏锐的反应，表达积极的感情，亲切地、敏感地照顾婴幼儿，更容易与孩子建立安全型依恋。所以母亲带孩子会很细致，对孩子的关注比较多，从衣食住行到生活的方方面面。形成安全型依恋的孩子容易形成积极乐观的性格，对其未来的人际交往和社会适应都有着积极的影响。能够与孩子形成安全型依恋的母亲常常是民主型母亲，她们接受孩子，跟孩子平等相处，给孩子提供温暖、民主、宽松的成长环境，能使孩子的个性得到充分发展，在生活中表现出的主动性也较强。

然而并不是所有母亲都有着正确的养育观念和养育行为，有很多母亲在养育过程中，存在着各种各样的问题。

第一种，生活照料型。这类母亲只关注孩子的生活照料，认为在物质生活上满足孩子就可以了。常说“我这是为你好”，从不会去思考孩子内心在想什么，不倾听孩子的心声，也不关心孩子的真正需求。她们不关注孩子心理发展和感受，倾向于以自己的方式促进孩子的成长。

第二种，情绪型。这类母亲对孩子的态度、看法摇摆不定，时而表扬、时而贬低、时而热情、时而冷漠。孩子需要小心翼翼地对待母亲，小心地摸索怎样才能让母亲喜欢自己。对母亲的态度无所适从，对一件事情的自我判断也会很弱，不知道事情做得对不对，会不会得到母亲的欢心。很多离异或痛恨自己丈夫的母亲，可能毫无根据地将对丈夫的愤怒迁移到无辜的孩子身上。

第三种，撒手型。这类母亲有三种表现，一是由于忙碌而忽视对孩子的养育，如工作繁忙、交际应酬多、业余时间少等，这些母亲把精力和时间都用在自己的工作学习上，忽视孩子的养育；二是对孩子和孩子的养育不感兴趣，不会为孩子投入精力关爱；三是嫌麻烦，把孩子交给祖辈带，自己落得一身清闲，却不管孩子问题重重。

第四种，管理型。这类母亲也有三种表现：一是对孩子任何事都要干涉和管理，不给孩子私人空间，常常泄露孩子隐私，不尊重孩子，让孩子缺少自我认同；二是会把孩子像宠物一样养育，觉得孩子有趣、好玩，而不了解孩子的需求，更不会倾听孩子、理解孩子、促进孩子发展；三是对孩子所有的事情都大包大揽，不让孩子有锻炼的机会和成功的体验，影响孩子独立性、自主性和积极自我意识的发展。

第五种，爱慕虚荣型。这类母亲习惯被人艳羡，非常注重自己的面子，在外人面前不顾孩子的感受炫耀孩子，倾向于以完美的标准要求孩子。

第六种，责任下放型。这类母亲对于养育孩子完全没有责任心，她们把孩子看作是家庭里的一个生产力，而不是一个孩子。这种情况易出现在多子女的家庭，年长的孩子缺乏应有的关爱，反而需要完成父母的职责照顾弟弟妹妹，为生计忙活，即使成年后还要背负沉重的家庭责任，完成父母的职责。

案例1

早教中心的孩子都小，大部分家长把孩子送到早教中心托管，都是希望孩子能有一个快乐的、跟同伴一起的成长环境。可有的家长，虽然是把孩子送去中心了，但是心里却是一万个不放心。熙熙妈妈全职在家，每天不用为工作忙碌，她就把全部的爱都投注到了儿子的身上！每天早上送孩子到中心，都要找老师问昨天熙熙吃饭怎样、有没有喝水、睡觉有没有踢被子！把孩子送到中心门口还是不放心把孩子交给老师，非要跟着熙熙到教室，帮孩子把鞋换了，一切能想到的都做了，还想多陪陪孩子，就是不放心孩子在早教中心独自生活。为了打消她内心的顾虑，在征得中心领导和她本人同意的情况下，老师请她来早教中心当一天的保育老师。刚来时她还是觉得熙熙什么都不会，担心孩子早餐吃不饱，想要喂孩子，老师对她说："熙熙妈妈，请您在旁边看看我们老师是怎样引导小朋友们自己吃早餐的。"熙熙妈妈发现在老师的引导和提醒下，孩子们都很有序地等老师分发食物，伴着音乐快乐地进餐，吃完后还自觉把餐具送回收集盆里。老师还专门安排了熙熙做值日生，让他帮每个小朋友分发水杯，小朋友们围着桌子一起喝水。熙熙妈妈感到很惊讶！没想到还有比熙熙小很多的孩子也能独立完成这些生活自理。结束了一天的保育工作后，老师对熙熙妈妈说："熙熙妈妈，其实每个孩子都很能干！请您相信他们！孩子在这样的集体环境中，会很快学会独立生活的。您看熙熙也能自己完成这些事情，还会关心其他小朋友，跟同伴们玩得很开心。这个年龄段的孩子学习能力很强！父母只需放手让他跟同伴一起学习成长，很多事情孩子都可以独立完成，当孩子能力不足时，老师也会在旁边观察，适时给予帮助，成人不要剥夺孩子的学习成长机会。"熙熙妈妈经过一天的体验，非常认同老师的看法，决定以后要适当放手，让熙熙能更加自主。有时家长的亲身体验胜过教师的千言万语。

上述案例中的熙熙妈妈属于生活照料型，对孩子的生活照料做到无微不至，完全忽视孩子身心的发展，剥夺了孩子的学习机会，熙熙的支配需要被高度控制。如若不改变教养方式，熙熙长大后易形成专制型或服从型性格行为方式。

## 二、父亲的教养特征及问题

父亲的角色和母亲的角色有着质的区别，父亲对孩子的成长有着独特的影响力。教育家斯宾塞说："父亲是孩子通往外部世界的引路人。在孩子的教育中，无论是性格培养还是情感教育，无论是智力训练还是道德、品质的培养，父亲都起着巨大的作用。"父爱起到方向性引领和理性榜样作用。伟大的父亲，一定是孩子的引路人、性格的模仿者、思想的奠基人。但是在中国的传统社会分工中，父亲在家庭中很少参与育儿的工作。实际上，父亲更应该积极参与儿童的成长过程，承担对儿童进行陪伴和照顾的角色而不是作为母亲角色的辅助。男性和女性对待育儿问题的目标、价值观和风格形式等都不相同，男性在社会化过程中形成的独特特点，例如解决问题的能力、幽默感、贪玩、喜欢冒险以及更喜欢运动类游戏等，对儿童性格和爱好的形成有着重要的意义。比起母亲习惯用儿语与孩子交流，父亲更能频繁地使用多样化的词汇和更长的话语来与孩子交流。同时，父亲在与孩子交流的过程中很少矫正婴儿的话语，相反会设置更多的语言要求。这些都能促进婴儿语言向更高水平发展。儿童对自己的性别不是从一出生就能识别与理解的，父母的榜样和周围环境文化对于婴幼儿性别认知有明显的影响。有研究表明，在儿童获得父母性别角色认可与培养的过程中，父亲通常会比母亲更为积极地鼓励儿童参与和性别特征相一致的行为，阻止他们参与那些被认为与性别特征相反的活动。父亲积极的个性特点让儿童在社交、冒险、行动力、坚毅等方面形成自己的稳固方式，从而养成积极的性格。大量的研究表明：新生儿和婴幼儿与父亲形成的依恋关系，可以同与母亲形成的依恋关系一样强烈，并且父亲与婴幼儿之间的交流绝大部分是通过游戏的形式，而不是养育活动。父亲与婴幼儿的游戏更加倾向于攻击性、更加喧闹、更加追求身体的多领域发展。

综上所述，父亲对儿童成长的各个方面都有着重要的影响，无论是儿童的角色认同感，又或是对儿童智力发展的促进，更或是对父子之间的依恋关系的建立都是不可或缺的，父亲的参与更有助于促进儿童认知发展。当然，不同的父亲类型对儿童的影响也会迥然不同，在父子（女）的交往过程中，根据父亲与儿童交往的亲密程度，就存在着"伙伴型"父亲、"疏离型"父亲、"溺爱型"父亲、"严厉型"父亲，这些不同类型的父亲也有着不同的行为表现。

第一种，"伙伴型"父亲。这类父亲工作再忙也会把碎片化时间集中起来陪伴孩子，抽空给孩子读绘本、哄孩子睡觉、陪孩子吃早餐、带孩子散步等，增加单独相处的机会。"伙伴型"父亲给孩子的自主探索空间很大，会放手让孩子去玩、去探索，即便孩子磕一下、碰一下，也不会特别在意。

第二种，"疏离型"父亲。这类父亲很少参与孩子的教育过程，更不会主动跟孩子交流，看上去似乎对孩子的任何事情都漠不关心。这种类型的父亲总是沉浸在自己的需要中，既

不关心孩子也不告诉孩子行为的规则和界限是什么，亲子之间缺乏互动和交流。在孩子眼里，这类父亲就是一个很有距离感的存在。这种父亲经常加班或是出差，甚至还有的从来不跟孩子一起生活，作息很难和孩子一致，平时也难得见上一面。偶尔在家，也没有什么耐心来陪孩子玩，从不参与孩子的活动，甚至不知道孩子到哪上学，上什么班级。

第三种，“溺爱型”父亲。这类父亲对孩子充满了无尽的期望和爱，经常在物质方面无条件地满足孩子的要求，却很少对孩子提出要求。这种父亲通常是将孩子捧在手心怕摔，含在嘴里怕化，即使是天上的月亮，也愿意为孩子摘下来。在这样的教养方式下，孩子行为和性格发生扭曲，容易形成较强的冲动性和攻击性的性格行为特点，缺乏独立性和责任感，懒惰、自私、任性、骄横、为所欲为。

第四种，“严厉型”父亲。这类父亲在参与孩子养育时很粗放，但却对孩子的要求非常严格，鲜少关心孩子的心理需求和行为习惯。日常生活中对婴幼儿态度生硬，方式方法简单，只从自己的主观意志出发，强迫孩子接受自己的看法与认识，不考虑孩子自身的心理感受，这种父亲不太注重对孩子进行规则约束，羞于对孩子表达自己的父爱，甚至还会用粗暴的方式来表达对孩子的关心。这种严厉型教养方式下的孩子经常处于被动、压抑状态，缺乏表现力，会形成两种截然不同的性格：一种表现为顺从、懦弱、孤独、性格压抑，心理自卑，缺乏自信、自尊，遇事唯唯诺诺，缺乏独立判断和处理的能力；另一种表现为逆反心理强、冷酷无情、有暴力行为，通常在活动、游戏方面处于被动状态。

案例2

前不久在我班发生了这样一件事情，有天早晨，宁宁的爸爸气呼呼地在教室门口教训宁宁，宁宁不停地大哭，爸爸却不肯罢休，我赶紧出来看发生什么情况。“请问发生了什么事？”“这孩子，早上不愿意起床！拖拖拉拉，我上班都要迟到了，他还在路上磨磨蹭蹭。”“今天怎么是您送孩子过来？妈妈呢？平时妈妈送都很准时的。”我蹲下来问宁宁：“宝贝，你今天怎么啦？昨晚睡太晚，今天睡过头了？”宁宁吓得一直哭，说不出话，跟平时妈妈送来的状态完全不同。于是我跟爸爸说：“您先去上班吧，把孩子交给我，我会安抚好他。孩子还小，偶尔睡得晚点也很正常，爸爸就别生气了。”“这与老师无关！这孩子就是不听话，说他两句就闹，一定要让他知道自己错了，不然明天还是这样！”“您用打骂孩子来出气也不合适吧！孩子的习惯是需要慢慢培养的。”看着我严肃的样子，他的火气小了不少，我趁机说：“请您相信老师！孩子的教育和习惯养成也有老师的责任，老师会注意培养的！请您不要责怪孩子！不过在家也要注意给孩子多点关心和爱，制定一些合理的规则，这样更有利于孩子养成良好的作息习惯！”宁宁爸爸听了我这番话，火气消了大半，就去上班了。后来我打电话给宁宁妈妈了解情况，原来是因为昨晚爸爸加班很晚才回家，孩子说要再玩会儿，等爸爸回来再睡，妈妈拧不过，所以晚睡了。爸爸下班过来接宁宁时，老师把事情再跟爸爸分析了一下，爸爸意识到自己也有原因，是自己错怪孩子了。

这个案例中宁宁爸爸就属于“严厉型”父亲，对宁宁的要求过于严厉粗暴，不分青红皂白，孩子感受不到丝毫爱意，宁宁的情感需要得不到满足。如果宁宁爸爸不改变自己的教养方式，长此以往会导致宁宁成年后与他人保持距离，很难与人建立亲密关系。

## 三、祖父母的教养特征及问题

祖父母步入老年之后，视、听觉敏锐度逐渐下降，运动灵活性及速度也明显减退，因而学习速度明显变缓，易出现焦虑情绪。由于注意力分配不足，对于信息编码的精细程度及深度均下降，老年人的记忆易出现干扰或抑制。虽然祖父母身体状态逐渐衰退，但他们也希望从家庭和社会获得更多精神上的关怀，期望参与社会活动、融入各种团体，以满足其爱与归属的需要。虽然祖父母的社会角色与社会地位有所改变，但他们对于尊重的需要并未减退，希望社会能承认他们的价值，尊重他们的人格，在家庭生活中也要具有一定的自主权，过自信、自主、自立的老年生活。祖父母步入老年后，情绪情感也会有很大的变化，有的祖父母常发生消极情绪包括紧张、害怕、孤独、寂寞、失落以及抑郁等。许多祖父母被认为个性保守、古板、顽固，这虽然与老年人接受新观念、新事物的速度减缓有一定联系，但究其根本原因，是时代与社会的飞速发展，引起了知识结构与观念的迅速更新造成的。

从祖父母的这些心理特征可以看到，大部分祖父母还是很乐意照顾婴幼儿的。对于祖父母承担主要教养责任的家庭来说，他们的教养特征、生活态度等都会作用于儿童身上，并对儿童的成长产生深刻影响。

以祖父母教养为主的家庭因为养育条件和祖父母心理特点的不同，养育方式也有差异。有的祖父母能坚持基本原则，对孩子提出适宜的目标和要求，保持良好的心态和情绪与孩子互动，善于倾听孩子。而有的祖父母会拿自己的标准来要求孩子，他们不接受孩子的反馈，对孩子缺乏热情和关爱，要求孩子无条件服从，不能及时鼓励和表扬孩子，在教养儿童时武断专制。也有的祖父母出于安全考虑，怕承担责任，对孩子冷漠，缺少对孩子的教育和爱，当孩子不听话时特别恼火，会吓唬孩子。还有些祖父母，因文化程度不高，干脆就让孩子看电视，也不知道电视内容是否符合孩子发展需求，只要孩子不烦不闹就好，或是让孩子自己玩电子产品。

大部分祖父母对孩子的照顾都较为溺爱，孩子要什么就给什么，当孩子犯错误时，祖父母就一味地袒护，觉得孩子现在还小，长大了就好了。过度的溺爱有了今天的“小皇帝”“小

公主”，这类“溺爱型”祖父母不会对孩子提出要求和行为标准，这种养育方式下长大的孩子会随着年龄增长变得依赖、自私、任性，并且自理能力极差。

案例3

今天一早回来上班就看见雯雯的奶奶背着雯雯守在早教中心门口，雯雯一直不肯下来。我急急忙忙上前跟奶奶和雯雯打招呼："早上好！雯雯今天好早哦！第一个到中心，小辫子梳得真好看，是奶奶给你梳的吧？你从奶奶背上下来，老师拉你进教室可以吗？"我话还没说完，雯雯奶奶就要跟我数落了："黄园长，你能不能跟雯雯班主任反映一下，我家宝贝昨天睡午觉时没帮她塞毛巾，回家我看她里面的衣服都是湿的，这样很容易感冒的，让老师一定要注意。还有平时要多给她喝水，要多关注她，不要给其他小朋友欺负……"我站了5分钟，雯雯还是趴在奶奶背上，奶奶也出现了大口喘气、有点吃不消的样子，我说："奶奶，您看这样好吗？孩子们现在都陆陆续续来上学了，您让雯雯下来，别把自己累坏了！我们先把雯雯送回班上，您到接待室休息一下，一会等老师安排好孩子后，我会跟老师了解一下他们班孩子的情况，晚上您来接雯雯时我再让班主任跟您汇报一下雯雯的日常生活细节，您看这样可以吗？雯雯很多事情都可以自己做了，奶奶也上了年纪，别为孩子过度操劳。"雯雯奶奶看我确实很用心，也很尊重她，就点点头，放心走了。

上述案例中雯雯奶奶就是“溺爱型”祖父母，持续在这种过度呵护状态下成长的雯雯会形成过度顺应的自我状态，表现为缺乏自信、害羞、胆怯、退缩、沮丧、服从。成人以后还抱着这种人生态度的话，容易听任别人的摆布，缺乏自信。

此外，中国社会还存在一些特殊情况，比如在许多农村留守家庭以及单亲家庭中，祖父母挑起了抚养和教育孙子女的重担。在这些家庭中，祖辈比较重视培养孙辈的生活自理能力、学习意识以及思想品德，但却忽视了对儿童社会能力的训练，使得儿童在性格、心理和人际交往等方面都相对薄弱。在祖父母参与教养的单亲家庭中，儿童表现出更多的心理、行为问题。隔代教养下的儿童与父母教养下的儿童相比行为问题检出率较高，更容易表现出情绪问题、行为障碍。

## 四、保姆的教养特征及问题

“保姆”一词有两种含义——“保”，指保护老人和孩子；“姆”，指女性从事的护理工作。“保姆”工作是社会上不可缺少的工作，应该得到大家的尊重。但现在很多雇主的家庭成员对保姆的尊重是欠缺的，仍有很多保姆普遍存在自卑心理，觉得自己帮别人干活，低人一等，有压抑感。保姆通常是在陌生的城市打工，所以有很强的防备心理，怕自己吃亏，怕利益得不到保障。她们总觉得自己是外乡人，在别人家里工作，容易受欺负，怕被剥削。保姆的工作变动频繁，没有固定的社交圈，要经常面对陌生的群体，有时候会感到莫名的孤独和压抑。雇主家不和睦的环境也会对她们心理健康产生负面影响，雇主成员之间对保姆的要求不一致，也会让保姆心中充满矛盾，不知道该如何应付，严重时会让她们产生畸形心理。

职场上的年轻夫妻很多都忙于工作，没有祖辈帮忙的话，只能请保姆照看孩子。孩子和保姆待在一起的时间比较长，在心理上自然会对保姆形成依赖，形成一种隐形的母子关系，保姆就成了孩子的“心理妈妈”。作为“心理妈妈”，保姆对孩子的影响可能大过父母。如果保姆本身素质不高，不具备婴幼儿心理的常识和技巧，或者父母与保姆相处不融洽，保姆就容易忽视孩子的心理隐患，甚至埋下更多的隐患。虽然保姆是家庭里的临时成员，但家长千万不能忽视他们，保姆的素质对孩子的成长至关重要，保姆的心理素养和精神状态更是孩子健康成长的关键。一个发自内心爱着孩子的保姆，会让孩子的心理处在一个比较安全的环境中，有助于孩子身心和智力的快速发展，为日后形成健康人格奠定良好的基础。由于父母照料孩子的时间很少，保姆就成了婴幼儿的主要抚养者，孩子的依恋对象极有可能转移到保姆身上，如果频繁更换保姆，孩子就要不断克服和陌生人相处的恐惧，会很烦躁，出现更多的哭闹。

中国历史是以农耕文明占主导地位形成的社会文化，保姆长期以来社会地位都很低微，所以大多数保姆会形成一种“我不好，你好”的人格心理。这种观念模式的人会认定“我是没有价值的”，而采取封闭或退缩的生活方式，在这种观念支配下的保姆跟雇主沟通常常采取退缩的行为模式，跟儿童的沟通也缺乏责任心。这种“回避型”保姆在生活中特别多见，她们为了避免承担责任，尽量回避跟雇主正面沟通，采取一种表面顺从的态度，只求完成自己的分内工作。

案例4

诺诺的妈妈是一个职场成功女强人，据诺诺家保姆说，爸爸经常在外地，所以爸爸在老家请了一个远房亲戚到家里照看小诺诺。记得诺诺第一天上托班时，大哭不止，老师怎么哄都没用，保姆阿姨站在旁边束手无策，也不知道孩子怎么脾气这么倔，什么都不听，又不敢给诺诺妈妈打电话，担心主人知道后肯定会责骂自己。保姆跟老师说，诺诺妈妈脾气不好，再加上丈夫经常不在家，两地分居，很容易发脾气，经常会冲着保姆发火。所以保姆觉得千万不能让诺诺妈妈知道，否则回家又要挨骂。老师知道孩子第一天到早教中心，肯定会产生分离焦虑，就跟保姆说，“阿姨，你别担心，孩子第一天到早教中心都是这样的，你先回家，放心把孩子交给我们，我们会有办法让孩子情绪稳定。”保姆半信半疑，还是不太放心，在教室走廊站

了好一会，老师知道保姆不敢回去，担心孩子出什么状况，所以再次劝保姆："你回去吧，下午诺诺妈妈过来接孩子的时候，我们会跟她说你做得很好，只是孩子第一天跟亲人分开时间这么长，还不适应，我们会教妈妈如何帮助孩子适应早教中心的生活。"这样保姆才忐忑地离开。

以上案例中的保姆就是有恐惧心理的保姆，对雇主特别害怕。他们对待孩子的行为习惯大多是只要你听话，我就可以省心不用管你了。因为保姆既要照顾孩子，又要做家务，还要照顾全家人的生活起居，经常分身乏术，就想让孩子更听话，所以总是恐吓孩子，这样的孩子会很压抑，会有很多焦虑，进而变得胆小、矛盾、纠结。

## 第二节　与家庭不同成员沟通的关键点

掌握不同家长的心理和教养特征可以辅助早教教师与其进行高效沟通。本节依据不同类型家长的心理特点及对应的教养特征和问题分析分别阐述跟母亲、父亲、祖父母、保姆沟通的关键点。

### 一、与母亲沟通的关键点

早教教师在掌握了各种类型母亲的心理和教养特点后，分析她们的养育问题，掌握各种类型母亲沟通的关键点。

（一）跟"民主型"母亲建立平等、开放、专业的沟通关系

"民主型"母亲非常重视孩子的教育，会遵循孩子的成长规律进行保育和兴趣培养，重视孩子行为习惯的培养。在对待孩子的教育问题上格外认真，对孩子有一定的纪律要求，同时也放手鼓励孩子自己做事情，孩子可以按照自己的爱好和兴趣发展。"民主型"母亲大多学历高，见识广，有自己的独特见解。在信息化时代，"民主型"母亲普遍喜欢学习，也会追求个性化育儿，作为早教教师要尊重她们已有的经验和观点，用开放的心态、平和的态度与她们平等地沟通，同时也要加强自己的专业水平，发挥自己在专业领域的优势，通过专业能力影响她们。

（二）引导"生活照料型"及"管理型"母亲尊重孩子的内在需求

"生活照料型"母亲在养育婴幼儿时可谓无微不至，把孩子的生活安排得井井有条，能替孩子做的从不让孩子动手。母亲可以替代孩子做事，但不能替代孩子成长，新生命具有生命内在的成长规律和适应环境的能力，一味地包办代替会阻碍孩子能力的发展。父母的责任是

培养孩子独立，在给予孩子自由的同时让他建立规则，从小养成好习惯。早教教师在平时带班的过程中，要仔细观察孩子在集体环境中的具体表现，建立好生活与学习常规，让孩子在有规则的环境里自由探索，在有序的环境下和其他小朋友友好相处。教师日常要注意观察孩子的具体言行，善于发现孩子的成长和进步，并告知母亲，让母亲了解孩子的社会性表现对其全面发展的重要意义，引导母亲放手，遵循婴幼儿的身体和心理发展规律，解放自己，还孩子自由。

（三）帮助“撒手型”及“责任下放型”母亲增加高质量的陪伴

很多现代家庭年轻妈妈需要在职场打拼，大部分时间都投入在工作上，所以她们就把孩子完全交给了老人和保姆。婴幼儿缺乏妈妈的陪伴，不利于形成良好的心理和行为习惯，大多数表现为性格内向、情绪不安、对人冷淡、兴趣狭窄、缺乏理想，与人交往产生挫折后，易产生对立、仇视情绪，从而发生攻击行为。母亲对婴幼儿不关心，不会对婴幼儿提出要求和对其行为进行控制，甚至不会表现出爱和关心，在这种教养方式下长大的婴幼儿，他们小小年纪就感受不到“爱”，体会不到母亲的温暖，因而对人冷淡，他们的适应能力和自我控制能力往往较差。早教教师有义务提醒这种“撒手型”妈妈要多陪伴孩子，及时给予孩子关爱。同时家里一定要营造一种和谐友爱的氛围，尊老爱幼，孝顺公婆，关爱丈夫和孩子。正所谓言传身教，再多的说教都不及自身的行为对孩子的影响深刻。

（四）促进“情绪型”及“爱慕虚荣型”母亲自我提升

“情绪型”母亲在养育孩子的时候情绪管理能力很差，经常把自己的情绪发泄到孩子身上，对孩子身心健康造成严重影响。“爱慕虚荣型”妈妈则喜欢炫耀，完全不懂孩子的心理感受。这两种类型的妈妈都需要加强心理调节，提高情绪管理能力，在育儿过程中能保持自己心理健康。早教教师平时可以经常组织这方面的学习活动，定期邀请一些育儿专家开展专题讲座，要求这两种类型的妈妈参加学习，借助专家的社会权威和专业知识影响这两种类型的妈妈作出改变。

## 二、与父亲沟通的关键点

随着生活节奏加快，事业繁忙，很多人在家庭价值定位上出了问题，在生命传承与事业发展上本末倒置，尤其是家里的男主人，因为社会分工的不同，认为自己主要承担家庭经济的重担，养育孩子的事情与自己无关。但也出现部分奶爸，对孩子的关爱无微不至，以为对孩子付出越多就是越爱孩子。由于每个家庭具体情况不同，父亲的角色意识不同，婴幼儿父亲群体的个别差异也很大。

（一）肯定“伙伴型”父亲的育儿方式

在早教中心里，经常会看到几个爸爸早上笑容满面地送孩子上学。实际上，这几位爸爸平时都很忙，公司业务也很繁忙，但是他们都尽量早上亲自送孩子上学，利用这个机会多陪伴一下孩子。这种“伙伴型”爸爸积极参与孩子的成长过程，陪伴孩子游戏，给予孩子自

由，也会给孩子建立一些合理的规则，善于表达亲子感情，愿意在孩子身上倾注更多的精力。教师们也观察到这几个爸爸的孩子，在早教中心情绪都特别快乐平和，很少哭闹，跟教师和小朋友玩得很开心。这种“伙伴型”爸爸平时生活中也是孩子王，懂得安排时间满足孩子的需求，特别喜欢跟孩子玩，这种父爱对孩子的成长起到积极正向的影响。早教教师们应多制造机会让“伙伴型”爸爸与其他家长进行分享和互动，在平时的亲子活动中多设计一些爸爸参与的内容，鼓励“伙伴型”爸爸积极参与，并通过多种方式、多种渠道宣传“伙伴型”爸爸的育儿形象，让“伙伴型”爸爸给其他家长树立良好榜样，发挥积极的示范作用。

（二）鼓励“疏离型”父亲积极参与育儿实践

“父爱不缺席”，但事实上大部分父亲都是缺位的，美国有研究表明，社会上大部分犯罪事件都跟缺失父爱有关，缺少父爱的孩子也容易患上精神方面的疾病。父爱与母爱在儿童的成长过程中是同样不可或缺的，母爱可以使人变得温柔、体贴，父亲大都具有意志力坚强、勇于冒险、富于创新等特征，父爱可以使人变得勇敢、刚强、坚毅，赋予孩子更大的生命激情和执着精神。但是在现实生活中，主要是母亲或其他女性照料者承担婴幼儿的教养任务，父亲也往往会觉得，养家糊口才是自己的重任，日常的生活照料应该交给孩子的母亲。其实不然，对孩子来说，父亲的作用不容忽视。中国有句古话“养不教，父之过”，父亲是一种独特的存在，对孩子成长有一种特别的力量。因此，早教教师要建议父亲们尽可能多地参与育儿活动，与母亲共同参与孩子的养育活动。父亲要改变态度，要认识到养育孩子是夫妻共同的事业，夫妻双方在这个过程中有分工、有协作。

（三）建立“溺爱型”父亲的正确育儿观

针对“溺爱型”父亲，教师应让他们认识到过度保护会影响孩子自信心的建立。在溺爱型的家庭教养模式下，孩子对家长极其依赖，一旦离开家庭，就会产生退缩行为，不敢积极表现。孩子得不到肯定，自我效能感、成就感也会相应降低，最终阻碍自信心的发展。

对“溺爱型”爸爸，我们首先要帮助他们调整家庭教养方式的观念，端正教育态度，采用科学的教育方法，培养孩子全面发展。其次，引导“溺爱型”爸爸正确对待孩子的要求，懂得拒绝孩子无理的要求，不能百依百顺，有求必应。满足孩子要求时，要以家庭经济水平和有利于孩子身心发展为前提。最后，引导“溺爱型”爸爸要注重培养孩子的自理能力和良好的劳动习惯。家长不可事事代替，要让孩子学着自己处理，家长可以给予适当的引导与鼓励，要慢慢地培养孩子“自己的事情自己做”。

（四）改变“严厉型”父亲的教育方法

“严厉型”父亲在育儿方面经常不了解孩子的心理需求，面对孩子的错误往往采用粗暴的态度，执意要按照自己的认知惩罚孩子。而且“严厉型”父亲对孩子的教育通常缺乏耐心，很难成为孩子的玩伴。对这种类型的父亲我们应该多跟他沟通正确的育儿知识，多分享孩子成长的相关知识和经验。

很多现代爸爸也是从小接受父亲严厉的教育，所以认为“棍棒底下出孝子”，尤其是教育男孩，他们认为不打的孩子不听话，要用家长的威严教育孩子。对这种类型的家长，我们要帮助他学习科学的教育方法，改变陈旧的教育观念，引导他们做到以下几点：防止情绪失控，跟孩子沟通时避免情绪性话语，绝对不能有怒骂孩子的行为；教养孩子时要做到赏罚分明，适时给孩子信心，对不希望孩子做的事要制定行为规则，在孩子做到时给予肯定；对孩子提要求要指令清晰，不能语词含糊，不要因为自己指令不清导致孩子做不好又责骂孩子。

“严厉型”父亲说话的方式僵硬、面无表情，年幼的孩子根本感受不到父爱。对这类型的父亲，教师要学会借助母亲的力量，母亲是儿童的主要照料者，是传统意义上教养的权威，母亲的支持能让父亲更好地参与对孩子的照顾和教育中，让父亲放下身段，学会温柔耐心地对待孩子。

## 三、与祖父母沟通的关键点

现代中国家庭中，有很多祖父母充当教养人的角色。有些祖父母对婴幼儿的要求、管束过多，婴幼儿容易表现出脾气暴躁、情绪激动、动手打人等攻击性行为。同时还有社交困难、创造性思维受阻、注意力不集中、协调性较差等问题。而有些祖父母则重养轻教，对孙子女的温暖关爱多于要求和管束，婴幼儿容易出现骄纵、任性、独立性差、依赖性强等不良行为。对于不同类型的祖父母，早教教师应该把握好沟通的策略和关键点。

（一）帮助祖父母建立科学的育儿观

有很多祖辈家长年龄比较大，知识来不及更新，对现代新型的育儿观念缺失。对这种类型的祖父母，早教教师应该适时肯定他们做得好的一面，同时也要让他们认识到时代在进步，知识也在更新，他们以前积累下来的一些知识和经验可能已经不适应新时代育儿的要求。他们的教育理念陈旧，对孩子的指导未必符合成长规律，他们的规则要求可能会限制孩子的自由，导致孩子缺乏创新能力和发散思维。面对这样的祖辈家长，教师一方面应该跟祖父母强调教育孩子主要是父母的责任，另一方面鼓励他们加强现代育儿知识的学习。

（二）帮助祖父母跟子女建立三代开放、坦诚的沟通关系

有些祖父母主观上不是特别愿意充当教养人的角色，所以在照看孙子女的时候，情感和行为比较消极，往往让孩子自己玩，或是开着电视给孩子看，自己做自己的事情，不理会孩子看什么，情绪怎样。对这种类型的祖父母，早教教师应该多关心他们，平时见到他们接送孩子时尽量抽空陪他们唠唠家常，多关心他们内心真实的想法。如果听到老人家有怨言，就关心疏导他们。对于孩子的教育，如果祖父母有心无力的话，可以尽量少干涉，让孩子的父母自己完成。同时还要跟年轻父母沟通不要让祖父母照顾孙子女的负担太重，不要勉强他们做自己的保姆，鼓励他们与孩子分享快乐时光。一家三代之间如果建立起坦诚的沟通关系，也有助于孩子的健康成长。

（三）帮助“溺爱型”祖父母转变观念和行为

“溺爱型”教养方式又可叫过分关注型。在过分关注型的隔代教养模式之下，孩子们因祖辈父母的包办代替，失去了自己动手、自我成长的机会。老人时间充裕，对孙辈的照顾几乎做到“全方位”，“全包”服务遏制了孩子的独立能力和自信心的发展，使孩子变得更加娇气、依赖。久而久之，孩子就会养成不良的行为习惯和意志品质。

在独生子女家庭，父母把所有心血倾注在独生子女身上，等到他们长大成人有了自己的家和孩子，老人就把所有的时间精力又倾注在孙子女身上。老人没意识到这种溺爱对孙辈的成长阻碍。教师们可以在早教中心开设家长课堂，提升祖父母的教育观，也可以建立家长俱乐部，平时多组织祖父母一起活动，提升他们的教育观，扩大他们的生活圈。

（四）拓展“专制型”祖父母的教育视野

“专制型”祖父母的教养特点是遵从家长集权制，认为家长有绝对的权威，对孩子的惩罚多于奖励，对孩子的批评多于鼓励，这种教养方式容易使孩子产生严重自卑或叛逆心理，成人后人格容易扭曲，性格比较消极。早教教师遇到这种祖父母要更加注重新思想、新知识的传播，多示范怎样用现代、科学的知识来抚养、教育孩子，尽量让祖辈家长跟上时代的潮流。让祖父母走出家庭、走向社会，扩大他们接触教育的领域，开阔他们的生活视野。

## 四、与保姆沟通的关键点

（一）帮助有恐惧心理的保姆提升自信心

因为社会分工不同，保姆一直以来都是受雇于雇主，社会地位低，经常得不到尊重，所以自尊心和自信心都得不到满足。对于这种临时家长，教师应该尊重她们，热心对待她们，甚至还可以主动关心和帮助她们。保姆在受到足够尊重的情况下会放松情绪，减少恐惧心理，保持健康的心理状态。

早教教师还可以主动担当保姆跟家长之间的沟通桥梁，帮助保姆成为孩子的“心理妈妈”。早教教师向孩子父母肯定保姆的工作，让家长充分信任和尊重保姆的劳动，在家里平等对待保姆，这样保姆的自信心获得提升，恐惧感降低，对孩子的关心和照料自然周到有爱。教师也要改变观念，把保姆当成孩子的第一照顾者，让保姆了解孩子在中心的生活学习状况，做好家园共育工作。

（二）树立“回避型”保姆的责任意识

“回避型”保姆相对“恐惧型”保姆的心理负担没有那么重，她们往往为了不“惹祸上身”，遇事喜欢逃避责任。对于这类型保姆，早教教师还是应当多传授教育知识和教育技能，教会她们如何专业地照顾婴幼儿，怎样跟孩子一起游戏。只有当保姆的教育技能提升了，育儿知识丰富了，保姆才敢主动积极地承担照顾孩子的工作。早教教师还可以邀请保姆跟早教中心的其他家长一起学习交流，当她们逐渐感到自己被认同时，责任意识也就自然建立起来了。

# 第三节　与家庭不同成员沟通的常用方式

## 一、与母亲沟通的方式

（一）耐心倾听

在人际交往中，多听少说，善于倾听别人讲话是一种美德。认真倾听别人讲话，表现了对说话者的尊重，人们往往会把忠实的听众视作可以信赖的知己。妈妈们是家庭教育中的主力军，很多妈妈要忙于工作，还要兼顾家庭，照顾一家老小的生活起居，承担着教养孩子的主要任务，因此在日常的教养生活中，有很多想法需要倾诉与表达，特别是关于婴幼儿的家庭养育问题。这样的倾诉与表达，不仅是为了解决教养问题，也为了释放内心压力和焦虑。她们对于自己都是高要求，希望培养出独立自主、能力较强的孩子，遇到问题第一个想到的咨询对象就是早教教师。所以不管是作为女性，还是作为妈妈的角色，她们有很多想要跟早教教师沟通交流的内容。如果此时，早教教师能够耐心倾听，虚心给出建议，会很容易获得妈妈们的信任与支持。同时，因为妈妈们的角色特点，也容易成为早教工作开展的支持者，成为早教教师的同盟军，因此，为了建立与妈妈们的良好关系，耐心倾听是非常重要的沟通技能。

（二）阐述细节

作为女性，妈妈们的心思是比较细腻的，会关注孩子在早教机构的生活细节，诸如吃得好不好、多不多，有没有午睡，睡的时间长不长，今天心情怎么样，喝水量怎么样，有没有定时排便，和其他小朋友相处如何等。所以，早教教师在与妈妈们沟通时，要投其所好，多多阐述孩子的生活细节，最好有画面感，让妈妈们深入了解孩子在早教机构的生活情况，感受到早教教师对孩子的关心，增强彼此间的信任感。只要早教教师时时刻刻做个有心人，对孩子倾注爱心，让妈妈们放心，与妈妈们的沟通自然也就顺畅起来。

（三）把握语言的艺术性

早教教师与妈妈们沟通时要注意沟通语言的艺术性，切勿多说“必须”“应该”等命令性的语言，而尽量多说“最好”“如果这样会不会更好呢”这样建议性的语言，多多换位思考，减少对方对抗性情绪的产生。早教教师在与妈妈们沟通时难免也会谈到孩子的缺点，为了孩子的健康成长，对于孩子的缺点和问题需要明确地跟家长进行沟通，共商解决的策略。需要注意的是，在谈论孩子的问题与缺点时，早教教师要做到公正客观，不能掺杂个人的主观臆测，故意夸大孩子的行为问题，同时在阐述孩子的缺点与问题时，也要肯定孩子的优点与长项，这样的沟通比较容易让妈妈们接受。对于孩子的问题，早教教师不能一味地将问题抛给家长，也要给出合理的教养建议，不然妈妈们会陷于对孩子的问题无计可施的沮丧中，进而

影响沟通效果。

## 二、与父亲沟通的方式

与“疏离型”父亲沟通时，早教教师要热情开朗，多用鼓励的方式。跟爸爸沟通时尽量做到幽默风趣，当发现爸爸开始陪伴孩子时，及时肯定爸爸。比如：以前孩子遇到困难总是用哭来解决，但是因为最近有爸爸的陪伴，给了他自信，他现在会主动找教师表达自己所遇到的困难。虽然爸爸很忙，但是可以看到爸爸的努力在孩子身上发生的变化，爸爸的榜样作用非常重要，这些诚恳讲事实的沟通方式对爸爸的行为有很大的推动作用。

与“溺爱型”父亲沟通时，早教教师要采取严肃坚持的态度，还可以亲自上门家访。可以从孩子在家的生活自理及行为表现来举证，由于爸爸的过度保护，导致孩子的自理能力比较薄弱，性格上也出现偏差，当教师在家庭里直面孩子的行为表现时，会让爸爸正视问题，同时教师给出一些针对性意见，帮助爸爸改变教育观念。

“严厉型”父亲对待婴幼儿的教育方式比较单一，爸爸对孩子的要求严格刻板。遇到这种爸爸，早教教师应该温柔可亲，说话态度委婉，引导其和孩子建立平等的亲子关系，学会和孩子和平相处。

总而言之，与爸爸们沟通时，要把握不同教养类型爸爸的行为特点，有针对性地进行沟通，并且言简意赅，提高沟通的效率。

## 三、与祖父母沟通的方式

第一，要站在理解的角度去看待问题。所谓难相处的祖辈家长，无非就是太关注自己的孩子，总担心自家的孩子不被教师重视，被别的孩子欺负，所以对症下药很关键。主动拉近与祖辈的关系，我们要感谢祖辈的付出，要让祖辈觉得教师特别体谅他们。平时他们来接送孩子时，主动跟她们打招呼，说“宝宝，你今天来得可真早，第一名呢，是爷爷送你的吧？”“宝宝，你今天的头发梳得真漂亮，是奶奶帮你梳的吧？你奶奶的手呀可真巧！”等诸如此类的话，慢慢地就会让爷爷奶奶们对你的好感上升，还会主动说说心里话。偶尔小朋友们之间难免会有些磕磕碰碰，教师主动道歉时，奶奶反而会说：“老师，没事的，那么多孩子，你们哪能照顾周全呢，小朋友磕磕碰碰很正常，你不要放在心上。”正是因为教师在平常与他们拉家常的过程中体会到他们的辛苦，得到了他们的信任，最重要的是让他们了解了教师的工作，让他们也体会到教师的难处，使大事化小，小事化无。

第二，重视祖辈的要求。重视他们不只是见面时微笑着打招呼，更是深层次的尊重，尤其要把他们交代的话放在心上。祖辈家长一般都已退休在家，他们将全部身心都放在孩子身上，孩子上了早教，他们因为不放心，每天都会反复关照教师。面对这样的祖辈家长，早教教师要耐心地打消他们的顾虑，告诉他们：“放心吧，我们会注意到的。”并在离园时主动和爷爷奶奶交流，如孩子有没有大便、喝了几次水、午饭有没有吃完、午睡有没有睡着、有没有不舒服等，并根据孩子的弱项，有针对性地进行交流。

第三，耐心倾听祖辈的唠叨。祖辈家长一般都爱唠叨、害怕孤独、容易失落等。跟祖辈家长打交道的时候，早教教师要注意到祖辈家长的这些特点，要专门腾出时间给他们，耐心聆听他们说话，让他们觉得自己被尊重。另外还要求教师善于领悟祖辈家长的弦外之音。不同的祖辈家长表达意见的方式往往不太一样，有的比较直接，有的旁敲侧击，教师要真正听懂对方的意思，而对于一些专横霸道的祖辈家长表现出的一些过激行为、言语不要太过计较，以一颗平常心与他们沟通。

## 四、与保姆沟通的方式

第一，用和蔼可亲的态度和保姆沟通。

保姆的文化水平相对偏低，渴望被关心和被认同的心理较重。对于这种“代家长”，早教教师要多关心她们平时在家是如何照顾孩子的，也可以主动了解她们跟雇主的关系，以便及时纠正保姆的一些错误做法。平时早教教师要消除保姆的心理压力和障碍，让保姆放松自己，敞开心扉沟通。这样早教教师不仅可以从保姆处了解到孩子的家庭环境，还可以清楚掌握家长平时的带养方式，可以更有针对性地设计指导方案。

第二，用简单易懂的语言和保姆沟通。

由于保姆受教育程度普遍不高，所以早教教师用简单易懂的语言与其沟通，把具体的做法简单直接地告诉她们，尤其是一些亲子游戏的玩法，可以示范给她们看，日积月累，保姆就学会了大量的游戏活动，并在家跟孩子一起玩，妈妈也可以通过保姆的示范掌握这些游戏方法。

无论与什么身份的家长沟通，我们都要将心比心，以心换心，走进他们的内心世界，尊重他们，理解他们，再通过掌握一些沟通的技巧，调动他们的积极性，充分发挥他们各自不同的优势。这样，教师就不会恐惧交流，同时也让家长们更加配合保教工作。

# 本章小结

本章分析了四种不同家庭成员的心理和教养特征，分别列举了母亲、父亲、祖父母以及保姆的一些教养问题。

根据不同家庭成员的教养特征及问题归纳出各种类型家长的沟通关键点，包括“民主型”母亲、“生活照料型”母亲、“撒手型”母亲、“情绪型”母亲、“管理型”母亲、“爱慕虚荣型”母亲、“责任下放型”母亲、“伙伴型”父亲、“疏离型”父亲、“溺爱型”父亲、“严厉型”父亲、“指导型”祖父母、“忽视型”祖父母、“溺爱型”祖父母、“专制型”祖父母，“恐惧型”保姆、“回避型”保姆。

最后，提出了具体的针对不同家庭成员的有效沟通方式。

# 延伸学习

## 拓展阅读

### 父亲角色投入与儿童成长

就抚育子女而言，父亲的形象相对于母亲来说，总显得比较暗淡，似乎父爱不如母爱那么重要。然而，现代科学在探索儿童心理发展的过程中发现，父亲对孩子来说和母亲一样重要，只是其影响方式有所不同。精神病学家、《需要父亲》一书的作者凯尔·普赖特（K. Pratt）也认为，父亲对孩子来说和母亲一样重要，只是父亲与母亲对孩子的影响方式不同。

例如，在家庭中，父亲和母亲扮演着不同的角色，对儿童心理的发展发挥着不同的作用。赫瑟林顿（Hetherington）等研究认为，父亲对于一个孩子的发展，特别是对于其自我认同具有重要的作用，父亲帮助孩子从心理上与母亲分离，教他们控制自己的冲动，学习各种规范和规则，同时他还能帮助母亲避免过度情绪化地处理与孩子之间的关系。沃勒斯坦（Wallerstein）指出，对于男孩来说，随着年龄的增长，儿童对父亲影响的需求也不断增强。因此，父亲缺失使儿童生活的家庭环境不完整，儿童缺少来自父亲的影响，便有可能造成其心理发展的缺陷。

其实，父母在家庭教育中的作用是同等重要、不可互相取代的，父母教育的差异性会对儿童产生潜移默化的影响。在交往的内容上，母亲常花更多的时间照顾孩子的生活或辅导孩子学习；父亲则花较多的时间与孩子游戏或谈心。在交往方式上，母亲通常更多地搂抱孩子，与孩子进行一些温和的活动；父亲则更多地通过身体运动与孩子玩耍，做一些较剧烈的、冒险性的活动等。在交往的态度上，当孩子摔倒了，母亲常用“没摔坏吧？都怪石头！”“以后千万别乱跑，听话就是乖宝贝！”来规范孩子；而父亲常会大声地说：“勇敢些，爬起来！”“为什么不看路，下次要注意！”这些点滴感受都会在儿童心里打下深深的烙印。

现代家庭教育在要求母亲参与的同时，更重要的是呼唤父亲投入更多的时间和精力。一方面，正是在父母教育差异性的衬托和对比之下，孩子才会更好地理解男性和女性的作用与特点，有助于其性别角色得以健康、顺利地形成。通过对比发现，男孩会更好地从父亲那里观察、模仿男性的语言和行为，逐步树立“男子汉”“大丈夫”的气概；女孩则会更好地从母亲那里掌握女性的特征，也会受父亲易于表现的冒险、进取、独立性的影响。如果没有父亲的参与，无论男孩还是女孩都会因为没有鲜明的对比，易在性别角色形成过程中产生混淆。另一方面，由于男性自身的特点，父亲早期教育的参与能够更好地培养孩子许多优秀的品质，使孩子的个性更全面地发展。父亲大多喜欢和孩子一起玩运动性、技术性、智能性较强的游戏，并以其固有的男性特征，如坚毅、深沉、果断、独立性、进取性、合作性等影响儿童，这样会更好地促进儿童身体、智能、性格的发展。一个好的父亲会把母亲生活领域之外的东西尽可能地展示在儿童面前，并成为儿童探索新领域的向导和力量的源泉。

自儿童出生起，父亲和儿童之间就存在着一种不可否认的联系，此后，父亲对儿童的身心发展起着越来越重要的作用。现代科学在探索婴儿心理发展的过程中发现，年仅6周的婴儿就能够分辨出母亲和父亲说话声音的差别；8周时，婴儿就能够分辨出母亲和父亲照料方法的差异；婴儿生来就有一种寻找与自己的父亲连接起来的驱力，在他们开始说话时，“爸爸”这个词常常比“妈妈”先会说，其原因尚不知晓；学步婴儿往往明确显示他们对父亲的需要，他们会去寻找自己的父亲，在他不在时要他，电话里听到父亲的声音极为惊喜，在可能的情况下会去了解父亲身体的各个部位。尤其在进入幼儿期以后，父亲在儿童个性形成和行为塑造方面起着更为重要的作用。幼儿期个体会把更多的注意力转向父亲，开始对父亲那粗犷的逻辑性形象感兴趣，并需要从父爱中感受力量和刚毅，这种需要随着儿童年龄的增长日益明显。有位专门负责监护危重病儿的护士反映：每当一些病儿在剧痛或濒死时，大多数是呼唤父亲，期望父亲来到自己的身边。在青少年时期，父亲的作用更为显著。例如，10来岁的少年以更复杂的方式表达他们对父亲的需要，与父亲展开竞争，对他持有的价值观、信念及其局限提出挑战。温迪·莲恩（Wendy Lane）和道伯尔·艾普斯坦（Dawber Epstein）等人的研究发现，父亲的角色投入对青少年的心理健康和学业成就都具有重要的影响效果，而且父亲对儿童学校生活的参与程度与儿童的学业成绩、心理健康发展水平都相关。而一份来自英国剑桥大学的最新研究发现，如果父亲在儿童婴儿期很好地承担起照顾家庭的责任，那么子女在16岁时犯罪率最低，并且子女的精神也更健康。

（刘秀丽，赵娜．父亲角色投入与儿童成长[J]．外国教育研究，2006（11）．）

## 学习活动

1. 分组讨论各种不同家庭成员都有哪些教养特征，并根据这些教养特征分析他们的教养问题。
2. 结合案例归纳出不同家庭成员的教养问题，并针对这些教养问题找到沟通的关键点。
3. 以小组为单位跟社会早教机构建立联系，了解早教教师跟不同家庭成员的沟通方式。

## 复习与思考

1. 根据母亲的教养特征和问题，可以把母亲分成哪几种类型？分别应该怎样沟通？
2. 根据父亲的教养特征和问题，可以将父亲分成哪几种类型？分别应该怎样沟通？
3. 跟祖父母沟通有哪些关键点？
4. 应该怎样跟保姆沟通？

# 第六章　与特殊性格的家长沟通

学习目标

1. 明确性格的概念、类型和影响因素。
2. 熟悉不同性格家长的心理特征及行为表现，并能够学以致用。
3. 明确教师与特殊性格家长沟通的原则。
4. 明确教师与特殊性格家长沟通的技巧。

## 第一节　性格概述

### 一、性格的概念

性格是一个人对现实的稳定的态度，以及与这种态度相应的、习惯化了的行为方式中表现出来的个性心理特征。它是个性的核心部分，最能表现个别差异。性格具有复杂的结构，大体包括：对现实和自己的态度的特征，如诚实或虚伪、谦逊或骄傲等；意志特征，如勇敢或怯懦、果断或优柔寡断等；情绪特征，如热情或冷漠、开朗或抑郁等；理智特征，如思维敏捷、深刻、逻辑性强或思维迟缓、浅薄、没有逻辑性等。

一个人对现实的态度，表现在他在生活中追求什么、拒绝什么，即表现在他都做了什么。而一个人怎样去做，则表明了他的行为方式。因此，性格表现一个人的品德，受价值观、人生观、世界观的影响。这些具有道德评价含义的人格差异，称之为性格差异。性格是在后天社会环境中逐渐形成的。性格有好坏之分，能最直接地反映出一个人的道德风貌。

性格是在社会生活实践中逐渐形成的，一经形成便比较稳定，但是并非一成不变，而是具有可塑性的。性格不同于气质，个人气质只是用来表明事情发生时，心理活动反应的快、慢、强、弱、灵活与否，可塑性较低，无好坏之分；而性格表现的是个体与社会环境的关系，更多体现了人格的社会属性。在社会生活中，个体需要了解自身的性格特点，懂得扬长避短。

## 二、性格的类型

通常，某一类人身上会有某些共同的性格特征，按照一定的原则和标准把不同的性格表现加以分类，有助于了解一个人性格的主要特点及行为方式的倾向。许多心理学家试图对人的性格加以划分，但因理论观点不同及性格的复杂性，至今还没有统一的分类标准。常见的有以下几种性格分类。

（一）按照个体心理机能来划分

根据智力、情感、意志这三种心理机能具体在人身上何者占优势，把人们的性格划分为理智型、情绪型和意志型。理智型的人，通常以理智来评价、支配和控制自己的行动；情绪型的人，往往不善于思考，其言行举止易受情绪影响；意志型的人一般表现为行动目标明确，富有主动性和自制力，主动积极进取，行为不易受外界因素的干扰。

（二）按照心理活动的倾向性来划分

按照心理活动倾向于外部还是内部而划分，又称外倾型和内倾型。外倾型的人，心理活动倾向于外部。通常表现为感情流露于外，对外部事物非常关心，活泼、开朗、善交际、不拘小节；内倾型的人，心理活动倾向于内部，通常表现为做事谨慎、深思熟虑、沉静、孤僻、反应缓慢、适应环境的能力较差。

（三）按照个体独立性程度来划分

按照一个人独立性的程度而划分，可将人的性格划分为独立型和顺从型。独立型的人善于独立地发现问题和解决问题，不易受次要因素干扰，在紧急情况下，不慌张，易于发挥自己的力量。但他们有时喜欢把自己的意志和意见强加于别人，带有支配倾向。顺从型的人，易受外来因素的干扰，常不加分析地接受他人意见，应变能力较差。

（四）按照人际关系、情绪稳定性、社会适应性和心理活动向性来划分

按人际关系、情绪稳定性、社会适应性和心理活动向性来划分，一般分为行为型、平均型、平稳型、管理者型、反常型五种，也即A、B、C、D、E型。A型，其特征是情绪不稳定，社会适应性比较差，遇事易急躁，带有外倾型特点，和周围人的关系不甚融洽，易造成摩擦，行为常引起人们的注意或议论，所以又叫“行为型”“注意人物型”；B型，特征是情绪和社会适应性较均衡，但主观能动性不够，交际能力弱，智力平常，精力、体力、毅力、能力中平，所以又叫“平均型”；C型，特征是情绪稳定，社会适应性好，带有内倾型的特点，但常处于被动状态，不大能胜任领导工作，所以又叫“平稳型”“安定消极型”；D型，特征是情绪稳定，社会适应性平均，带有外倾型的特点。与周围人的关系较好，有组织领导能力，积极主动，所以又叫“安定积极型”“管理者型”；E型，特征是情绪不稳定，社会适应性较差或一般化，带有内倾型特点，有自己独特的爱好和兴趣，善于独立思考，有钻研性，但不善交际，这类性格又叫“反常型”“不安定消极型”“逃避现实型”。但在现实生活中完全属于上述某一种类型的人是极少的，通常都是以某种性格类型为主而兼有其他性格类型的某些特征。

除此之外，德国心理学家斯卜兰格和底尔太从文化社会学的观点出发，斯卜兰格根据人的认识、行为表现，认为哪一种生活方式最有价值，把人的性格区分为理论型、经济型、审美型、政治型、社会型和宗教型六种；底尔太则把人分为官能型、英雄型和冥想型三种。德国精神医学家克雷奇默从证实精神病的种类与体型的关系入手，以人的体型为标准将性格分为三类：分裂型、躁郁型和癫痫型，并认为这种分类也适用于健康者。

## 三、性格的影响因素

性格不是天生的，是在先天素质的基础上，通过后天的家庭、学校和社会环境的影响，经过个体自己的实践活动和积极主动性才逐步形成的，具有可塑性。判断个体性格及采取合适的应对策略均需建立在对其性格形成因素充分了解的基础上。

（一）遗传素质的影响

遗传素质是性格形成的自然基础，为性格的形成提供了可能性。如个体的相貌、身高、体重等生理特征，会因为社会评价和自我意识的作用影响到其自信心、自尊感的形成。性别差异也会影响性格，一般来说，男性比女性更加独立、自主，更具攻击性和支配性等。

（二）家庭因素的影响

家庭是个体出生后接触到的最初的环境。家庭所处的经济地位和政治地位、家长的教育观念和教育水平、家长的教育态度和教育方式、家庭的气氛与结构等都会影响到个体性格的形成。如愉快、宁静、和睦的家庭气氛就有利于积极性格的形成；而相互猜疑、争吵、极不和睦的家庭则更容易形成消极性格。有研究表明在离异家庭中，个体更容易形成孤僻、冷淡、恐惧焦虑甚至反社会的性格特征。

（三）学校教育因素的影响

学校教育对人的性格的形成，特别是人对社会、事业、人的看法和态度的形成，对人的世界观、人生观、道德理想、奋斗目标的确立，具有重要的意义。学校教育的内容、方法、开展的活动，教师的性格、态度、人际关系处理方式等都会影响个体的性格。

（四）社会环境因素的影响

社会风俗风尚、人文历史、科学技术、大众传媒方式也会影响到个体性格的形成。如文学作品、电视/电影中典型人物会激发个体强烈的情感和丰富的想象，成为其发展的动力，进而形成积极的性格倾向；而格调低下、不健康的文化媒介很容易让个体性格偏激、执拗。

（五）个人实践活动的影响

通过生活、游戏、学习、社交活动，个体的自我意识逐步发展，在外界的引导下，能逐步通过自我教育塑造自身良好的性格。随着年龄的增长，自我意识的增强，个体性格的形成从原始的被影响、被控制状态变成自我控制状态，在各种机会中，锻炼性格、提高性格修养。

## 四、特殊性格

性格是在后天社会环境中逐渐形成的，表现的是个体对社会事件的态度和行为，而个体的态度和行为受社会文化的评判。符合当下社会文化要求的，可称之为积极、良好的性格；违背当下社会文化要求的性格，可称之为消极的、不良的性格，也即特殊性格。

在早教机构的实际工作中，教师与家长的关系也是早教活动中的重要一环，不仅影响早教机构正常工作的开展，还会影响教师与婴幼儿的关系及婴幼儿身心健康发展。但在日常的教师与家长沟通中，经常会遭遇特殊性格的家长，如敏感型、傲慢型、固执型、情绪型和幼稚型的家长，给双方沟通带来不必要的麻烦。因此了解家长特殊性格的特征、表现、成因，掌握与其沟通的原则和技巧，提高沟通的有效性和针对性在早教机构日常工作中就格外重要。

# 第二节 与敏感型家长的沟通

## 一、敏感型家长的心理特征及行为表现

（一）敏感型家长的心理特征

敏感型家长喜欢自己胡思乱想，别人说的话很容易引发他（她）的情绪变化，容易受他人言行的左右，大多敏感、多疑、不自信，别人说一句不经意的话可能会让他（她）想好久。早教机构会有个别家长对教师或他人无心的言行产生怀疑，或以己之心度他人之腹。他们经常以自己的方便和利益为出发点来行事，对教育的关注点较表面化。

（二）敏感型家长的行为表现

案例1

行行的妈妈总是喜欢揣摩他人的话，常常纠结老师的言谈。有一天，她早晨送行行上学，身着一条真丝连衣裙，非常飘逸。班主任王老师热情相迎随口说了一句，行行妈妈今天穿的裙子真漂亮，在哪里买的？结果行行的妈妈为了这句话纠结了一天，晚上去商场为王老师买了一条同款的裙子。

第二天早上送行行入园时，她认真地将裙子送到王老师手上。王老师很吃惊，坚决不收。行行妈有点生气地说："你问我裙子在哪里买的，不是想要吗？"王老师很委屈地说："我只是想夸您穿得漂亮，随便问问。"

案例2

雪梨在班里年龄最小，雪梨的妈妈总是担心女儿在班上受欺负。每天回家第一件事就是问雪梨有没有被同学欺负。最初，雪梨感到奇怪，天天如此，她便告诉妈妈“今天张三打了我”“明天李四抢我的玩具”。结果雪梨妈天天来园投诉，老师不知如何是好。有时孩子在教室走动时相互撞一下，或者擦肩而过，雪梨都会认为别的小朋友有意撞她或打她。雪梨在母亲的影响下也变得敏感多疑。

案例3

某早教中心在进行家长开放日活动，丁老师在组织绘本教学中，班上孩子较多，当老师问题一出口，一半以上的孩子都会举手，但老师每次只能请一至两个孩子回答。豆豆和其他一些举手的孩子一样，一次都没有被老师请到，活动结束后，豆豆妈妈黑着脸来到园长办公室投诉丁老师，她怀疑被丁老师喊起来回答问题的孩子都是家长给过好处的，她认为自己没有给过老师红包，所以孩子不受重视。园长告诉豆豆妈，早教机构有明文规定，收家长红包的老师会被解聘，老师不会因小失大。同时，园长告诉豆豆妈，班上有那么多小朋友，一次活动中请不到是正常的，豆豆妈还是很生气地离开了。

## 二、与敏感型家长沟通的策略

（一）及时果断澄清事实

敏感多疑的家长，往往会放大事情产生的原因以及影响的范围，教师必须及时果断采取措施，澄清事实，说明自身真实想法，必要时利用相关说服证据，言行谨慎缜密，不隐瞒、不回避，用事实说话，简单明了地陈述事情经过，进行合理的处理，尽量不给家长留下进一步臆想和产生冲动行为的空间。

（二）交往主题以婴幼儿为中心

敏感多疑的家长，凡事都能往自己身上联系，或主观臆断事实，或妄下断言。我们在与其沟通时，坚定自己的立场，只就婴幼儿的日常生活、学习、游戏等情况进行沟通交流，对婴幼儿的家庭背景、经济条件等作一定了解，切勿作出主观评价。

# 第三节 与傲慢型家长的沟通

## 一、傲慢型家长的心理特征及行为表现

（一）傲慢型家长的心理特征

这种人一般表现较自恋，总感觉别人不如他，有些自命不凡，目中无人，狂妄自大；还会高傲自恃，不通情理，轻视别人看法，比较顽固，不愿意接受对方建议；相对比较武断，喜欢当场做决定，对顺心的人和事接受程度高，对不顺心的人和事拒绝度极高。

（二）傲慢型家长的行为表现

案例4

李子小朋友上早教机构几乎都是爸爸送，这父子俩共同的特征就是从不与人打招呼。李子爸爸永远是面朝前方、目不斜视。他进大门时，不跟门口的教师、医生和小朋友问好，旁若无人地拉着李子直奔教室。有一次李子生病需要在园内服药，李子爸爸不得不与医生沟通，他直奔医务室布置工作："李子的药在书包里，早餐、午餐后服用，必须是你亲自喂。"医生回答："您填写喂药单，班上有生活老师负责喂药。"李子爸爸不耐烦地说："我儿子的药一定是你负责喂，需要多少钱我给！"医生当时很认真地告诉他："制度是这样规定的。"李子爸见医生坚定地拒绝了自己的要求，便气呼呼地转身离开了。

案例5

燕子的妈妈一看就是个骄傲的公主，女儿入园两年，她几乎只与早教中心的领导说话。有一次燕子妈妈到领导办公室反映女儿在班上出现的问题，中心领导建议她首先要和班主任沟通，燕子妈妈直接抛出一句话，班主任水平不行。中心领导告诉她，班主任是专业的，有经验的，如果不信任班主任，也许自己也帮不了她。未料到燕子妈生气地说："你的水平也有限，我还是自己解决好了。"

案例6

豆豆的奶奶是一个无比自傲的人，在她眼里，什么都是自家的好。在她和别人

聊天中最多听到的就是，“我儿子、我媳妇、我孙子……”有一次她来接孙子放学，刚来不久的辅班老师将她认成了壮壮的奶奶，她情绪激动地找中心领导理论：“你们老师怎么搞的，谁不认识我呀，连家长都认识我，这个老师不认识我真是笑话！”

## 二、与傲慢型家长沟通的策略

（一）以礼相待、不卑不亢

傲慢型家长一般来说是自我感觉超好的人，教师与其沟通必须掌握好度。首先要尊重他们的自我表现方式，满足他们的自尊心、表现欲，在情感上认同他们，平复其比较激动的心理状态。然后在后续沟通中，保持自尊、自重，用工作原则、规范来解决面临的问题，让这类家长充分感受到情感上的尊重和工作流程上的规范。

（二）专业引领、以理服人

傲慢型家长会认为自己无所不能，教师应从这点入手，让他们知道，他们可能都是各自领域的佼佼者，但对孩子的教育，并不如大家看到的那么简单，需要足够的耐心细心，耗费大量的心力和精力。教育的影响也不是短时间内就能显现出来的，是一个潜移默化的过程。最重要的是要让他们明白，教育是父母言行的传递和影响，家庭教育需要不断修正自己的教育理念、探讨新的教育问题和尝试新的教育方法。早教中心所做的一切是帮助父母树立正确的儿童观、教育观，和父母一起用正确的方法促进孩子的全面发展。

# 第四节 与固执型家长的沟通

## 一、固执型家长的心理特征及行为表现

（一）固执型家长的心理特征

固执的人对事物的认识一旦形成，观点一般不会轻易被他人改变，固执的人个性、自我防御机制都很强，基本上听不进别人的规劝，往往一意孤行、以我为尊，固执的人有时会显得自以为是。

（二）固执型家长的行为表现

案例7

豆子是一个3岁的小姑娘，聪明漂亮。一天，户外游戏时不小心在操场上跌

倒，下巴摔破了，教师立刻将孩子送到医院进行治疗，早教中心承担了一切费用。医生说孩子小，恢复能力强，一个夏天过后就基本能恢复，可豆子妈妈却对早教中心不依不饶。她要求早教中心将操场全部软化，还要求班上多加一位老师。早教中心明确告诉她，中心里的操场符合上级主管部门的规定，两教一保的配置也是标配。豆子妈妈坚持己见，早教中心坚持保教原则，相互僵持了一段时间后，豆子妈妈也无计可施，只能作罢。

案例8

明仔是一个淘气又可爱的男孩子，他的妈妈对其过度保护，听之任之，经常给老师提出一些无理要求。有一次，她要求老师给明仔换一张大床，生活老师告诉她明仔的床没问题，结果她找到园长说必须换床，问其原因，她说孩子喜欢在床上来回滚，早教中心的床不够大。园长明确告诉她，早教中心的床是按照孩子生长发育特点定制的，都是有标准尺寸的，除非特殊孩子才需要特殊的床。明仔妈妈坚持说："如果早教中心不换，我自己买一张床来！"园长也坚持原则："床你可以买，但不能放在幼儿寝室里。"看到早教中心如此坚决，明仔妈只好放弃了购买大床的打算，她也没再提床的事。

案例9

帅帅已经3岁了，令老师们咋舌的是，帅帅居然不太会咀嚼，对米饭、菜和水果等食物望而生畏，每天奶奶按时送粥、面条和果汁，果汁与一切流质必用奶瓶。开始，班主任与家长沟通，让父母、奶奶配合戒掉奶瓶，学习正常进食，家长拒绝。他们认为孩子小，就该吃软食和流质食物。后来园长与家长沟通，家长表面上接受，一切依旧。早教中心也就不再一味顺从家长，在进餐时间对帅帅进行食物引导，采取科学喂养，坚持两个月后，帅帅完全适应了正常进食。

案例10

其其的妈妈一直在强调对女儿必须采取表扬、鼓励的教育方式，老师不能批评她。老师们对其其基本采用赏识和鼓励的方式，随着年龄的增长，孩子的自我意识增强后，开始有逆反行为，这时的盲目鼓励，只能助长其不良行为的发展。所

以，老师有时会对孩子讲道理，孩子做错了时，老师会正面引导。但其其妈妈认为这是对孩子的不尊重，并在其其面前与老师争论，聪明的其其便学会遇事大闹，无法收场。比如，她为争抢排队站第一可以推倒其他小朋友，老师只要说她，她便坐地撒泼，可以哭半个小时，无论怎么哄劝都不听。与其其母亲沟通无果，于是每次遇到类似情况，老师就打电话给她，由她出面解决。其其妈被折腾了几次以后，也认识到自己的教育方法是有问题的，便逐渐配合老师，纠正其其身上骄横跋扈的缺点，情况便逐渐好转。

## 二、与固执型家长沟通的策略

（一）互相理解，坚定立场

和固执型家长沟通，首先要以平等民主的心态去沟通，让他们明白，凡事不能只站在自己的角度去思考，凡事都可以通过协商达成共识，一意孤行是不能解决问题的。尤其是教育孩子，更应该家园携手，共创优质环境，让孩子健康发展。

教师要与家长携手共进，遇到固执的家长，教师依然要耐心地和他们沟通，以理服人。如果固执己见，则将照章办事。如案例7中豆子摔倒园方也需要负一定责任，但豆子妈要求园方软化地板和多加老师，都属于不合理要求，园方与豆子妈不能达成共识时，就要坚持园方的处事原则。

（二）为家长树立正确的儿童观、教育观

与固执的家长沟通仅用尊重包容是不够的，必须坚持正确的儿童观和育儿方法，家长毕竟在幼儿教育上并不特别专业，他们看似是爱孩子，有时真的是害孩子。如案例9中的帅帅家长，他们缺乏科学的育儿知识，导致孩子3岁了还不会正常进餐。因为家长固执己见，所以园方用科学的方法帮助帅帅戒掉奶瓶，并引导他和其他孩子一样吃饭吃菜，当家长看到孩子的变化和进步时，他们的已有观念也会随之改变。

# 第五节　与情绪型家长的沟通

## 一、情绪型家长的心理特征及行为表现

（一）情绪型家长的心理特征

情绪型家长一般感性大于理性，遇到事情的时候由着性子来，无法清晰地判断事情的对

错。情绪化的人不能控制自己的情绪，遇事非大喜则大悲，因一点小事而大发脾气。

（二）情绪型家长的行为表现

案例11

圆圆、方方是一对人见人爱的漂亮双胞胎姐妹，妈妈也是一位美女，可这位妈妈的脾气实在令人难以捉摸。有时早上送姐妹俩上学，左手牵着圆圆，右手拉着方方，满面春风；有时则截然相反，左右拖拉着姐俩，边走边大声呵斥！平时见到老师、园长都表现得很有礼貌，有时又当众让人下不来台，最令老师难堪的是，一次放学，气势汹汹的方圆妈来到教室门口，不问青红皂白就当着孩子和其他家长的面把老师给骂哭了，因为她看到方方脸上有一点划痕。结果方方哭着告诉妈妈："是我自己的手指不小心划到的。"妈妈听到后觉得自己下不了台，但还是狡辩道："那老师也应该关注到孩子的伤痕啊！"旁人听了都觉得挺没有道理的。

案例12

轩仔的爸爸高高大大，平时都是他送孩子上学，老师发现他的要求特别多，比如午睡时要求一个老师必须全程陪在轩仔身边，当老师回答不能做到时就勃然大怒。开学不久，轩仔放学回家，告诉爸爸班上一个叫盛盛的男孩子今天打了他的头，轩仔爸放下碗筷便在班级微信群中找盛盛爸理论。对方告诉他，男孩子在成长的过程中打架是不可避免的事情。轩仔爸听了很是不满，他认为是对方教育不当造成的，居然约盛盛爸到早教中心"单挑"，幸好被园方发现及早介入，否则后果不堪设想。

案例13

凡凡的奶奶一直在照顾孙子，接送孩子时，她和孙子同哭、同笑的事时有发生，有时还会把家里的事向老师倾诉，尤其是和儿媳妇的相处琐事，当然，当儿媳妇送她礼物时也是喜笑颜开。一次家长开放日活动，婆媳俩有说有笑地一起来幼儿园，开放日活动开始后，奶奶气呼呼地一个人走了，原因是凡凡妈妈忘记给凡凡带水壶了，婆婆埋怨媳妇不操心，唠叨一通后便离开幼儿园了。

案例14

大班的小波是单亲家庭的孩子，由母亲抚养，父母离婚后，小波的情绪就不稳定，一点小事可以在班上哭闹40分钟。老师发现小波的情绪化与妈妈有关，妈妈常在接小波时发脾气，例如小波动作稍慢，妈妈就大发雷霆，有时甚至把小波的书包直接摔在地上。还有一次放学时衣服洗了没干，老师就没有放在书包里，小波的妈妈立马生气了，指责老师的工作不负责，直到园长出面才说服她。

## 二、与情绪型家长沟通的策略

（一）降温、放气原则

一般情绪型的家长，他（她）的情绪波动速度较快，简单说，就是来得快、去得也快。当家长情绪上来时，园长或老师先认真倾听，表示理解，让他们先一吐为快，即“退”；待他们情绪稍微平和一点，气差不多消退时，再给家长摆事实、讲道理，指出问题症结，基本上问题就解决了，即“进”。这类家长性格较直，不太喜欢绕弯子，当火气上来时，切记立刻灭火，或点火，他们的上火与灭火是有规律的，只要我们把握好分寸，很快就会拨开乌云见太阳。比如案例11中的方方、圆圆妈，当她指责完发现是自己太冲动了，老师或园长借此引导她以后遇事先冷静，弄清事情原委再下结论，相信再遇到类似的事，她便会有反思和改进。

（二）疏导是最好的沟通方式

孩子的教育始终是家庭和学校合作共进的产物，我们和家长要保持同一理念、同一目标、同一做法，我们的方向应该永远是一致的，家长的情绪化只是性格或理解的暂时偏差所致，园方有责任在教育好孩子的同时引导好家长，只要我们理解家长的出发点和我们是一致的，方法得当，沟通通畅，一切问题就都会迎刃而解。

# 第六节　与幼稚型家长的沟通

## 一、幼稚型家长的心理特征及行为表现

（一）幼稚型家长的心理特征

幼稚型家长思想简单不成熟，见识不够开阔，看问题难以洞悉实质，总是喜欢主观臆测，说话直接，不顾他人感受，自我意识较强。

（二）幼稚型家长的行为表现

案例15

第一次见亮仔的爸爸，所有人都感觉他像中学生，未曾料到他的想法、做法真的也很简单。亮仔可以说在班上就没有安静坐着的时候，基本上在座位上是看不到他的，大多时间在教室里不停地走动，最让老师担忧的是，只要教室的门是开着的，老师一不注意亮仔就冲出教室，最严重的一次是自己跑到教师办公室将玻璃制品打碎割破手指。每次与其爸爸沟通换来的都是一句话“他还小，大一点就好了”，有一次居然拿来一根绳子告诉老师，儿子再跑就把他拴在桌脚上，令人哭笑不得。

案例16

新生入园不久，老师注意到蓓蓓每天早上入园都要哭，孩子哭，蓓蓓妈妈也哭，每次看到妈妈这样，蓓蓓哭得更厉害。老师只好告诉蓓蓓妈妈，孩子送到老师手上后就立刻离开，结果蓓蓓妈妈还偷偷藏在窗下抹泪，园长发现后请蓓蓓妈妈到办公室聊聊。蓓蓓妈妈告诉园长自己和父母生活在一起，从未离开过家，她怀孕至今都没上过班，女儿出生后也一直和父母同住。如此看来蓓蓓妈妈自己一直还是一个妈宝。

## 二、与幼稚型家长沟通的策略

（一）理解、“赞同”原则

幼稚型家长犹如孩子，无论他们做何种举动都想得到他人的认可，教师首先表示理解、“赞同”，幼稚的家长也是容易听道理的家长，他们一般不钻牛角尖，所以保持顺畅的沟通就行。他们犹如孩子，越堵越反叛，教师必须学会观察和引导，在平和的情绪下给予家长合情合理的解释与疏导，完全可以达到良好沟通的目的。

（二）等待、静观原则

对于幼稚型的家长，当他们出现幼稚的言行举止时，教师要学会倾听和察言观色，要把握好与之沟通的度，只要他们的言行不过激，最好是静观和等待，充分给其一吐为快的机会，然后再有理有据地与其有效沟通。

（三）从表扬到“批评”

幼稚家长的言行必须正确指正，但教师必须把握他们喜欢听赞扬的话的心理特点，这些家长的优点是显而易见的，他们简单、热情、不偏执，所以面对他们首先用表扬的方式开场，

逐渐指出言行中的不足，直到和园方达成共识。

## 本章小结

在日常生活中，我们会接触到不同性格类型的人，我们应该带着一颗理解、包容的心，严于律己，宽以待人，总之，一个原则——己所不欲，勿施于人。

教师在与敏感型家长沟通时及时果断澄清事实，交流主题以婴幼儿为中心；在与傲慢型家长沟通时以礼相待，用专业引领；与固执型家长沟通时互相理解，坚定立场，为家长树立正确的儿童观、教育观；与情绪型家长的沟通的最好方式是疏导、降温，以静制动；与幼稚型家长的沟通最好是理解、等待、从表扬到“批评”。

## 延伸学习

### 拓展阅读

**家长常见性格类型分析**

人格主要是指人所具有的与他人相区别的独特而稳定的思维方式和行为风格，其中，性格是其核心组成部分。在研究性格问题时，也可借助人格相关理论进行分析。

近年来，研究者发现大约有五种特质可以涵盖人格描述的所有方面，即：开放性、尽责性、外倾性、随和性、神经质或情绪稳定性。这一理论也被称为“大五人格理论”。

早教教师可以依据“大五人格理论”在工作中灵活与各种性格（包括特殊性格）家长沟通，只要方法得当，就可得心应手。

早教中心大部分家长性格属于外倾性，他们表现出热情、果断、活跃、乐观等特点，对于家园配合的工作特别主动热情，与教师的沟通基本没有障碍，在班级中，教师可以选用这类家长配合教师进行班级管理，包括班级保教工作配合、安全监督、伙食监督等。利用他们的积极热情，与教师一起做好家园配合的各项工作。

敏感多疑型家长多属于神经质或情绪稳定性，他们表现焦虑、敌对、压抑、冲动、脆弱等特质。在与这种性格家长沟通时首先掌握其性格类型，然后用一定的沟通原则和方法，便可得心应手地解决问题。

早教中心里一定有部分家长属于开放性的性格类型，他们具有想象力丰富、情感丰富、求异、创造、智慧等特征，教师可以借用这类家长的特长，将其用在幼儿园环境创设或请作家长助教进课堂。

幼稚型家长基本属于随和性，他们具有信任、利他、直率、谦虚、移情等品质。教师与这类家长沟通相对比较容易，只要掌握好理解、疏通、摆事实、讲道理，基本上家长可以配合教师的工作。

尽责性人格的家长是班级家长的灵魂，他们具有胜任、公正、条理、尽职、成就、自律、谨慎、克制等特点，教师可以推荐任用为家委会会长、组织委员、安全委员等，他们会配合教师圆满地完成各种亲子活动。

## 学习活动

1. 按人数分组进行学习交流性格的概念、特征和类型。

2. 分小组讨论各种关于性格的理论，分析各种理论的优势和问题。

3. 请结合案例分析教师与不同性格家长沟通过程中所表现的五种性格特征，并讨论更多的沟通技巧。

4. 分组讨论各种性格的沟通策略。

## 复习与思考

1. 什么是性格？性格有哪些类型？

2. 你认为家长的性格会影响教师与其的沟通吗？为什么？

# 第七章　与有教养误区的家长沟通

学习目标

1. 知道四种常见有误区的教养方式的危害，与不同类型家长沟通的关键与沟通目标。

2. 了解不同类型家长的内在“冰山”，愿意接纳他们的有限，体会他们对孩子的爱，欣赏他们已有的资源。

3. 能够抓住与每一种类型家长沟通的关键，运用所学的沟通策略达到本章所述与不同类型家长沟通的目标。

早期教育教师在与家长沟通中，常常还会遇上有教养误区的家长，他们的数量不在少数，如何与他们进行沟通，指导他们放弃不合理、不正确的养育方式，代之以科学的养育方式，是早教教师不得不面对的问题。具体来说，有教养误区的育儿类型有包办代替型、放任自流型、攀比型、追求完美型等几种。在本章中，我们主要根据萨提亚模式的有关理论，基于对每一种类型家长内在“冰山”即内在心理世界的剖析，包括他们内心的想法、隐藏的价值观或信念、对孩子的期待、内在深层的需要及引发的各种感受，探讨与每一类型的家长进行良好、有效沟通的方法，帮助家长走向自我成长与成熟，建立科学民主的教养方式，促进早教目标的实现。

## 第一节　与包办代替型家长的沟通

包办代替，指的是家长对孩子的事情一手办理、独自负责，不让孩子学习自我负责，这是当前家长群体存在的最常见的教养误区，下面就是一个典型的案例。

案例 1

今天是2岁半的小小第一次来到早教中心上课，中心的詹老师看到，小小是被爷爷从汽车上直接抱着走进门来的。进门换鞋子时，也是爷爷蹲在地上，动手替小小换，小小坐在圆凳子上，左顾右盼，好像脱鞋、换鞋都不关她自己什么事。詹老师与小小打招呼："哟，来了一位新朋友，你叫什么名字呀？"没等小小开口，爷爷已经替小小回答了。在离开中心前，爷爷带来切好的水果让小小吃，都是用小叉子直接喂到小小的嘴里。喝水时，都是爷爷托着水杯让小小喝，而小小则只需要负责吸，连手也不用动一下。老师提醒孩子检查一下自己的小书包带了没有，爷爷直接说："我来，我来！"没等小小反应过来，就已经把小小的书包拿在了自己手上。

上面的案例中，爷爷就包办代替了小小走路、脱鞋、拿东西吃、回答教师问题、完成老师指令等。父母或监护人对孩子的包办代替在孩子成长的各个方面广泛存在。有人全面地总结出了家长包办代替的五种表现：替孩子动手、动脚——动作上的包办代替；主动猜测孩子需要，不用孩子动口——语言上的包办代替；主动帮助孩子，代替孩子动脑——思维上的包办代替；孩子一不高兴就满足——在情绪上包办代替；只让孩子吃流食、吃碎菜、吃烂饭，不用孩子自己咀嚼——在饮食上包办代替！根据现代心理学的相关研究与实践经验，家长对孩子的包办代替如果不能自觉地觉察，无法随着孩子逐渐长大进行自我调整和改变，这种方式对孩子的成长可以说是贻害无穷。

## 一、包办代替型养育方式的危害

一般来说，孩子在1岁以内，母亲或其他照料者密切地、无微不至地对其照顾是必要的，能够建立孩子对世界的安全感、信任感，为孩子将来人格健康发展奠定基础。而当孩子1岁以后，父母或其他照料者就应适当调整自己的教养方式，适度放手，不再替孩子完成所有的事，否则就成为"包办代替"，令孩子的内在成长需要无法得到满足，反而成为孩子成长的障碍与绊脚石。

（一）包办代替的养育方式不利于孩子健全人格的发展

新精神分析学说的重要代表人物艾里克森（1902—1994）的人格发展阶段理论可以在这方面给我们启发。

艾里克森认为，从出生到1岁，母亲是满足婴儿需要的最重要的人，婴儿的快乐、健康和满足均来自母亲，其生存和幸福均依赖母亲。在发展的这一阶段里，若母亲对婴儿采取慈爱的态度，这种慈爱是经常的、一贯的和可靠的，则婴儿会产生一种基本信任感。

孩子出生一年后至3岁，父母需要以理智和忍耐的精神，坚定和负责的态度，循序渐进的方式引导和训练他的行为，使他遵循父母要求的同时又不伤害他的自信与自尊，让他感觉自己能够控制自己，形成一种自主感。若父母过分溺爱，或者严厉苛刻，那么孩子就会

产生挫折感，导致羞怯和疑虑。这样的孩子缺乏自信心，怀疑自己控制生活的能力，无法形成自由抉择、自我约束的内在力量。从4岁开始，孩子需要探索自己是谁，能成为怎样的人，若父母能鼓励孩子，给孩子充分的自由，孩子会形成主动性，能以积极主动且又自信的方式对待外在事物，形成积极的人格品质。反之则将循规蹈矩，缺乏进取精神，倾向于依赖他人。

可以说，艾里克森的理论从根本上指出了包办代替及其他不合理的养育方式给孩子在人格奠基阶段造成了不良的影响，不利于孩子形成健全的人格。

（二）包办代替的养育方式不利于孩子形成足够的安全感

4个月到3周岁是孩子安全感形成的重要时期，孩子只有吸收了足够的安全感，才能与父母在心理上完全分离成为一个独立的个体，去面对生活中各种挑战，同时与人产生真正意义上的连接。在这个阶段，父母每一次鼓励孩子独立自主、自己动手照顾自己，都有助于孩子建立安全感；相反，如果家长不鼓励孩子自主，而是凡事包办代替，孩子将无法建立对自己的信任，无法建立安全感，从而产生严重的分离焦虑，无法面对各种分离，也无法与人真正产生连接。

（三）包办代替的养育方式不利于孩子能力的发展和习惯的养成

过于包办代替的做法从实践的角度看，也不利于孩子能力的发展和习惯的养成。比如成人过于体贴孩子，不让孩子自己走路做事，孩子的腿脚被包办代替了，会导致他们下肢肌肉力量的发展受到限制，进而影响整个身体的运动能力。动手劳动，本来也是促进孩子手眼协调、促进大脑发展的重要手段，而当家长包办代替后，孩子的相关能力与智力将得不到发展。孩子一个眼神或动作，家长立即心领神会，无意中就剥夺了孩子语言表达的机会，阻碍了孩子语言能力的发展。如果孩子一不高兴家长就满足其要求，是在情绪上包办代替孩子的心理体验，不利于孩子健康心理的发展和良好性格的形成。此外，只让孩子吃流食的做法，不仅不利于牙齿的发育，大脑的发育也会受到影响，据美国的一项医学研究结果，咀嚼少的儿童的智商普遍低于以吃耐咀嚼食物为主的儿童。可见，包办代替的育儿方式有百害而无一利，早教教师必须尽早与家长进行沟通指导，让家长放弃这种不合理、不正确的养育方式，代之以科学的育儿方式，从而促进儿童的健康成长。

## 二、包办代替型家长的内在冰山分析

毫无疑问，包办代替型家长都很爱孩子，孩子总能触动到他们内心里最柔软的部分，甚至有人对孩子是“含在嘴里怕化了，捧在手里怕飞了”，总嫌自己付出的爱不够，希望自己爱他多一点，更多一点……而在这种爱不够的心态中，有两种走向偏差心态的爱，会导致包办代替的行为，这两种偏差心态分别是：过度心疼孩子和过度着急追求效率。

（一）因过度心疼孩子而包办代替

这类家长面对孩子时，最大的特点是过度关注，总是强调孩子“还小”“太小了，还不到可以自己照顾自己的时候”，也总是“心疼”孩子，让孩子自己做事总是感觉“舍不得”，甚至对教师让孩子自理的建议有很大的“担心”和“焦虑”。

他们常常说的是：

“让他自己背书包？算了吧！你看他（她）骨骼还没有发育好，让他自己背书包，他的脊柱会被压弯的！”

“系鞋带？让我来让我来！他那么小，哪会系鞋带？长大一点再学吧！”

“摔倒了？哎哟我的小心肝，快点过来让我帮你揉揉！”

“宝贝，马路上车很多，让我抱你过去吧！”

“路太远了，爷爷背你吧！”

……

恨不得替孩子承担所有的累、所有的困难和挑战。久而久之，他们甚至忘记了，孩子在一天天长大，能力一天天增长，只是习惯性地什么事都替孩子去承担。

仔细剖析这类家长内在的冰山，可以发现，他们在想法，或者说“信念”层面，其实存在一个很大的信念误区。认为孩子太小，以至于不能……；爱孩子，就不能让他有烦恼，“爱他（她），就是要对他（她）无微不至地照顾”。归根结底，是对孩子成长和孩子生命能力的“不信任”，而这种不信任其实无法促进孩子的成长，反而带来的是成长的束缚和限制。

（二）因过度追求效率而包办代替

这种心态的家长最典型的心情是“着急”，内在语言是“不如我来”。这些家长通常可能是一些“完美主义者”，他们对自己、对别人可能存在较高的要求，见不得、容不得孩子把一些事做得不清不楚的。而由于孩子身体的各个系统发育并未完全，所以必然会出现这些情形：

孩子肌肉和小肌肉控制能力较弱，所以导致做事时无法把动作做得清楚完善，有时候还会闯祸，比如把牛奶洒在桌上；

孩子语言和思维能力尚未发育完成，所以回答问题有时候会“慢半拍”，需要想一想才能回答，甚至由于他的适应力也还不够好，需要等到熟悉环境之后才愿意开口；

孩子的咀嚼能力、牙齿发育尚未完善，所以可能吃稍硬的东西时很慢，甚至牙齿累的时候要休息一下，把饭含在嘴里不动；

……

当一个家长没有足够的耐心“静候花开”的时候，必然的选择就是“包办代替”了，他们不让孩子端牛奶，怕洒了；代替孩子回答别人的问题，这样显得“有礼貌”；他们把饭菜做得烂烂的，让孩子好咀嚼。

这类家长内在深层的问题是对孩子、对自己有着过高的期待“凡事要做最好”“孩子肯定做不好，不如我来”而进入了效率误区，认为包办代替比让孩子自己动手更加高效、利落、省事，否则孩子做得不好，家长还得为孩子收拾整理，不划算。

如果从做事的效率或效果上来看，无论如何，孩子总是做得不如大人好，如果家长无法

克服自己焦急的心态，总是不满意孩子的表现，再加上随着孩子一天天成长，家长的养育习惯没有跟随孩子的发展而调整，最终会导致孩子衣来伸手、饭来张口，让孩子失去了动手锻炼的机会。

## 三、与包办代替型家长沟通的关键

好的沟通并不是暴风骤雨般强力地矫正，不是人与人是非对错的道德争辩，而是如沐春风，润物细无声。教师与家长的相遇，是爱对爱的感化，是美丽的同行，而不是针锋相对的改造。对待包办代替型的家长，可以从以下四个方面进行直达内心的沟通。

（一）与家长充分共情，消除沟通的防御心理

首先，教师要向家长表达，我看到了你对孩子的爱。

试想一下，如果你自己是一个很爱孩子的母亲或父亲，却有人公然怀疑你并不爱孩子，或是质疑你不是真的爱孩子，当语言显得苍白无力，你是否会选择用你的实际行动去证明自己。情绪是一股子能量，家长对孩子爱之切、爱之深，也是一种能量，如果能够被看到、被承认，家长的爱的能量就能够缓缓流动起来，而不需要去“证明”。

早教教师与家长沟通中，常常以为这一步骤是不必要的，心想，家长爱孩子是天经地义的，谁都知道，还需要我去肯定吗？殊不知，这恰恰是关键的一步。当教师能够表达说“我看到了你真的非常爱你的孩子”时，家长的爱被看见，心理是舒服的、愉快的；而且爱没有对错，如果我有什么做得不对，也是因为我爱他/她，这样一下子消除了家长的心理防御，为后面的顺畅沟通打下一个良好的氛围基础。

其次，教师必须感同身受地表达对家长“心疼”与“焦急”的理解。

教师需要像心理咨询师那样，把看到的家长的冰山，完整地解读出来，不是作为旁观者的解读，而是走进家长的内心，好像就是他，是家长自己，去设身处地、感同身受地理解，他对孩子的心疼，他对孩子的着急。只有这样，家长知道你是如此理解他，他不再需要一再地表达自己的立场，不再需要为自己辩解了，你说什么，他就能好好地听进去了，这在心理学上叫作共情。如果教师要成功与家长沟通，必须具备这个能力。

（二）引发家长爱的冲突，作出放手的新选择

当教师与家长有了足够的共情基础，我们需要教师可以用“激发内在冲突”的方法转化家长内在的不合理的信念与期待。也就是说让家长的爱与家长的做法导致的结果相冲突，引出家长内心隐藏的不合理信念或期待，并实现对这些不合理信念、期待的转化。

对于心疼孩子，觉得孩子“没有足够能力”的家长，教师可以问他们：你这么爱孩子，你最希望孩子成长成什么样？家长都希望孩子健康成长，成为快乐、优秀、有能力、有自信的人。可是包办代替，替孩子完成本该孩子完成的事，传递给孩子的信息是“你不行”，这非常不利于建立孩子的自信心。家长处处包办，孩子没有锻炼的机会，等于剥夺了孩子良好的学习机会，不利于孩子能力的长进。你的孩子可能成长为一个饭来张口、衣来伸手的缺乏自

信、毫无能力的孩子，这是你想要看到的吗？

到了这时候，教师就可以促使家长作出新的选择：我得放手。

（三）转化家长不合理的信念与期待

当家长决定要改变的时候，早教教师可以“乘胜追击”，进一步帮助家长看到自己信念和期待中的不合理之处，并实现一个朝向健康的转化。

对于抱定“孩子太小了，不能……”的家长，转化他们的观念成为“孩子一天天长大，需要学习机会去成长，‘不能’可以变成‘能’”；

对于抱定“爱孩子，就不要让孩子烦恼”的家长，转化他们的观念成为“爱孩子，就不要束缚孩子成长，应鼓励孩子去尝试，从‘不能’变成‘能’”；

对于抱定“孩子做不好，不如我来”的家长，转化他们的观念成为“孩子做不好是暂时的，不让他做，就永远做不好”“我自己做是更省心，但我爱孩子，就更希望他学会自己做”；

对于完美主义期待的家长，转化他们的观念成为“我不期待孩子做得跟我一样好”。

（四）帮助家长学习信任生命成长的力量

教师需要帮助家长相信生命成长的力量，帮助他们看到，人类的婴儿一出生时是最弱小的，最没有能力的，却是万物之灵，长大后成为比任何动物都有能力、能创新的人类，大自然赋予了人类极大的发展可能性，家长只需要去信任即可，这份相信是一种巨大的能量，激励着孩子在自己的人生道路上勇敢地走下去。

## 四、与包办代替型家长沟通的目标

沟通目标是否达成，是评估沟通是否成功的关键。如何衡量和评估与包办代替型家长沟通是否成功呢？主要从以下几点进行观察，看看家长是否能够做到。

（一）可以允许、接纳孩子犯错

孩子就是孩子，发育还不够成熟，所以他动作可能笨拙、语言可能词不达意、思维反应可能较慢。最重要的是，孩子总是会犯错，孩子总是在错误中长大的。教师可以问家长：你能接纳孩子是这样的吗？孩子能犯错吗？孩子能失败吗？如果答案是肯定的，家长就是真正地接纳了孩子。

（二）延迟满足孩子的求助

在包办代替型家长调整育儿方式时，已经习惯了家长原有做法的孩子一定会不理解，甚至会吵闹，要求家长像原来一样帮助他。这时候家长不要直接拒绝孩子的求助，可以启发孩子“动手试一试吧，看看有什么新发现”或者“动脑想一想吧，你长大了，可以自己看看能不能解决”或者口头答应说，来了来了，但是行动却慢一步，让孩子有机会自己动手解决本就属于自己的问题。

（三）相信替孩子做不如教会他自己做

孩子需要从不会到会，生活中的许多技能需要家长手把手地教给孩子。在教授某种技

能时，家长可以先做一遍，然后让孩子模仿一遍。如果孩子不能完全独立地模仿，家长可以先做一半，为孩子留一半，使孩子处于半独立模仿的状态。比如：在帮助孩子穿衣服、系扣子、系鞋带时，家长可以只做一部分，剩下一部分留给孩子做。总之，我们要积极地为孩子营造一个从依赖到半独立再到独立的过渡空间，以促进孩子心智的健康成长。

## 第二节　与放任（溺爱）型家长的沟通

放任，是指不加约束，任凭其自然发展。美国心理学家戴安娜·鲍姆林德（Diana Baumrind）提出了区分家庭教育模式的两个维度"响应程度"和"要求程度"。"响应程度"即父母给予孩子爱、接纳和支持的程度，对孩子需要的敏感程度。响应程度高的父母会经常微笑着面对孩子，表扬和鼓励孩子，与孩子交流他们喜欢和欣赏的事物。响应程度低的父母则经常忽视、拒绝和批评孩子。"要求程度"指的是父母对孩子的行为实施严格控制的程度，指父母是否对孩子的行为建立适当的标准，并督促其达到这些标准。我们在这里讨论的"放任型养育"，是对孩子低要求、高反应的养育方式，也被称为溺爱型。这类父母尽自己最大的可能满足孩子的要求，而很少对孩子提要求。

案例2

快3岁的多多又在家里朝妈妈发脾气了，就因为自己掰不开拼在一起的乐高玩具，而妈妈没有立刻赶过来帮助她。她又喊又哭又跺脚的，还把乐高玩具一块块砸在妈妈身上，妈妈蹲下来捡乐高玩具，她就拿起另一大块乐高用力敲打妈妈的头，妈妈没有制止多多的不当行为，只是搂着多多安慰她不哭，还说："对不起，都是妈妈不好……"

案例中妈妈的行为就是典型的"放任"或称"溺爱"型养育方式，完全在讨好孩子，而不给孩子指出行为的不当之处。

### 一、放任型养育方式的危害

在《从出生到3岁》一书中，根据伯顿·怀特等人历经38年的实践研究的发现，孩子自6个月开始，就有一种趋势，要以哭声来指挥、控制成人；1岁左右开始，孩子开始试探什么是可以做的，什么是不被允许的；1岁半左右开始，孩子更是进一步进入人生第一个"叛逆期"，越是不被允许的，越是要做，也被称为"青春期的预演"。在这些阶段，需要父母对孩子的行为加以合理的约束，从而发展孩子行为的边界。如果父母无法对孩子说“不”，就会培养出一个“可怕的2岁”，行为无法无天，让父母头疼不已。

在放任型养育方式下长大的孩子，自我意识、人际交往能力、社会适应能力都将无法得到发展，这种养育方式的危害极大，具体有以下几方面：

（一）孩子以自我为中心，内心充满挫折感和愤怒

由于从小被溺爱，家长对孩子是“高响应、低要求”，给孩子造成自己就是宇宙的中心，所有的日月星辰都是围绕自己转动的错觉。当他离开溺爱他的环境时，就立刻发现世界并非如他所想的那样，别人可能对他漠不关心、对于他的需要一无所知，即使知道，也未必能满足他。于是，这个孩子将无处安放自己对别人的期待，内心充满挫折感，甚至在想：为什么？为什么你们都不理解我？不理会我？不关心我？内心充满不解与愤怒，甚至可能形成反社会人格。

（二）无法体会别人感受，人际关系处处碰壁

被溺爱长大的孩子，由于家长对孩子没有要求，就像前面案例中的多多，妈妈甚至不让孩子知道她自己被器物打砸是很痛的，所以孩子根本没有机会学习平等地与别人交往，没有机会学习到别人也有感受、有不同想法，别人也会有需要，也需要被爱、被关心。当这样的孩子稍稍长大走入人群中，就会发现他根本不知道如何与人交往，没有人际交往的基本能力，在人际关系中处处碰壁。

（三）没有是非对错边界，容易走上违法犯罪道路

由于周围成人从不告诉孩子什么是对、什么是错，哪些事可以做、怎么做，哪些事不可以做、为什么，孩子走上社会时为人处世没有边界、没有是非对错观念，很容易误入歧途。前几年震惊全中国的“李某某”案件，就曾引发社会对溺爱孩子教育问题的广泛思考——在这个事件中如何看待行为的是非对错。直到案件的审理期，李某某的妈妈都与法官和民众有很不同的看法，其“爱子护犊之心”实在令人感慨唏嘘，这应该也算是对溺爱者的一个警示案例吧。

## 二、放任型家长的内在冰山分析

对孩子放任不管、高响应低要求反映了家长对孩子的低期待。没有人不爱自己的孩子，也没有人不希望自己的孩子发展好，可为什么会存在对孩子低期待的表现呢？深究这些家长的内在冰山，才是从根本上了解这些家长心态、并与之进行沟通的重要途径。

（一）放任型家长爱的过度补偿心态

案例3

星星爸爸郑先生小时候家里条件不好，兄弟姐妹又多，父母忙于生计，对孩子

疏于照顾，郑先生小时候没有得到太多关爱，所以当他33岁结婚，35岁有了自己的儿子星星以后，他决定一定要好好宠爱自己的宝贝。对星星他真是充满疼爱之情，尽可能地满足儿子一切需求，甚至不让孩子皱一下眉头。不过当星星被送到早教中心来的时候，情况就发生了一点变化，因为没有人再这么细致地照顾他的需要，他有时候很烦恼。

案例中的郑先生就是持这种“爱的过度补偿”心态的典型代表。这一类放任型家长在看到他们的孩子时，心里充满怜爱，当他们满足了孩子、宠爱了孩子时，他们自己的心情也是满足的、愉悦的。在观念层面，他们大多数也是存在一种错误的观念，认为爱就是果断满足孩子一切需求；在期待层面，他们期待自己能无条件满足孩子所有的要求，却无法对孩子提出任何要求，也觉得没必要提要求。究其原因，是因为他们自己在小的时候，没有得到他们渴望的爱的满足，当他们自己做了父母的时候，看到孩子，就像看到小时候的自己一样，克制不住地想要对孩子好，同时由于小的时候被管教得很严格，自己有了孩子时，就不希望孩子被管教得太厉害。

（二）放任型家长笃信“树大自然直”

案例4

舒女士在小区篮球场带着自家宝宝玩皮球，遇到了邻居小孩华仔和他的妈妈。华仔有一点侵略性，对于自己喜欢的玩具，哪怕是别的小伙伴从自家带来的，只要他喜欢，他就会径直走过去，夺过来自己玩。舒女士很纳闷华仔的妈妈从来不制止华仔，有一天舒女士忍不住跟华仔妈妈聊了聊，结果华仔妈妈说:“没事儿，小孩子小时候都这样的，不必太在意，长大了自然就好了。”

这一类型的家长心态属于十分放松、笃定的，他们坚信“树大自然直”，认为父母只需要享受生儿育女带来的天伦之乐就好了，不必去管教孩子。他们骨子里相信“人性本善”，认为孩子自然会学好；他们对于自己的角色和角色责任的认识并不清晰，对自己的父母角色并无任何期待，却期待孩子自然长成身心健康、行为良好的人。

这些父母在自己成长的原生家庭中，没有从他们的父母身上获得太多的榜样示范，他们的父母为了生存而打拼，对他们的管教也仅限于指挥他们参与家庭劳动。当他们长大成为父母时，由于生存环境改变，已不再需要孩子跟着进行体力劳动了，他们也就不对孩子提出什么要求了。他们还认为自己小时候父母也没有管自己呀，不是也长得好好的吗？孩子是不需要管的。

（三）分不清教育新理念中的“无条件接纳”与溺爱的区别

案例5

多多妈是圈子里出了名的爱学习的妈妈，孩子还在肚子里面，她就报名参加了亲子课程的学习，孩子出生后，自然是照着她学习到的新的教育理念来养育孩子。早教中心的教师观察到她平时对孩子还是很溺爱，就跟她探讨起来，结果，她说：“孩子成长需要许多心理营养，我无条件地接纳孩子所有的一切，这是在给他心理营养。”

有些家长学习了很多育儿理念，认为对孩子听之任之就是“无条件接纳”，殊不知，却掉入了溺爱的怪圈。“无条件接纳”是无论发生什么，比如孩子失败、犯错、有消极情绪、没有达到父母期待时，父母仍然接纳这个孩子，但同时会告诉他，你做错了，但我仍相信你可以从错误中学习成长，你在我心目中还是最好的，不会因为犯了错误就不好了。而溺爱，是孩子做错时，父母听之任之，以为爱他就一并容忍他的错误。这是很大的不同，家长需要区分两者的不同，才不会在错误的育儿路上越走越远。

## 三、与放任型家长沟通的关键

与放任型家长沟通必然会否定家长不正确的育儿观，可是没有一个人愿意被别人批评指正，特别是家长并没有认识到这样的育儿方式有什么不好，如何与家长沟通才能让家长认识到自己的问题并进行转化是关键。

（一）真诚地关爱孩子，成为家长的盟军

放任型家长对孩子的爱超出了合理的限度，但他们相信自己才是最爱孩子的人，如果有人站在他的对立面，直接指出他这样做是不对的，容易让他们产生抗拒的心理和不舒服的情绪。这时候恰恰需要有智慧的教师先以关爱的态度与家长站在同一个立场，让家长建立对教师的信任、尊重、接受的态度。教师可以通过口头赞扬，给孩子送点小礼物，经常与家长谈谈孩子可爱之处等方式，让家长感受到教师对孩子的爱也是满满的，这样就建立了沟通的前提，营造了良好的沟通氛围。

（二）示范“温和而坚持”，示范有界限的爱

这一步的关键是帮助家长认识到“接纳、尊重、关爱≠放任”。在早教亲子课中，当孩子做错事的时候，教师就应该通过肢体或口头语言的形式将接纳孩子与指出错误同时示范出来。

案例6

有一天，同同小宝贝在器械区活动时，爬到滑梯上面，看到旁边有一个小朋友坐在那儿，他就直接走过去，推了一把，那个小孩子就直接摔了下去，大声哭了起来。这时，一边的老师赶紧示意家长说："我来处理。"于是走过去用手搂抱着哭泣的小朋友坐在自己的腿上，安慰了一会，等到小朋友不哭了以后，老师放下小朋友，抱着同同，温和地说："同同，老师非常爱你，但是老师要告诉你，你刚才推人的行为是不对的，你做错了！"同同看着老师，也认真地点点头，说："老师，对不起，我错了。"

这个案例中教师的做法是用她的肢体语言告诉孩子"我爱你，我关心你、接纳你"，同时用语言告诉孩子：你的行为做错了。这可以给家长很好地示范什么是有界限的爱，这种爱是温和又有原则的。

（三）结合具体案例，帮助家长理解人性中"恶"的规律

在现实社会中，由于缺乏管教，孩子长大后违法乱纪、自食苦果的例子不少。年少时不管教，长大后就让父母蒙羞。教师有时候可以举些相关的案例，让家长明白如果1岁的孩子不加以管理，就会发展出"可怕的2岁"的孩子，而"3岁看大"的规律又告诉我们，从小教育的必要性。

案例7

2013年，著名歌唱家李某儿子的案件，让全中国人民为之震惊。李某的儿子自小聪慧，学什么都快，曾让这个"中年得子"的爸爸非常惊喜和自豪。由于家境好，父母忙，很少约束孩子，基本上完全满足他的要求。终于有一天，发生了不该发生的事。在这个案件中，李妈妈的表现值得思考，即使出了这么大一件事，妈妈坚持认为，自家孩子是无辜的，他的需要、他的行为都是正常的，没有错，如果有错，也是别人的错。

李妈妈的悲剧就在于，没有认识到人性中"恶"的发展规律。孩子需要学习规矩，学习界限。我们的权利是有界限的，如果我们满足自己利益时侵犯了别人的界限，就要为自己的行为负责。在成长阶段，父母有责任帮助孩子学习为人处世的界限。

早教教师如果能在沟通中帮助家长认清这一点，有助于父母改变自己的放任型教养方式。

## 四、与放任型家长沟通的目标

（一）需要用"不可以"为孩子设定行为的界限

对于1岁以内的婴儿，母亲需要保护、养育，并满足婴儿被爱的需要。而到了1—3岁，需

要让这个年龄层的孩子学习对“不”作回应，让他们能够了解自己行为的后果。可能他们并不能完全了解“为什么不能”，随着年龄增大可以逐渐了解，但首先要建立一种后果反馈：如果听到“不可以”就服从会带来好的结果；忽视父母的“不可以”，会带来不愉快的后果。

（二）需要学习一些责任感

随着孩子逐渐长大，在这个阶段，孩子可以更了解为什么要负责任，不负责任会有什么后果，这个时候父母可以与孩子讨论，帮助他们学习如何善待朋友、回应权威、有礼貌地表达不同的意见等。父母仍旧可以使用一些“后果”，来帮助孩子学习规矩、责任或界限，比如没收玩具、不准看电视、不可以参与有趣的活动等。

## 第三节　与攀比型家长的沟通

如果说放任型养育是低期待、低要求的养育，那么攀比型养育就是典型的高期待、高要求的养育。攀比型养育的这种高要求主要体现在与别人的比较中，希望自己孩子样样都比别人好，至少也不要比别人差。

案例8

在某知名品牌早教中心里，可可妈是出了名的攀比型家长，她是个精明又能干的职业女性，声称自己非常认同“不能让孩子输在起跑线上”的理念，总是想要给孩子最好的，从日常的吃穿用到报班的课程都是最优的。还让孩子从小就参加各类比赛，赢了就特别开心，输了就决不罢休，一定要训练孩子赶上别人。这天，她又拉着中心李主任的手，很焦虑地跟她说：“李老师，你快帮我想想办法，你看我家宝贝怎么回事，我注意到我家宝宝玩乐高时总是不如别的宝宝反应快，是不是需要加强一下这方面的训练呢？”

在早教中心，我们发现有两种攀比：一种是家庭物质条件的比较，另一种是孩子之间能力表现的比较。这些比较在激励家长和孩子的同时，也无形中伤害了孩子。

### 一、攀比型养育方式的危害

攀比型养育方式最大的危害是造成孩子自我价值感低，孩子总是被拿来和别人比，而且总是在比较中看到自己不够好的一面。

（一）孩子相信自己是不够好的，内心充满挫败、羞愧和自卑

当父母在比较中看到自家孩子不足之处时，以此进行激励，希望孩子奋进，迎头赶上，殊不知不恰当的比较常常引发孩子挫败、羞愧的感受，不利于孩子的成长和进步。

案例9

可可妈妈对可可说："你看那个小哥哥，玩乐高时非常专注，动作也快得很，宝宝快快加油，我们要比小哥哥更快！快点，我们跟他比赛！再快点！"3岁的可可看看妈妈，又看看小哥哥，面露难色，干脆停下了手，把乐高材料一推，噘着小嘴说："我不玩啦！"妈妈急着哄她，她却怎么也不肯再玩了。

常常被父母拿来攀比并处于劣势，对孩子来说是一次次的打击，久而久之，孩子会觉得自己不行、不够好，影响孩子的自我评价和自我认同的发展。

（二）常常感受到父母的不满意和焦虑，孩子容易失去安全感

攀比型教养方式的父母求胜心切，还常常会将自己对孩子的评价与自己对孩子的爱捆绑在一起，当孩子失败时无法接纳，有时候甚至会说出诸如"你表现这么差，我怀疑你到底是不是我亲生的""你太差了，我没有你这种儿子"等，孩子常常会因为感受到父母的不满意，安全感缺失，变得黏人、退缩，对新的事物不敢尝试。

有些父母在孩子失利时，虽然没有表达过激的语言，但是他们克制不住地焦虑、紧张，无形中传染给孩子，孩子收到的信息就是"我不够好，我让父母担心焦虑了"，孩子心理上还是感觉到不安全。

许多早教教师都有一个体会，缺乏安全感的孩子，是特别难教导的，因为他们太焦虑自己的表现了，担心表现不好，也没有勇气尝试，也就不可能做得好，进入一种恶性循环中进而影响整体发展。

（三）孩子长大后陷入对己、对人的完美主义期待

即使有的父母认为自己的孩子够优秀，常常在比较中胜出，这样的比较也还是不利于孩子成长的。这样的孩子长大后对自己、对别人要求都很高，对生活和工作追求完美。当他们为人父母后，对自己的孩子也是高要求、高期待，让孩子喘不过气来。

孩子在长大以后，也不允许自己不够好，不够优秀，即使其实已经做得很好了，也不能放松自己。他们成了那个继续逼迫自己孩子必须优秀的完美主义的父母。可以说，攀比型父母常常就是这样练成的，这就像怪圈一样，循环往复，一代一代地影响下去。

## 二、攀比型家长的内在冰山分析

分析攀比型父母的内在冰山，不难发现他们存在如下的问题。

（一）父母对成功的渴望造成对孩子过高的期待

攀比型家长对孩子过高的期待几乎是溢于言表的，他们非常希望能够全方位地成功，不仅是自己成功，还要孩子成功。正是由于太想要成功，在孩子生命的早期，就决定开始拼搏，不让孩子“输在起跑线上”。有的家长则因为自己在某方面的失败，就希望在孩子身上获得补偿，一定要把孩子培养成自己希望的样子，是一种输不起的心态。

（二）把孩子当成“一张白纸”的错误信念，忽视了孩子个体的差异性

这类家长其实在观念层面有一个很大的误区，以为孩子完全是“培养”和“塑造”出来的：以为孩子就像是一块陶土，可以塑造成任何工艺品；或者是一张白纸，可以任意涂抹成一幅伟大的画作。可是他们忽视了孩子首先是一个生命的事实，所有的生命的创造者都是大自然，生命有自己的生命力需要绽放。就像一棵植物，它是木瓜树还是芒果树，在生命的种子里就已经决定，我们只是养育者，给生命提供阳光、空气、水和养分的人，我们无法决定这棵树是要结木瓜，还是结芒果，我们只能根据这棵植物的需要，悉心照料它，给它适合的生长环境，它自然就能绽放自己生命的美丽。

孩子也是一个生命，我们无法决定这个生命将开出怎样的生命之花，结出怎样的果实，我们只能够给他适合的“阳光、空气、水”。个性心理学研究指出孩子有完全不同的“生命密码”，有的孩子生性乐天，喜欢人际交往；有的孩子从小冷静喜欢思考，遇事深思熟虑，小心谨慎；有的孩子感受深刻，处事认真，同理心强，也许还多愁善感；有的孩子目标明确，追求成功。即使具有同一种气质类型的孩子也有着极大的个体差异，真是无法强求每个孩子的反应模式是一样的。如果你让一个冷静型的孩子与乐天型的孩子去比“快”，让一个乐天型的孩子与一个激进型的孩子比“坚持”，或者让一个忧郁型的孩子像一个乐天型的孩子一样“健忘”，就像是让一条鱼去爬树一样不明智。

（三）父母焦虑的心态，生怕错过了“关键期”

攀比型父母相信人生的早期是发展的“关键期”，他们最典型的感受就是焦虑，生怕孩子不够优秀，或自己错过了教育、培养孩子的最佳时机，将来可能带来可怕的不良后果。焦虑其实反映的是一个人的“理想我”和“现实我”之间的差距，差距越大，焦虑就越大。为什么我对自己感到焦虑？因为我达不到自己理想的样子。为什么我对孩子感到焦虑？因为我的孩子达不到我期待的理想的样子。要想减轻焦虑，两个办法，一是降低期待中的“理想我”，另一个是提升自己的“现实我”。焦虑本身只能消耗自己生命的能量，同时增加孩子的不安全感、降低孩子的自我效能感，无法促进进步。

（四）父母自身缺乏自我价值感，无法用爱与孩子连接

深入地分析攀比型父母的内心，可以发现他们内在价值感不高，他们内心深处相信自己不够好，需要在不断比较中确信自己“还不错”。当一个价值感、安全感都不够的父母与他们的孩子们在一起的时候，他们看到的是孩子外在的表现是否够好，是否令他们满意。他们对孩子的爱无法彰显，与孩子在一起的时候，无法与孩子的心灵连接。

## 三、与攀比型家长沟通的关键

与攀比型家长沟通的关键，是从家长的合作伙伴的角度，从同样爱孩子的角度出发，帮助家长做到以下几点：

（一）激发对孩子的爱，真诚地去爱孩子

爱是孩子健康成长的必要基础，如果缺乏了爱，孩子必然无法健康成长，无法保持旺盛的生命力。早教教师可以引导攀比型父母去观察：你的孩子快乐吗？你的孩子与你在一起时，是充满了活力呢，还是垂头丧气，打不起精神？你的孩子怕你吗？愿意与你亲近吗？著名的儿童教育家孙瑞雪曾说过："你以为你爱孩子，你想象你可以爱孩子，你认为这就是爱孩子，和你真的爱孩子是有差别的。也许，你需要停下来思考：你是不是基于你的想法，你的恐惧，你的焦虑，你的习性来爱的。这可能就意味着你更爱你的想法，更爱你的恐惧，更爱你的习性。爱就是爱，恐惧就是恐惧，焦虑就是焦虑，一切如是。我们要学会从一切如是中将爱剥离出来，你的孩子才真正可以接收到爱的礼物。"所以，要真正爱孩子，需要家长愿意并有能力去看见真相。

教师要帮助父母了解接纳孩子"如他所是"、重视孩子身心需要、不增加孩子焦虑、不打击孩子自信、不伤害孩子自尊、给孩子安全感、给孩子肯定赞美认同，这才是真正爱孩子，真正能够赋予孩子内在的生命能量，帮助他成为最优秀的自己。

（二）看到生命的力量，发现自己孩子的长处

前面已经分析了攀比型家长信念中的一个误区，就是以为可以按照自己希望的样子"塑造"生命。所以与这类型父母沟通的另一个关键，就是帮助他们理解"孩子的成长＝先天遗传+后天环境"这个定律。从这个公式中可以看出攀比型家长陷入了教养误区，他们过分强调了后天养育的作用而忽视了先天遗传，试图通过高标准严要求的教养使孩子成为他们想要的优秀人才。

早教教师在沟通中要帮助父母看到自己孩子与众不同的独特性、与生俱来的优点，同时看到他并不是完美的，他也有自己不擅长的地方，这是无法选择的，我们不能一味地要求他与别人一样，而是承认生命本身的创造是如此奇妙。如果家长能够学会尊重生命本身，看到一个人内在的生命力量，就是对孩子最大的包容与爱，也是一切教育的基础。

（三）把能量从比较中收回，看看自己能为自己的期待做什么

攀比型家长整天花了很多时间在关注别人，关注自己孩子与别人孩子的差异，每当孩子在竞争或比较中失利时，内心就非常焦虑，特别不能接受自己或自己孩子比不上别人。在这样的比较中，消耗了大量的心理能量，得不偿失。

早教教师在与他们沟通时的一个关键是帮助他们看到，与其把能量消耗在比较上，不如看看自己能够为自己的期待做什么。

案例10

曾经一个家长去做心理咨询，说自己女儿英语学得超级好，她很为女儿感到自豪，让女儿参加各种比赛，女儿也很争气，几乎都是拿第一名。可是突然有一天，女儿再也不愿意去比赛了，还表现出灰心沮丧的样子，英语成绩一落千丈。妈妈觉得女儿一定是"故意"这样的，万分焦虑，而无论妈妈怎么说，女儿都是一副无精打采的样子，根本不想再参加任何比赛。这样一晃就过去了一年多，妈妈看到女儿的样子十分难过，真的开始反思自己的做法，通过与女儿深入交谈后了解到，女儿一直以来都不喜欢竞赛，她很喜欢英语，但是一想到要参加比赛，就感到压力重重，想要放弃英语。从此这个妈妈再也不要求女儿去参加各种各样的比赛了，而是将女儿带到一个由一些英文学习爱好者组成的小团体当中，让女儿耳濡目染地感受英语交流沟通的乐趣。慢慢地，女儿对英语学习又充满热情，母亲也为此感到非常欣慰，感慨自己急功近利的做法险些害了女儿。

案例中这位母亲就从女儿的表现中反思了自己的错误，不再将重点放在"比赛"和"名次"上，而是为女儿选择了一个轻松有趣、氛围好的环境，才挽回了女儿对英语学习的热情。

（四）帮助缩短理想与现实距离，减少焦虑

跟攀比型家长沟通的另一个关键，是帮助减少焦虑，帮助家长在心理上缩短理想与现实的距离。根据维果茨基的"最近发展区"的理论，对孩子的教育目标是有最佳、最适宜的范围的，这个范围就是孩子的"现有水平"与"在帮助下或经过努力能达到的水平"之间的区域。根据这个理论，教师可以与家长沟通以调整他们对孩子的期望值，不以外人作为孩子进步的目标，而是以孩子的"最近发展区"作为目标。换了对照系，理想较之前有了调整，不再是遥不可及的，家长的焦虑自然也就降低到了合理的水平。

## 四、与攀比型家长沟通的目标

（一）了解自己孩子的特点

能够"看见"自己的孩子，是与这一类型家长沟通的一个重要目标。所谓"看见"，从宏观方面说，是了解这个孩子的特点，比如孩子的天生气质和孩子的人格特点，了解这个孩子的兴趣与特长。从具体的事件来说，就是事件发生时他做了什么？他的感受是什么？有什么想法？有何期待或需要是什么？当下的自我价值感怎样？总之，父母要把聚焦点放在自己孩子身上，而不是一味与他人攀比，而忽略自己孩子的成长发展。

案例11

一位妈妈提问：老师想请问下，我家大宝3岁5个月，跟人交流不看别人眼睛，心情好的时候才会和别人打招呼说话，有时叫她，她也不喜欢回答，总需要提醒。能和同龄小朋友玩，只是熟悉时间要很长，应该不是自闭症。我觉得小朋友内向可以，只是我希望她能学会一些沟通技能，不希望给人不礼貌的感觉。平时我们除了自己主动和别人打招呼，多给她进行榜样示范，多带去和小朋友玩，我还能做什么，专门的感统训练有帮助吗？

提问中的这位妈妈的表现就是不太了解自己的孩子，看到别人家的孩子看到教师、长辈可以落落大方地上前去问好打招呼，见到生人也不害羞胆怯，心里非常羡慕。其实不同的孩子天生气质类型不同，乐天型的孩子喜欢人，喜欢与人打交道，见到生人也不害羞，而冷静型的孩子就很难做到，他们通常比较“慢热”，需要很长时间去准备，才可以像妈妈要求的那样去喊人、问好。所以早教教师要帮助家长发现自己孩子的气质特点，因材施教，提要求时不可“一刀切”。

（二）接纳自己和孩子的缺点、不足和失败

可以说攀比型家长也是不当养育的“受害者”，他们小的时候也曾因为自己的种种缺点、不足或失败等而不被接纳。所以早教教师与家长沟通的目标，就是让这些家长成为家庭不当养育的“终结者”，让他们能够学会去接纳自己，接纳孩子，而不必让孩子成为“别人家的孩子”。

很多家长很难接受自己的孩子存在缺点与不足，但是人无完人。每一个孩子都有优点和缺点，比如一个冷静型的孩子，他的优点是情绪稳定、思考周密，缺点是内向、被动、慢热。但很多家长不喜欢自己的孩子不够主动，不够热情，觉得这样的孩子将来可能会不适应社会发展，所以总是提出这样的问题：“他为什么就不能像隔壁的小明那样热情、积极主动地与人交往，跟任何人都很快成为朋友？”却没有看到“冷静型”孩子稳重、思维周密的优点。家长需要了解的是，每一种气质特点都有其积极正向的一面，也会伴随着消极的一面，我们要因材施教，因势利导，将孩子的优点发挥到最大化，同时接纳孩子的缺点。

另外，家长也很难接受孩子失败，但客观事实是，没有任何人在成长的道路上能够完全避免失败，所有人的成长都是从一次次的失败中总结经验、吸取教训，然后再一步步地走向成功的，失败和错误是可以用来学习、成长的。如果树立这样的观念，家长就能比较平静地与孩子一起面对失败，帮助孩子更好地成长。

（三）学习成为一个不焦虑、滋养型的家长

家长需要学习接纳自己的现状，不再担心未来，不再焦虑。因为焦虑是会传递的，焦虑传递的方法之一就是攀比。世上本无完美的父母，世上也没有完美的个体，所以家长要用心去肯定赞美认同孩子身上展现出来的那些闪光的特质，让孩子感受到父母的爱的滋养。这种滋养，能够成为孩子生命绽放的肥沃土壤，帮助孩子发挥潜能，成为最好的自己。

## 第四节 与控制（专制）型家长的沟通

所谓的"控制型"，也称专制型教养方式，按照美国心理学家鲍姆瑞德（Baumrind）依据家庭中关爱与控制的辩证关系，这一种教养方式是"拒绝-控制"的组合，即是行为上强调父母权威和控制，情感上不关注孩子需要。受"棍棒底下出孝子"的传统思想以及教育功利化趋势的影响，我国目前有不少家庭依旧采取专制型家庭教养方式。

### 一、控制型养育方式的危害

#### （一）造成紧张的亲子关系甚至心理创伤

事实证明，专制型家庭强调父母的权威，要求孩子绝对地服从父母，给予孩子少量的关爱和绝对的控制，希望孩子按照父母设计的发展蓝图去成长，希望对孩子所有行为加以保护监督，行为上高度控制；同时他们常以冷漠、忽视的态度对待孩子，很少考虑孩子自身的要求与意愿，对孩子违反规则的行为表示愤怒，甚至采取严厉的惩罚措施。这种教养方式会造成紧张的亲子关系，甚至给孩子的心理成长造成创伤。

案例 12

母亲长期工作特别忙碌，男孩从小主要由爸爸负责生活和教育，爸爸脾气暴躁，同时也相信打骂是管教的必需手段。男孩在爸爸的管教下行为基本顺从、成绩优良，而且看起来跟爸爸的关系也不错，至少与妈妈比较起来，男孩更依赖爸爸。可是到了高中以后，男孩忽然对爸爸极为抵触，拒绝跟爸爸有任何接触，甚至不让妈妈与爸爸有任何接触（包括微信、电话都不行），要求妈妈离开爸爸，认为爸爸是魔鬼。到了后来，只要有人提到跟爸爸有关的任何事物，他都无法忍受，或情绪崩溃，或尖叫着离开。经精神科医生诊断，这个男孩患有"创伤后压力症候群（PDST）"。

这个案例虽然太过极端，并不常见，但也反映了一个事实，长期专制型的教养方式对一个孩子身心的影响可能比我们想象的要大得多了，家长教育孩子过程中必须对孩子心理成长的规律有所了解，才不致犯下严重的错误。

（二）孩子独立自主的天性被压抑，容易导致偏差行为

独立自主是人类的天性，1岁多的孩子，就能够运用自己有限的语言清楚地表达“不要！”来反对别人对他的控制。随着孩子长大，这种独立自主的意愿会更加强烈。如果家长采取专制式的教育方式，不愿意支持孩子为自己做选择、做决定，久而久之，孩子会感到天性被压抑，自我价值感很低，有时候会形成以“争夺权力”为目的的偏差行为。

这种偏差行为的表现就是通常所说的“叛逆”，家长指东，他偏要往西，家长说不要做，他偏要做，让他做的却偏不做。这时候家长往往会感到非常愤怒，会更加严厉地管教孩子，这些管教对于孩子却无异于“火上浇油”，不仅不会减少他的偏差行为，反而变本加厉，对专制型家长进行“报复行为”，弄得整个家庭痛苦不堪。所以，家长不正确的教养方式对孩子造成的后果是很恶劣的。

（三）错误的教养方式甚至会传递到下一代，造成家族性的伤害

孩子总有一天会长大成人，也会生儿育女，成为父母。当他开始教养自己的孩子的时候，会不自觉地复制他小时候所体验的教养方式，他也成为一个专制型的家长，用这种错误的方式教养自己的孩子。

错将控制当成爱，是对爱的曲解，无法真正以爱与他人连接。控制型养育让孩子长大时无法绽放生命之花，对孩子生命成长有极大的负面影响，这样的影响将波及后代。

## 二、控制型家长的内在冰山分析

为什么这类父母需要这样做，才觉得是好呢？剖析他们的内在冰山，不难看出，采用这类教养方式的父母有几个共同的误区。

（一）高控制源于高期待

案例13

有一阵子，班上的小女生们“流行”用粗棒针粗毛线玩织围巾的游戏，丽丽也跟了一回风，玩了起来。妈妈看到了，勃然大怒，大声呵斥道：“小小女孩子，玩这个有什么出息？！好好读书去！成绩好了，考上大学了，今后生活自然是丰富多彩的，想玩什么都有！”几乎每一次，丽丽想跟班上同学学着玩一些什么的时候，妈妈总是这样说。

从中不难看出，由于妈妈对丽丽有一个“好好念书，考大学”的期待，在这样的期待下面，妈妈看不到孩子天然的游戏的需求，对孩子的行为，甚至对她自己的行为，都有很多的高控制。

（二）恨铁不成钢的焦急心态

分析控制型家长的情绪特征，得到的结论是，他们总体上处于焦急、焦虑的状态居多。由于他们内在的严要求、高标准，“理想”与“现实”的差距是他们最为在意的，而这个差距

造成了他们焦虑的心态。在这样的心态和情绪状态下，他们很容易对别人着急上火，容易把压力宣泄到别人身上，所以我们常常看到他们在发脾气。

从另一个角度来说，由于他们自己心中有太多情绪，往往成为情绪的发泄者，而无法关注到对方的情绪和感受。他们对孩子往往是“恨铁不成钢”，又无法顾及孩子的行为特征和心理感受，“棍棒教育”、打骂教育就有可能成为一种常态，或者有些家庭采用的是语言嘲讽或冷暴力，这些手段都是为了“控制”，却完全忽略孩子的感受。

（三）与孩子无法以爱相连，内心深处孤单

控制或专制型的父母在孩子稍稍长大一些之后，他（她）会清楚地感觉到孩子跟他“不亲”。有时候，当他们看到别人家的孩子与父母亲密无间、情深意切的时候，而自己的孩子与自己之间好像已经有了一道沟、一堵墙时，他们内心深处很失落，有一种不被理解、不被爱的孤单感，这是一种亲子关系上的困惑与不满足感。

## 三、与控制型家长沟通的关键

沟通的目的是要让家长真正产生改变，为了实现有效的沟通，早教教师们不仅要了解这类型家长内心世界的特征，同时，需要一些沟通的策略与技巧。

（一）对家长首先进行肯定、赞美、认同

孩子3周岁之后，就需要父母给予大量肯定、赞美、认同来帮助孩子建立良好自我认知。虽然早教的孩子大多数还在3周岁之前，但早教教师需要了解的是控制型父母的特点是只盯着孩子做得还不够好的地方，肯定、赞美、认同将会是他们最不擅长的一件事。事实上，他们对自己也是吝于赞美和肯定的。所以早教教师首先要将肯定、赞美、认同用在家长身上，认同父母做得好的一面，他们对孩子行为有要求，愿意管教孩子，高标准、严要求对待孩子，对孩子是有好处的。当家长自己获得肯定后，他才会有意识地对孩子进行肯定、赞美、认同。

（二）帮助家长更加弹性地看待“好与不好”

由于高控制型家长认为自己的做法是“最佳方案”，对“好”的标准太过绝对了，所以造成教养中缺乏弹性、无法关注孩子内心感受的状况，所以早教教师在与这类父母沟通时，应在帮助调整父母“好与不好的标准”方面下功夫。

早教教师可以通过具体案例帮助专制型家长看到孩子的健康成长需要以自信、积极、自主的心理状态为基础，以良好的亲子关系为保障，过于刻板、严格的标准及过于严厉的教养态度或许可以收获孩子标准的行为反应，却失去了孩子健康的心态以及与自己的亲密关系，得与失之间，让家长慎重思考后再进行选择。

（三）帮助家长觉察自己与孩子的感受

专制型家长还有一个特点，他们比较注重“应该怎么做才好”，属于头脑理性思考的结果，喜欢“讲道理”。同时，他们比较轻视“孩子有什么感受”，疏于“用心体会”，即很少去感受孩子的内心，甚至也疏于去感受自己的内心。早教教师在与这类型家长沟通时，可以首先

将指导重点放在帮助家长尝试体验自己甚至孩子的内心感受方面。具体的策略可以有角色扮演法和立体雕塑法等。

案例 14

一个家庭的父母和孩子一起来到心理咨询室，主要咨询的问题是上初一的儿子每天都想方设法地往外跑，与同学、朋友在外面聊天、泡吧、闲逛，不愿意待在家里。心理咨询老师让这个儿子雕塑了他们一家三口日常相处的模式，在雕塑的过程中，了解到这个家庭的父母关系非常不好，不是疏离就是相互指责，父母对孩子也是专制、控制型的，常常指责。孩子在这样充满指责的环境中根本待不住，只想往外跑。当孩子雕塑了这样的家庭现状时，对父母的触动非常大，母亲当场流下眼泪，说自己并不知道原来孩子在家里的感受是如此压抑，也不知道他们的夫妻关系对孩子会有这么大的影响。

这个案例中心理咨询师就运用了立体雕塑的方法，让父母“看见”自己的家庭关系对孩子的影响，这个方法对于理性的家长很有效，让家长自己体会孩子内心的感受，对孩子形成同理心。这样的方式可以增进沟通指导的效果，有效激发家长作出一些改变和调整。

## 四、与控制型家长沟通的目标

早教教师与控制型父母沟通的目标可以用“两加一减”来概括。

（一）做加法，增加家长对孩子的共情与回应

对于常常使用控制型教养方式的家长来说，最迫切需要学习的就是与孩子共情。所谓共情，就是指能够设身处地体验他人处境，从而感受和理解他人情感。家长作为孩子成长的重要他人，需要提高共情的能力，并且能够对孩子的情感进行回应，让孩子在家长面前感到被接纳、被重视、被信任、被尊重，从而增进亲子关系，提高教育的实效性和科学性。

早教教师与家长沟通中首先晓之以理动之以情，让家长明白共情与回应的重要性，让他们看到孩子的需要。其次，教师也可以在沟通中通过示范、举例、案例分析、角色扮演等方式，让家长学习一些如何更好地与孩子共情并回应的方法。

（二）做加法，增加对孩子的赏识

控制型教养方式的父母有一个特点就是高要求低情感反应，我们与他们沟通的目标其实是要增加情感反应的部分，主动肯定、赞美、认同孩子，增加对孩子的赏识，教养方式可以调整为“高情感反应、高要求”，也就是整体上变成“权威型”养育者。

增加对孩子的赏识，对他表现出来的外在行为及内心的真、善、美等品质，进行具体、及时的肯定、赞美和认同，这样就能够更好地增加孩子的安全感、自信，有助于培养良好的自我价值感。

（三）做减法，减少对孩子的控制

早教教师与控制型家长的沟通还可以从"减法"的思路来帮助家长减少对孩子的控制力度。由于高控制抑制了孩子的"独立自主"，随着孩子逐渐长大帮助家长慢慢放手，是适当的做法。

案例15

入户指导的丽丽老师发现这一家的宝妈是一个要求极高的妈妈。第一次登门观察时，宝宝刚满5个月，妈妈已经形成了一套堪称"精确"的育儿流程。对于宝宝起床、睡觉、喂奶、吃辅食，户外活动、大便、看书都有严格的时间表，由她自己和保姆严格执行。在妈妈与保姆和其他家人的交流中，丽丽老师也可以看到这位妈妈是一位"专制型"的妈妈，希望大家完全按照自己的想法和要求去照顾宝宝和处理一切家务，不太接受与自己不同的处理方法。

随着宝宝一天天长大，严格的喂养和作息时间表可能就不太适合，宝宝有自己的生活规律。丽丽老师可以帮助宝妈一起观察和评估时间表的科学性；根据宝宝情况增加一些弹性。对于活动内容，也要根据宝宝的生长需要和兴趣表现进行调整，如雨天以室内游戏、阅读为主，晴天以户外玩耍、运动为主。

总之，教师可以通过沟通帮助家长学会慢慢减少控制，给予孩子更多的自主选择和自由。

## 本章小结

本章围绕教养有误区的家庭教养方式，分析了四种教养方式——包办代替型、放任溺爱型、攀比型、控制型——给孩子成长带来的危害，对父母采取这些教养方式的内在心理状态进行了深入的分析，并提出了早教教师与这四类家长进行沟通的关键及沟通目标。

## 延伸学习

### 拓展阅读

#### 第一则　萨提亚模式冰山隐喻

**一、冰山隐喻的概念**

维吉尼亚·萨提亚（Virginia Satir）是美国最具影响力的首席心理治疗大师。萨提亚既是一位女士的名字，也代表着一种以维吉尼亚·萨提亚名字命名的成长模式。根据萨提亚

的理论，一个人和他的原生家庭有着千丝万缕的联系，这种联系有可能影响他的一生。

冰山理论是萨提亚家庭治疗中的重要理论，实际上是一个隐喻，它指一个人的“自我”就像一座冰山一样，我们能看到的只是表面很少的一部分——行为，而更大一部分的内在世界却藏在更深层次，不为人所见，恰如冰山，包括行为、应对方式、感受、观点、期待、渴望、自我七个层次。它实际上是由萨提亚的学生约翰·贝曼根据萨提亚的意愿提出来的。揭开冰山的秘密，我们会看到生命中的渴望、期待、观点和感受，看到真正的自我。

**二、冰山隐喻的内容**

萨提亚的冰山隐喻理论主要包括七个层次，从上到下依次是行为、应对方式、感受、观点、期待、渴望和自我。

（1）行为，包括行动、语言和情绪；

（2）应对方式即沟通姿态，包括讨好、指责、超理智、打岔和表里一致；

（3）感受，包括喜悦、兴奋、着迷、愤怒、伤害、恐惧、忧伤、悲伤等；

（4）观点，包括信念、假设、主观现实、思考、想法、价值观；

（5）期待，包括对自己、对别人，和来自他人的期待；

（6）渴望，是人类共有的，包括被爱、被认可、被接纳、意义、自由等；

（7）自我——我是谁，也称作生命力、精神、灵性、核心、本质。

**三、冰山理论的应用方法**

冰山理论应用的方法很简单，就是用7张纸依次写下那些根源问题。然后依次摆在地上，先让访客站在“个人行为”上，做必要的放松后让他清晰地感觉到当下困扰自己的问题；让他走到“感受”上，问他这样做有什么感受；达到目的后再让他走到“感受的感受”上，问他为什么会产生这样的感受……步骤不是固定的，但是最终要走到“自我”上。这个过程的精妙之处是能让人在了解到问题产生的根源后根据自己到底是谁作出选择。

萨提亚模式借助冰山隐喻来探索人们不同层次的自我，倡导对所有的体验水平展开工作。鼓励人们将注意力转向他们的内在过程，而不是只关注内容，并把他们带入觉察中，并转化这些隐藏的观点、信念、感受和期待，成为正面的能量。

## 第二则　萨提亚模式家庭雕塑

**一、家庭雕塑的概念**

家庭塑造是萨提亚模式常用的一种重要的家庭治疗技术，类似于雕塑艺术，即利用空间、姿态、距离和造型等非言语方式生动形象地再现家庭成员之间的互动关系和权力斗争情况。家庭成员通过不同的外在动作和表情代表自己所体验到的观点和感受，借助形象的演示，有时会加上关键的言语，呈现家庭的动力。

**二、家庭雕塑的理念假设**

家庭雕塑的理念假设为：人们对复杂人际系统会以压缩的、有距离的隐喻形式铭记在心，对此系统的了解会分类、绘制成图像储存，而这些构成了个人心中对世界了解的图像。

### 三、家庭雕塑的实施方法

家庭塑造在实施时，治疗师可以请家庭中的某个成员当“雕塑家”，由他决定每个家庭成员的位置。在这个过程中，家庭成员不要交谈，每个人就像一尊不会言语的雕塑，任由“雕塑家”安排位置。最后“雕塑家”塑造出来的场景就代表着他对家庭关系的认识。在治疗中，治疗师可以根据需要依次安排家庭成员轮流进行家庭塑造，以了解他们对家庭相互作用的看法。在必要的时候，治疗师也可以要求“雕塑家”把自己摆进雕塑之中，然后让治疗师以辅助配角的身份取代他在雕塑中的位置。此外，治疗师还可以要求各成员按照各自喜爱的方式处理家庭造型，呈现他们所采取的态度。

### 四、家庭雕塑的意义

家庭塑造作为一种行为技术，由于每个人的观点不同，每个成员塑造出来的家庭图像会有很大差别，可以让咨询师通过对家庭成员塑造的位置，了解每个家庭成员在家庭中的地位以及对家庭关系的看法，同时，制定相应的家庭治疗措施。可以使儿童和说话少的家庭成员也有机会参与到治疗中来，获得更好的治疗效果。

## 学习活动

1. 画冰山。

请画出教材中已经讨论过的四种类型父母教养方式下的内在冰山。

2. 以角色扮演法进行沟通练习。

学生以三人为一组，A扮演家长，B扮演教师，C作为观察者，选择一种类型进行模拟沟通，结束后A向B反馈感受与效果，C也向A、B反馈从观察者角度看到的。轮换角色继续进行练习，直到掌握。

## 复习与思考

有误区的教养方式其实并不限于本章中分析过的四种，如果你仔细观察，会发现更多的类型，比如“忽视型教养方式”——指对孩子低要求、低反应的养育方式。这类父母或者会拒绝孩子的要求，在感情上也表现得比较冷漠，对孩子的需要不予理睬或者不敏感；或者会由于过度关注自己的事情而对孩子投入极少的时间和精力，同时他们不会对孩子提出什么要求和行为标准，对孩子总体上缺少教育。如果你遇上了这种类型的父母，请问你是否能够通过本章学习到的方法，举一反三地找到与他们沟通的关键及具体的沟通目标与策略？

# 第八章　沟通障碍的诊断与解决

学习目标

1. 了解沟通障碍的类型，尝试做初步的判断并寻求解决办法。

2. 通过对实例的分析，积累沟通经验，提升解决沟通障碍的能力。

3. 因势利导、因材施教，达到解决沟通障碍的目标，谋求家园共育以促进婴幼儿与养育者共同的发展与提高。

早教教师在日常的工作中，会通过观察、比较、分析等方式了解到婴幼儿的实际发育、发展状况，会对家庭养育水平的高低、家庭成员之间互动是否良性以及婴幼儿生活生长的生态环境系统是否支持婴幼儿发展等做出基础的判断和评估。当发现婴幼儿自身发展或养育者的观念、行为等存在问题的时候，早教教师首先会借助自己的专业知识和技能，在日常接触中搜索更全面的信息分析原因，然后通过沟通和家长一起寻找应对和调整的策略。早教教师有责任主动发起沟通，对养育者一方实施了解、建议、支持与恰当的干预以达成早期教育的目标。

参加早教活动的孩子来自不同的家庭，孩子的先天气质不同，成长的环境不同，孩子的养育者在教育观念、性格特点、育儿理念、经验高低等方面都可能存在很大的差异性，这样复杂的情况对早期教育教师提出了较高的专业要求。要想达成早教目标，早教教师不仅要有足够的专业知识，还要具备较强的沟通能力和技巧。当沟通的能力不强、技巧使用不恰当的时候，就会产生沟通障碍。产生沟通障碍的原因是多方面的，沟通障碍也分不同的程度和类型。当沟通障碍产生的时候，早教教师与养育者之间的信任度降低，信息交流受阻，双方在观念和行为上都不能达到一致，这样对实施早教十分不利。此时，我们需要鉴别沟通障碍产生的原因、类型，做出正确的判断然后尝试改善解决。

## 第一节 沟通困难

沟通是一个信息传递和交流的过程。沟通的过程是由信息源、信息、通道、信息接收者、反馈、障碍和背景七个要素构成的，无论其中哪个要素出现问题都有可能使得沟通变得困难。当早教教师与养育者之间出现沟通困难时，不仅会影响早教教师与婴幼儿的养育者之间的关系，还会影响早期教育目标的有效达成。造成沟通困难的因素很多，区分不同的原因可以有针对性地解决沟通困难的问题。

## 一、因早教教师信息传递不明产生的困难

在早教教师与家长沟通的过程中，如果沟通的内容不清楚，沟通的对象不明确会使沟通产生困难。比如在组织亲子活动的过程中，早教教师同时面对家长和婴幼儿，既要完成针对婴幼儿的教学要求，同时要完成对家长进行科学育儿指导的目标，教学经验少的教师容易因混淆对象和目标内容的一致性而造成沟通困难。

案例1

为了发展宝宝的精细动作，我们利用生活中常见的生活用品牙签筒和塑料计数小棒设计了《小棒钻山洞》的游戏。在游戏中，我们利用牙签筒和五颜六色的塑料计数小棒为操作材料，让宝宝完成以下操作：先用一只手抓起所有的小棒，再用另一只手一次拿出一根小棒，将手中的小棒从牙签筒的小孔中插入，直到所有的小棒插入为止。这个游戏的目标包括让宝宝识别颜色、训练左右手的精细动作、培养专注力等，还包括启发家长巧妙利用生活中常见的生活用品，设计互动游戏。

新手教师在指导该活动时，都能较好地完成给婴幼儿进行指导的教育目标，却很少能同步完成对家长的指导目标，经常因为教师指导语不明确，家长听得云里雾里，不知道究竟是对宝宝说的，还是对自己说的。回到家后，也没有进一步跟宝宝练习和延伸活动内容。

早教教师的教学对象不仅有孩子还有家长，这是早教活动和幼儿园教学活动的不同之处，婴幼儿的学习目标和家长的学习目标需要在这次亲子活动中同时达成。早教教师如果想要在这个活动中把跟家长沟通的内容和跟婴幼儿沟通的内容都传达清楚，就需要在活动前认真准备，在活动中注意明确自己的沟通对象和沟通内容。在这个活动中婴幼儿的学习目标是比较容易完成的，只要你提供了合适的材料，让婴幼儿有兴趣操作，家长也会和婴幼儿共同参与游戏。早教教师在沟通中还需要明确家长的学习目标，大多数家长认为参加亲子活动是为了开发婴幼儿的智力，并未把自己的学习或提高纳入到亲子活动的范畴。为了帮助婴幼儿和家长共同成长，早教教师在活动中要明确婴幼儿和家长都是自己教学活动的主体，让沟通的内容清楚、对象明确，有效达成教学目标。

案例2

刘老师是一位经验丰富的早教教师，她在实施亲子游戏《小棒钻山洞》的时候采用了这样的沟通技巧，在进行针对宝宝的教学内容时对宝宝们说："宝宝们，请你……"用自己的语言和身体动作同时对宝宝"说话"，传递相关信息；在进行针对家长的教学内容时说："爸爸妈妈们请注意……"用自己的语言和身体语言同时对家长"说话"，传递相关信息。整个活动组织得有条不紊，活动快结束时还给爸爸妈妈们布置了小作业，希望大家把自己在家中设计的小游戏以照片或者视频的形式上传到家长微信群供大家学习分享。在这次亲子活动之后，家长们的反应很积极，有的家长发明了茶杯与盖子的配对游戏，有的家长发明了用凳子和塑料盆开展的体育游戏，大家纷纷把自己在家中发明和实践的内容上传到微信群让大家共享，智慧的火花相互传递，又碰撞出更多的好点子，取得了非常好的效果。

在这个例子中可以看出，刘老师在进行沟通的时候，不仅心中很明确自己需要沟通的内容是什么，而且还采用了得当的沟通方式。教师让自己的口头语言和身体动作同时作为沟通信号传递给需要接收的对象。当早教教师的语言和身体动作全部指向家长的时候，家长就会明确以下这些内容是自己需要学习和关注的。在活动中，早教教师还要告知家长，这个游戏的教育价值何在，在婴幼儿操作时如何观察和指导，回家以后如何去准备类似的材料开展同类型的游戏等。游戏的价值被家长了解和明确之后，家长就有可能在家庭中举一反三，先模仿再创新。因此，只要早教教师掌握了一定的沟通技巧，就能够将所需要沟通的信息准确无误地传递出去了。

## 二、因沟通方式不适宜产生的困难

早教教师跟家长的沟通方式有很多，有正式的也有非正式的，有单向的也有双向的。沟通的内容好比货物，沟通的方式好比是交通工具，当货物准备好了，用什么去运送呢？是汽车、轮船还是飞机呢？当沟通内容确定后选择使用哪种沟通方式呢？每一种沟通方式都有利有弊，如果所选的沟通方式不合适也会产生沟通困难。

案例3

在平时的观察中，李老师发现彤儿非常喜欢抓别人的头发，不管看到大人还是孩子的长头发都要上去抓一把。李老师用微信向彤儿妈妈告知了自己观察到的情况。彤儿妈妈也是一位老师，平时的工作也很忙，她收到老师的信息也及时地回复了，表示出对彤儿问题的关注和担忧，但却没有采取相应的教育措施改善这种情况。随着彤儿攻击性行为愈演愈烈，李老师又采用微信沟通的方式向彤儿妈妈汇报了彤儿的在园行为情况，希望引起彤儿妈妈对彤儿行为的重视。但彤儿妈妈对于教师的反复沟通逐渐冷淡，渐渐不愿回复。

当李老师发现了彤儿的问题行为之后采用微信沟通的方式，将相关信息传递给了家长，可是家长并没有采取有效的方式予以纠正，甚至在反复沟通后演化成家长消极的处理方式。实际上，当教师采用一种沟通方式之后，发现没有达到预期效果的时候，教师要考虑是否需要用其他的方式去继续沟通。如采用电话沟通或者直接面谈，可以让家长意识到问题的严重性。0—3岁阶段是一些生理、心理问题日益突显的关键时期，如果在这个时间段内早发现、早鉴别、早干预治疗，会事半功倍。案例中彤儿的行为表现有一些偏离常态，并对别的孩子造成直接伤害，此时很有必要第一时间与家长当面沟通。面谈之前，早教教师对面谈内容要做好准备，如孩子的行为表现有哪些，有可能是因为什么，自己对孩子行为表现的预判是什么，可以推介的鉴定、治疗机构有哪些，等等。早教教师也可以在平时留存一些影像资料，约谈时共同观看，让家长参与对孩子的观察与评估。

案例4

在几次的微信沟通之后，早教教师约彤儿的妈妈来到机构面谈。在观看了一些彤儿平时与其他宝宝互动的视频之后，彤儿的妈妈终于下定决心面对这个问题了。经过多次教育后，彤儿的行为并未得到改善，妈妈便带彤儿去专门的医院就诊，医生鉴定彤儿为艾斯伯格综合征。彤儿的智商测定是正常的，但是存在交往障碍。后来家长与医院积极配合治疗，彤儿抓别人头发的坏毛病有所改善，早期干预收到了很好的治疗效果。

选择合适的沟通方式是需要经验和技巧的，新手教师可以多向有经验的人请教，“三人行，必有我师”，要善于利用团队的力量，不断提高个人的沟通技巧，让沟通恰当且有效。

## 三、因接收者的问题产生的困难

因接收者这一方产生问题也会造成沟通的困难。比如很多父母工作比较繁忙没有时间带孩子，家庭里直接养育和陪伴孩子的人就是祖辈。在与祖辈沟通的时候，有时会因为老人思想守旧、固执倔强等原因造成沟通困难。

案例5

在小芽芽班中，有一个叫丁丁的孩子，通常都是外公外婆带来上亲子课。丁丁的父母都是医务工作者，平时工作时间长，还经常值夜班，外公外婆既要带宝宝还要照料一家人的生活起居，非常辛苦。早教教师在观察中发现，丁丁的注意力不容易集中，脾气还很坏，在亲子活动中不太遵守集体规则，不听大人的话，很自我。平时老师教授游戏时，她的参与程度都不高，和其他宝宝的状态相比有比较大的差距。

由于父母工作忙，丁丁主要的养育任务是由老人承担的，所以亲子课都是老人带着丁丁参加的。早教教师通过与老人和孩子父母沟通，大概了解到造成丁丁亲子课学习效果不明显有以下两个方面的原因：一是祖辈回到家后将亲子活动中学到的方法跟孩子的父母进行传递时，信息的内容有可能因理解或者记忆的原因被篡改，信息的量会衰减；二是孩子的父母本身没有太多的时间提升自己对孩子的教育技能，又从祖辈处听得一知半解，更不知道该怎样带宝宝玩游戏了。

在分析了存在的问题之后，早教教师向家长提出，在有可能的情况下尽量父母陪着宝宝来活动。另外针对祖辈育婴比较普遍的情况，教师也拟定出一些针对老人特点的沟通方式，如加强与老人的个别交流，在情感和技术方面进行支持等。接收者是沟通信息传递的对象，理解和了解你需要沟通的对象，让沟通的信息最大程度地被接收者理解和消化，这样就能有效解决因接收者的问题产生的沟通困难。

## 四、因沟通双方立场不一致产生的困难

早教教师和养育者有着共同的目标和愿景，但毕竟人和人之间是有差异的，当沟通双方立场不一致的时候就会产生沟通困难。

案例6

宁宁是一个19个月大的男宝宝，通常都是宁宁的母亲带他来亲子园参加活动。园方提供的活动场地是软地垫，为了保证宝宝活动的安全、卫生，园方提出的要求是大人和孩子都脱鞋进入，如果家长担心宝宝只穿袜子着凉的话，可以在袜子外面加穿软质的防滑袜套。宁宁的妈妈并没有这样做，她给宝宝带了一双硬底的鞋子在室内穿着。老师看见了，和宁宁的妈妈进行了沟通："宁宁妈妈，我

们这一块场地是要求脱鞋子的，大家都是穿的袜子，这样能保证室内比较干净。”宁宁妈妈说：“我们家宁宁只要不穿鞋子就一定要把袜子脱掉，这样的天气光脚多冷啊。”老师说：“你可以给宝宝在袜子外面再套一双袜套，我们这里有很多器材是训练宝宝感知觉的，如果宝宝穿着硬底的鞋子没有办法进行感知觉训练。”妈妈听了也不说话，继续按照自己的办法行事。

在这个案例中，早教教师和家长都有各自的立场。妈妈站在保护孩子不让他着凉的角度考虑，宝宝不穿鞋的时候就要脱袜子，妈妈也没有办法管理。早教教师基于集体管理的要求，认为宝宝既然来亲子园参加活动就应该服从园方的管理和安排，因为园方的管理制度是出于对大多数宝宝利益的考虑。因沟通双方主观因素产生的困难有的时候调和起来相对比较难，因为个人的主观意识源于个体的受教育程度、素质水平等，价值观的形成不是短期事情，要改变也不是容易的事情。

案例7

在后来的一次亲子活动中，早教教师带着宝宝在做全身的触觉训练，挠挠宝宝的脚心，挠挠宝宝的腋窝，挠挠宝宝的手心等敏感的部位。宁宁的妈妈发现宁宁穿着硬底的鞋子根本无法挠到脚心，自己也觉得有问题。早教教师观察到并利用这个机会再一次跟妈妈进行了沟通：“宝宝正处于感知觉发展的敏感期，我们的游戏和器械的设置都是根据宝宝的身心特点和发展需要设计的。你看，在今天的游戏中宝宝的鞋子就影响了他足部的触觉训练。我们园里还有很多的器械，像这些触觉平衡板上面都是不同形状的触点，当宝宝走过不同的平衡板的时候，脚底的感觉是不一样的，如果我们一直让宝宝穿着硬底的鞋子就没有办法达到训练的效果。”

这一次宁宁的妈妈终于理解了老师的用意，答应可以尝试按老师的要求办。教师也告诉妈妈，宝宝要脱掉袜子妈妈不是没有办法处理的，我们需要对宝宝说“不”，我们要有意识地培养宝宝的好习惯，要让规则和自由并存。双方的沟通在教师方的继续努力下逐渐变得顺畅起来。

每一位家长在育儿方面都有自己的想法和做法，观念上的差异也是存在的，但并不是不可调整的。对于这些观念的转变，教师要有耐心，切勿急躁，用自己的真诚与专业去影响家长，使其逐步改变不适宜的方式与方法。

# 第二节　沟通情绪化

情绪化是指一个人的心理状态，容易因为一些或大或小的因素产生情绪波动，也可以理解为是人在不理智的情感下所产生的行为状态。沟通情绪化是指在沟通过程中因这样或那样的原因产生的不理智的行为状态。在早教教师与养育者的沟通中，早教教师和养育者双方都有可能产生情绪化的行为，如急躁、焦虑、喜怒无常、发脾气等。情绪化的程度有强有弱，有直接有间接，有显性的，也有隐性的。沟通情绪化在早教教师与养育者的沟通中是经常会出现的一种障碍，可能会造成个人心理上的创伤，还可能影响早教教师与养育者之间的关系。

## 一、早教教师的情绪化

作为早教教师，面对年幼的宝宝，面对多样化复杂的家长群体，工作压力大，情绪化很容易发生。早教教师的情绪化多半是因家长对早教工作的不理解、不支持和不认可引发的。早教教师作为受过专业培养的高素质的从业者，自身首先要避免情绪化的反应和表现，当焦虑、急躁、激动等负面情绪产生的时候，要自我识别、尝试控制、主动调整。

案例8

一次亲子课后，年轻的周老师非常沮丧，她向年长一些的早教中心负责人应老师诉说："那个家长怎么这么会挑刺啊！自己的个人素质这么低，上课光着脚连袜子都不穿，还到处挑我们的毛病！"应老师从事早教工作的时间比较长，具有丰富的教学和管理经验，她详细询问了事情的来由和经过。原来这位家长在课后用比较严厉的口气直接向周老师提出诸多意见，如他认为早教中心环境设置和活动安排不合理以及单次活动时间不足等意见。周老师原本就对这位家长的个人素质有一些想法，加之这一次家长提意见方式的不留情面让周老师更加郁闷和不满。应老师首先对周老师的情绪进行了安抚，在充分理解了周老师的委屈后，和周老师一起客观地分析了家长意见中合理和不合理的地方，探讨了面对这样的家长我们该如何保持理智、避免情绪化以及后面用怎样的态度和方法与家长沟通。

在这件事中可以看出，早教教师与家长沟通中是有消极情绪的，只是表现的形式比较隐秘，虽然当时并没有与家长产生直接冲突，但是内心对家长的负面情绪和消极看法已经存在。周老师在听到家长的意见时首先克制了自己的不满情绪，尝试用温和的态度去面对家长，即便心中有诸多不快仍然是积极地去解释，试图化解矛盾。在活动之后，周老师立即就向同事倒苦水了，说明周老师的内心当时是极不平静的，通过诉苦来释放自己的负面情绪。假如当时早教教师在情绪上不进行适当控制，在沟通中用强烈的情绪化语言与家长相争执、发生冲突，那么早教教师与家长之间的关系将破裂，互动双方在情感上也将产生不可逆的严重后果，双方都会受到伤害。

作为早教教师，要尊重家长的人格、尊重家长的基本状态，所谓的基本状态是指家长的年龄、职业、经历、受教育程度等。尊重是处理好双方关系的首要条件，即便是家长在沟通中出现情绪化的倾向，我们也要秉持理性态度，避免自己的情绪化和随意性。在信息传播如此发达的今天，早教教师在与家长沟通中过激的情绪化表现如若以照片或者视频的形式传播出去，会在社会中引起广泛关注，后果不堪设想。这些负面信息一旦发酵或者大众对事件片面解读的话会对该教师的专业成长、对早教机构的生存发展产生恶劣的影响。因此，管理好自己的情绪、避免沟通中的情绪化是早教教师的基本素质。

## 二、养育者的情绪化

作为养育者，在与早期教育教师的沟通中也会经常出现情绪化的表现。养育者产生情绪化的原因更加复杂，照顾0—3岁的宝宝是一件费心费力的事情，年轻的父母面对孩子迅速的成长经验不足、期待又高，加之平时工作繁忙、压力大，情绪状态一定会有不稳定的时候。如果是祖辈们育婴，老人对第三代宠爱有加，碰到沟通中的不理解、误会、冲突等很容易引发激烈的情绪反应。

0—3岁的宝宝有着较强的自我意识，社会性发展还很不完善，在集体环境中，同伴之间因争抢玩具等引发的咬人、打人的现象时有发生。在处理这些敏感事件的时候，早教教师特别要注意不要因自身经验不足或者处理问题有偏颇而造成家长的情绪化。

案例9

一次琪琪的手指被另一个宝宝咬了，原来是为了争抢一个娃娃家的小水壶而引发的同伴冲突。丁老师向琪琪的奶奶轻描淡写地说明了当时的情况，并安慰奶奶说这么大宝宝咬人是常事，没有什么大碍。奶奶看到宝宝手指上没有消退的牙印非常心疼，觉得无法向孩子的父母交代。听老师说得轻描淡写立即就不高兴了，表现出强烈的不满情绪，奶奶对咬人的那个宝宝大声呵斥起来，还提出要找中心负责人讨说法，批评当班老师看管不力。

在托幼机构，尤其在2—3岁年龄段集体托管的环境中，孩子之间争抢玩具、打人、咬人的事

件时有发生，客观地来说这跟孩子的生理、心理特点有关。孩子年幼，正处于自我意识发展的旺盛期，交往的能力还不强，处理问题的方式也单一、急躁。但是早期教育教师有责任和义务去减少同伴冲突的发生，如同类玩具的数量要足够，游戏区域的环境设置要合理，对宝宝的观察要细致，对不良事件的干预要及时等。假如真的发生同伴伤害事件，要及时请保健医生处理伤口，在跟家长沟通时要学会先充分理解受伤孩子家长的心理需求，尝试在与受伤孩子的家长充分的共情之后，努力安抚家长的情绪，努力将受伤孩子的生理和心理的伤害降到最低。在家长情绪不太稳定的时候，教师要先化解矛盾，选择多听少说的方式，等对方的情绪趋于稳定以后再好好沟通。教师说出的每一句话都要慎重，要与家长进行良性的沟通，让双方的观点、做法逐步达成共识，共同为促进婴幼儿的健康成长而努力。

## 第三节　沟通表面化

沟通表面化是指早教教师与养育者的沟通流于表面，如每次家长带宝宝来亲子园参加活动时，早教教师与家长之间的沟通只限于寒暄，夸赞宝宝长得漂亮、聪明等。对于宝宝现阶段的发展状况把握不准，对如何促进宝宝发展等相关的话题切入不多或不深，对养育者一方的教养观念、行为、方式等了解不多，不会、不敢或不善于提出合理的建议，以施加正面影响起到引导作用。

### 一、造成沟通表面化的原因

#### （一）对沟通的意义不明晰让沟通流于表面

在日常的工作中，早教教师并不是每一件事、每一点想法都需要去跟家长沟通。教师通常会选择重要的事件、恰当的时机和合适的方式与养育者沟通。态度的不同会让人们在做事时有不同程度的投入，对于日常的沟通，如果教师没有明晰沟通的必要性就会使得沟通表面化。

案例 10

一次亲子课后，小宝的爸爸对老师说：“我们家小宝好像不大合群。”老师说：“小宝是比较喜欢自己一个人玩，我们再观察观察吧，这么大的宝宝是比较自我的，集体的意识和合作的能力都不强。”后期教师也没有因为家长的这一句话加强对小宝的观察，小宝的爸爸似乎就很少再跟老师沟通了。

在以上的案例中，教师没有意识到家长与自己沟通的这件事情有多重要，教师对这次沟通的重视程度不够，使得沟通表面化。小宝的爸爸主动对老师说，自己的孩子好像不太合群，说明家长对自己的孩子的发展状况是非常关心的。家长的一句话很容易就被教师忽略，家长不是教师，在专业上早教教师有更多的优势，但是从情感的角度来说，家长对自己孩子的爱是不可替代的。由家长主动发起的沟通，需要引起教师足够的重视。小宝是真的不合群吗？小宝在社会性发展方面是否存在先天的或者后天的问题呢？有哪些措施可以帮助小宝改善和提高呢？就这个话题教师需要找时间和孩子的养育者好好沟通一下，既有客观的分析，又有技术的指导，双方都清楚明了了，养育孩子的能力和水平自然就得到了提高。

早教中心每一天都会发生很多事，有大事有小事。什么事不需要沟通，什么事是一定要沟通的，这些问题需要教师深入思考和精准判断。早教教师要做个有心人，遇事常反思，多问几个为什么，不要让有意义的事件从身边轻易溜走，契机是需要靠智慧去把握的。

（二）对沟通的内容有顾忌让沟通停滞于表面

案例 11

乐乐（男）的妈妈也是一名教师，结婚生子比较迟，因此，全家人对这个孩子都格外宠爱，在平时的生活中只要乐乐提出要求，家长都尽力满足。只要是乐乐哭了、闹了，家长总是以他的快乐为先，采取妥协态度。乐乐已经入托，每天去托儿所乐乐都要带上自己心爱的小汽车。这一天，乐乐没有带小汽车，因为他自己说不要带，结果在半路上他就变卦了，到了托儿所又哭又闹。外公没有办法回家去取小汽车送到托儿所，乐乐这才罢休。周老师与乐乐的妈妈是同事，事情发生以后她就把这件事与乐乐的妈妈用微信的方式做了沟通，乐乐妈妈说："唉，全家人都被这小子摆布。"周老师调侃道："乐乐就是你们家最大的领导。"乐乐妈妈说："我跟外公说了，下次送他上托儿所的时候，如果乐乐说不带小汽车去，就把小汽车放口袋里，以防他变卦。"周老师顾虑到大家都是同事关系就没再说什么，虽然这件事情乐乐妈妈的处理方式欠妥，但是周老师怕自己说重了乐乐妈妈不接受，会影响彼此的关系，于是就没有就这件事再作继续的探讨，沟通结束。

从这件事可以看出早教教师在与乐乐妈妈沟通的时候并没有明确的沟通目标，像是在拉家常一样叙述了事情发生的经过。在沟通前，教师没有深入理性地思考，就开始沟通了，在沟通中也没有对乐乐家长的行为进行深入的分析、评价和建议。在极度宠爱的教育模式状态下，乐乐其实已经养成了以哭闹解决问题，不达目的不罢休的习惯了，家长并没有意识到这样下去会影响孩子良好个性品质的培养。因为发起沟通时，教师的目的并不是很明确，又因双方特殊的关系让早教教师心生顾虑，让沟通匆匆结束，没有什么实质性的进展。早教教师虽然是家长的朋友，但不能只站在朋友的立场去看问题、处理问题，让沟通

表面化。

（三）因沟通一方的敷衍导致的沟通表面化

案例12

洋洋刚满30个月，洋洋的妈妈给她报名参加入园适应班时，内心有一些担心，害怕宝宝比较小，会不适应。园方把整个学期适应性的亲子活动分成三个阶段，即家长全程伴读阶段（6周）、家长半程伴读阶段（4周）和婴幼儿独立在园阶段（8周）。当进入到独立在园阶段之后，洋洋出现了比较强烈的情绪反应，哭闹得比较厉害，早上起床后不肯上亲子园。洋洋的妈妈跟老师进行了沟通，面对这样的局面，她很着急，不知道该怎么办。老师建议她要想办法把洋洋送到亲子园来，送来了以后，老师会有多种方式帮助洋洋逐步适应。妈妈当时点头同意了，过后的几天洋洋却一直没有来。又过了几天妈妈通过微信向老师请假，决定要宝宝在家里待一段时间再说，暂时就不送她来了。

3岁左右的宝宝逐步由家庭养育模式向集体养育模式过渡，在逐步适应集体生活的过程中，分离焦虑是必然的、普遍的。为了帮助宝宝有步骤、阶段性、循序渐进式地分离，园方在课程的设置上是有所考虑和安排的。在出现洋洋哭闹不肯上亲子园的情况时，早教教师和家长进行了沟通。当时教师的意见是请家长坚持送宝宝入园，妈妈也答应了，可是事后家长并没有把宝宝送来。这就说明不是没有沟通过，是碍于表面的和谐敷衍了事，却没有真正沟通到位，存在沟通表面化现象。

洋洋的妈妈平时谦和有礼貌，她对老师提出的要求是认可的，当时点头答应也没有表示异议。或许她在内心也认为应该坚持送宝宝来，但是态度却并不坚定，孩子还这么小，家里又不是没有人带，似乎也是可来可不来的，既然宝宝不愿意来就不来吧，等她再大一些再适应也无所谓。敷衍的产生基于双方意愿没有真正地达成一致，碍于情面敷衍一下，不伤和气，却还是各自为政。我们沟通的目的是为了相互合作，在孩子适应分离的关键时段，园方和家庭的观念和做法如若不能保持一致则会使前阶段的努力付之东流，等家长想明白了决定再送宝宝来园的时候，又要回到起点重新来过，再一次适应分离。

## 二、避免沟通表面化的策略

（一）方式众多、适宜为上

早教教师与养育者沟通的方式是多种多样的，如当面沟通、电话沟通、网络沟通、书面沟通等。当需要沟通的时候，选择适宜又恰当的沟通方式就是一门艺术了。比如现在我们常常利用微信与他人联络，非常地快速和直接。我们也经常采用班级微信群与家长沟通和联系。在微信群中小事可闲聊，大事就要想好了再说，说什么、如何说、怎样说都是需要早教教师提前考量的，如有关孩子或者家长隐私的话题就不宜在公开的微信群中说。有的事情是不适合在公众场合沟通的，即使说也无法说明白、说透彻，使得沟通表面化。有的事情则是需要当面沟通的，避免因信息了解不完整而产生歧义，或者只是停留在表面不能深入下去。有的事情可能不合适当面沟通，通过书面的形式沟通反而更适宜。所以使用什么方式去沟通是需要具体事情具体对待的，恰当的沟通方式是让沟通有成效的关键要素。

（二）时机准确、由表及里

选择合适的沟通时机，是让沟通顺畅并且有效的窍门，也是由表及里让沟通不表面的法宝。如一次完整的亲子活动时间包括集体教学活动的时间和自主游戏的时间。在自主游戏时间里，婴幼儿可以根据自己的兴趣选择游戏内容和游戏时间。在这个时间段里，早教教师可以引导家长进行观察，如婴幼儿自主选择了什么游戏内容、游戏的持续时间有多久，通过观察去发现婴幼儿的兴趣点并了解婴幼儿的发展水平。教师在现场观察的基础上与家长进行交流和沟通可以让沟通话题深入下去，不流于表面。

案例13

萌萌宝宝是个好动的孩子，在自主游戏的时间里，她通常会选择跳蹦床、爬攀登架、玩海洋球等游戏。虽然是一个女孩子，但是运动能力比一些男孩子都强很多。但是对于结构类、逻辑类的桌面游戏，她就不太感兴趣。在观察到这一现象以后，静静老师就与萌萌的妈妈做了及时的沟通，既认可她肢体动作发展优于同龄人的情况，也提出可以有意识地培养她对逻辑思维类游戏的兴趣。

案例中的萌萌宝宝总是选择那些攀爬类的运动游戏，玩得乐此不疲，这说明萌萌宝宝对运动类的活动很感兴趣，并且具有一定的运动天赋。当教师通过现场观察了解到这些情况之后，及时与家长进行沟通，让家长了解和意识到这一点。要让家长明确既需要鼓励萌萌从兴趣出发发展自己的强项，还需要找到她不足的地方加以引导，达到扬长补短的目的。当家长通过现场的观察和早教教师的现场说明明确了自己孩子的优势与不足，就会在生活中成为一个有心人，提升家庭教养方式，这样的沟通才会有理有据、不浮于表面，更有意义和成效。

（三）确认意愿、避免敷衍

在孩子分离焦虑比较严重的时候，我们需要意识到家长是否同样存在分离焦虑。案例12中洋洋的妈妈主动找到老师，是内心有困惑在寻求帮助的表现。早教教师在谈话时把重点放在了对家长提出要求上，即希望家长能想办法把孩子送来。家长也是想把孩子送来的，但是对孩子的哭闹无应对策略，进而产生迁就孩子的行为。假如此时我们能够体察到家长

的焦虑情绪也同样严重的话，应该安抚和疏导家长的情绪，确认家长是否真正愿意在这个时候送孩子来园，还要明确在孩子哭闹不想来的时候，家长是否有应对之策。如果家长不知道该怎么办，我们可以提前给家长支招，指导家长可以用什么样的方式解决。确认了双方的意愿一致，下一步就要看实际操作的效果如何了。

在确认了家长愿意把孩子送来之后，假如孩子实际并没有来，教师应第一时间主动联系了解情况，询问孩子没有来的原因。此时的跟进既可以表达园方对孩子的关心，也可以帮助家长检验前期预设的方法是否有效，如果无效可以继续商讨下一步的目标和方法。当双方的目标明确一致时，就可以朝共同的方向迈进，即便是一时有困难也能坚定家长的信心。当养育者有了专业人员的指导，就会得到精神的支持和方式的引领，教师不间断的跟踪和指导可以避免沟通敷衍的发生，还可以不断调整指导策略，让共同的目标得以实现。

## 第四节沟 通 敌 对

沟通敌对是指沟通的双方产生敌对情绪或行为，当沟通敌对产生的时候，沟通双方就不是“一个战壕的战友”了。早教教师和家长的目标原本应该是共同的，但在现实生活中，双方常常会因教育背景、生活习惯、性格因素、年龄等差异而持有不同的观念，这是客观存在的。人们都很容易从自己的已有经验和立场出发去看待问题、处理问题，早教教师在与养育者进行沟通时，要有意识地不与沟通对象敌对起来。毕竟早教教师是专业技术人员，在沟通中要注意自己的方式方法，谨言慎行，避免走到家长的对立面。家长能主动带宝宝来参加早教活动说明家长对早教的重要性是认可的，所以家长也不会轻易因一些小事就要和机构敌对起来，除非是有极端的事件发生，在沟通中双方处理不当才让矛盾升级。沟通敌对的情况属于比较极端的现象，是我们需要尽量避免的。

### 一、细心、耐心、诚心让沟通无敌对

避免沟通敌对需要早教教师在工作中细心、耐心和诚心。如果不细心，就不容易在工作中找到需要沟通的内容和方法；如果没有耐心就无法在沟通中保持客观和冷静，抽丝剥茧、层层递进；如果没有诚心就无法得到家长的理解和信任，在出现问题的时候顺利解决问题。

不管早教教师和养育者在教育观念和教育方法上存在怎样的差异，双方促进婴幼儿健康发展的目标是共同的。既然大家的目标一致，那么怎样去达成这个目标，是可以通过沟通进行交流和探讨的。

案例14

远远平时都是外婆送到托幼机构来，老师发现老人担心宝宝着凉，总是给他穿很多。一次天气比较热，下午起床以后，老师给宝宝脱掉了一件衣服。等老人来接的时候，老人看到宝宝的衣服给脱掉了，马上就不太高兴，立即就把脱掉的衣服给远远穿上了，还严肃地对老师说："以后不要给宝宝随便脱衣服，宝宝会生病的。"

试想一下，假如在这个问题上，早教教师沟通在前，行动在后，效果是否会不一样。比如早教教师可以先就孩子穿衣服的问题跟老人沟通一下，征询老人的意见，在孩子觉得热的时候是否需要帮其脱掉衣服。如若老人同意了，后续帮宝宝脱衣就不会引起老人的反感。老人比较宠爱孩子，平时带孩子也很辛苦，害怕孩子生病，教师要理解和体恤老人的心情。沟通在前，可以让老人在心理上感觉到被尊重，也可以了解老人心中的想法。将心比心，当早教教师把真诚送给家长，家长也会真诚相对，避免出现双方敌对的情况。

## 二、充分考虑对方感受让沟通无敌对

面对不同的家长、不同的孩子，早教教师经常会跟养育者就不同的问题进行沟通。在一些特殊的时间和场合，教师的沟通方式一定要妥当，如果没有充分地考虑对方的感受，就会出现一些尴尬的场面，让沟通敌对起来。

案例15

在亲子活动中，我们经常能碰到一些宝宝出现情绪问题。盈盈是一个爱发脾气的小女孩，这一天她不知道因为什么又哭又叫，闹得别的宝宝也不安起来，影响了亲子活动的开展。主班教师当着众人的面向家长提出先把宝宝带出活动室，家长认为自己花了钱不想放弃这次活动，而且认为这时候离开很没有面子，始终不愿意带宝宝离开活动室。其他的家长认为这位家长很没有素质，只考虑自己不考虑别人，影响别的宝宝参与活动，就七嘴八舌数落了起来，现场的气氛比较紧张，也很混乱。

在集体性的亲子活动中，宝宝出现吵闹的状况，家长的心情是很焦虑的。一方面出于对宝宝健康的担忧，另一方面也觉得在集体活动中自己的宝宝如此吵闹没有面子很焦虑。此时，如果早教教师没有充分考虑到对方的心理感受和心理状态，处理方式又不得当的话，很

容易产生敌对的情绪。假如不满的情绪在团体中蔓延开来，由个别的矛盾变成多方的矛盾，就会让敌对不断升级，最后弄得不可收拾。面对这种情况的时候，主班教师处理问题的时候不仅要考虑大多数家长的需要，更要考虑出现状况的家长的感受。可以由辅班教师及时去跟这位家长作个别的沟通，暂时带离集体环境。宝宝哭闹一定有原因，辅班教师准确分析和判断问题在哪里，帮助家长解决孩子的哭闹问题，主班教师这个时候则以组织活动为主。个别的交流也不会让哭闹孩子的家长在大家面前感到难堪，当宝宝的情绪缓解以后教师再引导他们回到集体中来。需要注意的是，教师需要用建议的态度对家长说话，避免使用命令式的口气，平等的对话可以避免敌对情绪的产生。

## 三、求同存异形成合力让沟通不敌对

早教教师与养育者在沟通的过程中遇到问题并不可怕，当双方的认知、经验、立场、目标等不一致的时候，双方都坚持自己的观点不妥协时，那么求同存异不失为化解沟通敌对的一种好办法。

案例16

等等是个活泼可爱的小男孩，每次来亲子中心参加活动时，爸爸妈妈总是一起陪同。由于亲子中心的场地限制，机构方规定每个家庭只能有一位家长可以陪同孩子参与，其他的家长需要在外面等候。其他的家庭都是按照亲子机构的要求做的，只有等等的爸爸妈妈坚持要一起陪着宝宝上课。面对这样的情况，老师跟等等的家长沟通过，可是家长不愿配合，对园方的要求也不满意，上课时也带着情绪。课后老师分析了等等家庭的需要后就跟他们商量，可以允许等等的爸爸妈妈分上下半场陪伴宝宝，这样两位家长都有机会陪伴宝宝，家长接受了园方的建议，避免了沟通敌对。后来亲子机构还增设了一些硬件设备，宝宝的活动情况可以让在外等候的家长实时看到，双方的矛盾被巧妙地化解了。

当早教教师与家长的观点或做法存在差异的时候，教师可以先选择一些折中的方法。双方可以先努力达成部分的一致，再一步步缩小差距。时间、真诚加上恰当的解决方式，双方就不会轻易形成敌对的状态。不断的沟通和逐步的磨合会慢慢缩小双方的分歧，让事情向更好的方向去发展。教育是艺术，沟通是艺术，核心是爱，早教工作是一份充满了爱的工作，有对婴幼儿的疼爱，有对家长的关爱，还有对事业的挚爱，这些爱汇集在一起指引着早教教师努力的方向。

## 本章小结

本章从几个方面阐述了沟通障碍的诊断与解决的问题。在早教教师与养育者之间，沟通是必需的，沟通障碍是常见的。有障碍不可怕，只要能识别障碍的类型，能把握障碍的症结，就能化繁为简，有效解决障碍。

早期教育是个新兴行业，还处在起步阶段，需要从事早期教育工作的先行者们不断学习、实践和探索。当大家越来越意识到早期教育重要性的时候，正是这个行业发展的重大契机，这也是时代发展、教育事业发展的需要。养育者是早教教师需要主动去引导和施加影响的一方，但不代表养育者的做法和想法完全没有自己的道理，很多时候家长也能对早教行业进行指导。目前90后家长已经是早教行业工作的主要对象了，他们思想开明、敢于思考与尝试，信息获得的渠道广，对待自己孩子的养育和教育有独到的见解，早教教师不能墨守成规，要善于从家长一方获得营养。

案例17

小花的妈妈对小花的教育很上心，很投入。从小花生下来妈妈大花就陆续在个人的公众号上发表了多篇教育的博文。博文的内容很丰富，从怎么给宝宝做营养餐，怎么选择早教机构、参加不同早教机构的心得与反思，到小花平时生活中的趣事、糗事的记录，等等，应有尽有。读小花妈妈的博文成为李老师工作之余的一件乐事。李老师发现，读家长写的博文不仅可以让自己学到知识，更可贵的是获得另一种可贵的视角，可以从另一个角度去重新审视和思索关于早教的问题。

比如大花会在每一次亲子课后写下自己的收获或疑惑，教师通常在教学活动开展之后会就活动中存在的问题写活动评价和反思，读家长在活动后的反思是一种全新的感受。大花带着自己的宝宝去各家早教机构报了不少课，哪些课宝宝喜欢、哪些课妈妈认可、哪些课妈妈觉得不足等都有文字记录，这个视角可以成为早教教师客观评价自己工作的一面镜子，可以帮助教师完善意识层面和操作层面的不足之处。李老师主动和大花交流，让她成为自己的老师。大花关于教育方面的藏书很多，李老师就常常问大花借阅，互通有无。

俗话说“三人行，必有我师”，现今教师的形象和观念不能固化，早教教师如果能从家长这一方主动获取营养，就既能丰富自己的知识结构，也能与家长建立良好紧密的互动关系。

化解沟通的困难，变单向的沟通为双向，变浅层次的沟通为深层次，克服沟通情绪化，让沟通不敌对，家园双方才能形成合力，早期教育的基础才能打牢，才能让0—3岁宝宝健康发展，成为一个人终生发展的牢固的基石。

# 延伸学习

## 拓展阅读

### “我”和“我们”，小区别大不同

人的心理是很奇妙的，“我”和“我们”一字之差，给人的感觉就完全不同。比如，我们在听演讲时，演讲者说“我认为……”带给我们的感受，将远不如他采用“我们……”的说法。前者只能让人感觉你是在自我表演，而后者就会有效缩短与他人之间的心理距离，更容易让人有参与感，产生团结意识，这在心理学上被称为“卷入效应”。试想，把对方纳入同一个战壕，他当然会倾向于支持你。

小孩在玩耍时，经常会说“这是我的玩具”或“我要去游乐园玩”等，这是自我意识强烈的表现。在孩子没有杂念的单纯世界里，这么讲或许无关紧要，但在复杂、敏感、讲究的成人世界里，如果依然满口不断的“我”，就会给人突出自我、标榜自我的坏印象，人际关系也会因此受到影响。

《福布斯》杂志上一篇名为《良好人际关系的一剂药方》的文章中，总结出与人交际时最不重要的一个字，就是“我”。正如福特二世在描述令人讨厌的行为时说：“一个满嘴是‘我’的人，一个随时随地说‘我’的人，一个独占‘我’字的人，一定是个不受欢迎的人。”

在与人聊天时，他们总是对自己的工作、生活、经历、想法等表现出浓厚的兴趣，“我”在他们的谈话中永远是用得最多的一个字，“我觉得……”“我建议……”“我买了……”等等，丝毫不顾及他人的感受。他们总认为这种方式能最大限度地让别人了解自己，获得朋友。殊不知他们已经犯了说话的大忌，蔡康永先生曾经说过：“与人聊天时，每个人都想聊自己。”所以，了解沟通技巧的人，在与人谈话时，总是会有意识地避开那个容易给人产生“大独裁者”印象的“我”字，而更多地使用“我们”来制造彼此间的共同意识。

有位心理学专家曾经做过一项有趣的实验。他让同一个人分别扮演专制型、放任型与民主型三种不同类型的领导者，带领三个不同的小组，而后对这三个小组的成员的团队意识进行调查。结果发现，当实验人员采用民主型的领导方式时，他所带领的小组成员的团队意识最为强烈。同时研究结果也指出，这些人当中使用“我们”这个词的次数也最多。

说“我”跟“我们”的差别，其实就是让听者心里高兴与否。说“我们”，让人听得舒坦，心里高兴，更乐意接受对方观点或选择合作，对自己有益无害；说“我”，听者心里不高兴，对自己也没什么好处。既然这样，聪明人就应该多说“我们”，少说“我”。

在一些表彰大会上，经常可以听到这样的发言：“我没有做什么，同事们和我一起奋战在工作岗位的第一线，尤其是领导，经常亲临现场检查工作并提出诸多宝贵的指导意见，为我们做出榜样。我们每一个人都在努力，功劳是大家的。所以，今天大家给我的荣誉，不能简单地归功于某一个人，这是属于我们大家的荣誉。”

其实，这些话多半言不由衷，但是把“我”说成“我们”，既让同事们听得舒服，认为“这个人够实诚，懂得有福大家享”，在团队中树立了威信；又没有抢了领导的风头，让领导觉得“这小子，还算有点良心”，得到领导的赏识。离晋升、加薪还远吗？那么，是不是不能说“我”呢？当然不是，只要掌握一定的运用分寸和使用技巧即可。当不可避免地要讲到“我”时，你要做到语气平淡，既不把“我”读成重音，也不把语音拖长。同时，目光不要逼人，表情不要眉飞色舞，神态不要得意扬扬，你应把表述的重点放在对事件的客观叙述上，而不是突出做事的“我”，以免使听的人觉得你自认为高人一筹，觉得你在吹嘘自己。

只是多了一两个字，或者换了一种说话方式，就能迅速拉近你和对方的关系，促进彼此之间的感情交流，让对方愿意听你说话。这就是一个会说话的人所掌握的沟通诀窍。

（徐文.心理学与沟通技巧[M].北方文艺出版社，2017.）

## 学习活动

1. 分小组分别讲述沟通障碍的基本类型，举一个实例进行剖析。

2. 请结合书中的案例分析说明在沟通发生障碍时，早教教师与养育者一方分别存在什么问题。你有没有更好的解决策略？

3. 以角色扮演的方式演示一个沟通障碍的场景，体会早教教师与养育者不同角色的心理状态，建议在扮演了一种角色之后再互换一次角色再次体验，尝试解决沟通中的障碍，看有没有新的体会和发现。

## 复习与思考

1. 常见的沟通障碍的表现形式有哪些？如何判断和解决常见的沟通障碍？

2. 在发现沟通存在困难的时候，可以从哪些方面入手尝试解决？

3. 你在早期教育工作中遇到过沟通障碍吗？你认为障碍产生的原因是什么？你是怎样思考和实际去解决的？解决的效果如何？

4. 你认为早教教师和家长之间的沟通障碍与一般的人际互动中存在的沟通障碍问题相似吗？有哪些共性的地方？有没有特别之处？

# 参 考 文 献


[1] 周爱保,周鹏生.人际交往的不确定性减少理论(URT)述评[J].心理科学,2008(06).

[2] 吕勤.相互作用分析理论：一种人际交往分析工具[J].青年研究,2000(10).

[3] 孙少平.人际沟通分析法的理论与应用[J].教育评论,1995(04).

[4] 苗元江.热情—积极心理学视角[J].广东社会科学,2015(03).

[5] 尹秀艳.教师不良情绪的危害及自我调控[J].辽宁教育,2004(12).

[6] 林光江.中国独生子女及儿童观研究综述[J].学海,2003(02).

[7] 许晓晖,庞丽娟.关于新世纪家长教育观念的思考[J].教育理论与实践,2001(07).

[8] 李海丽.人际交往中奇妙的心理效应[J].中小学心理健康教育,2007(12).

[9] 佟丽君.论霍曼斯的人际交往理论[J].求是学刊,1997(01).

[10] 周念丽.父亲角色在儿童心理发展中的独特作用[J].家庭教育,2008(07).

[11] 刘明.幼儿教师与家长沟通现状研究[D].辽宁师范大学,2009.

[12] 袁飞飞.幼儿教师与祖辈家长沟通的策略探究[D].南京师范大学,2011.

[13] 裴丽颖.祖父母教养特点及其对幼儿发展的影响[D].山东师范大学,2005.

[14] 薛建梦.祖父母教养方式与学前儿童社会能力关系的研究[D].山东师范大学,2013.

[15] 章志光.社会心理学[M].北京：人民教育出版社,2015.

[16] 戈夫曼.日常生活中的自我呈现[M].冯钢,译.北京：北京大学出版社,2008.

[17] 林崇德.心理学大辞典(下卷)[M].上海：上海教育出版社,2003.

[18] 林语堂.说话的艺术[M].西安：陕西师范大学出版社,2009.

[19] 林语堂.怎样说话与演讲[M].北京：文化艺术出版社,2009.

[20] 阿德勒,普罗科特,等.沟通的艺术：看入人里,看出人外[M].北京：世界图书出版公司,2015.

[21] 菲普斯.身体语言[M].北京：人民邮电出版社,2014.

[22] 贝克特尔.跟任何人都聊得来[M].陈芳芳,译.北京：九州出版社,2014.

[23] 帕特森,格雷尼,等.关键对话[M].北京：机械工业出版社,2012.

[24] 汪秋萍,陈琪.家园沟通实用技巧[M].上海：华东师范大学出版社,2013.

[25] 谢淑贤.有效与家长沟通70式[M].成都：四川教育出版社,2014.

[26] 何贤桂.父母与老师的最佳沟通[M].北京：中国妇女出版社,2013.

[27] 萨提亚.萨提亚家庭治疗模式[M].北京：世界图书出版公司,2007.

[28] 萨提亚.新家庭如何塑造人[M].北京：世界图书出版公司,2006.

[29] 林文采,伍娜.心理营养：林文采博士的亲子教育课[M].上海：上海社会科学院出版社,2016.

[30] 徐汉明,盛晓春.家庭治疗—理论基础与实践[M].北京：人民卫生出版社,2010.

[31] 徐文.心理学与沟通技巧[M].哈尔滨：北方文艺出版社,2017.

# 后　记

随着国家生育政策的调整和贯彻实施，0—3岁婴幼儿保育教育问题得到了社会各界广泛的关注与讨论。一方面，家庭亟需专业支持与指导；另一方面，现有的公共托育服务机构远远无法满足实际需要。为了更好地服务家庭、提升0—3岁婴幼儿保育教育质量，国家积极制定、颁布纲领性文件，加强对我国0—3岁婴幼儿保育教育的规范和管理。为了响应国家政策，顺应社会发展的需要，促进我国0—3岁婴幼儿保育教育事业更好更快地发展，上海科技教育出版社积极发起并组织全国部分高校长期从事早期教育的专家学者，编写了一套关于0—3岁婴幼儿保育教育的丛书，并且邀请参与讨论、制定相关文件的专家对本套丛书进行审核，力求保证本套丛书具有鲜明的理念引领性、教育科学性和实践指导性。

婴幼儿保育教育质量关系到人一生的身心健康，但是要顺利实施科学有效的保育教育却是非常困难的。一方面，目前关于婴幼儿保育教育的理论阐释还比较少，没有形成完善的理论体系。为了弥补这一缺憾，本套丛书广泛收集国内外相关资料开展深入研究，深入浅出地阐释了婴幼儿动作、语言、认知、情感与社会性、心理等方面发展的相关理论。同时，结合托育服务机构多年的实践经验，撰写了大量的教育教学活动观察案例，辅助实施保育教育活动的教师更好地理解和运用。另一方面，由于0—3岁的婴幼儿还不能完全表达自己的需要与情感，对教师和家庭的主要抚养者而言，如何准确地觉察他们的需要和情感，提供适宜的支持性环境显得至关重要。因此，本套丛书从实践需要出发，就婴幼儿行为观察、婴幼儿家庭保育教育、特殊婴幼儿的保育教育等方面进行翔实的阐述，以期对家庭和早教机构起到积极的指导作用。与此同时，为了更好地推动我国0—3岁早期教育健康发展，提升0—3岁婴幼儿保育教育质量，本套丛书还对如何研究婴幼儿身心发展、如何推进家庭保育教育、如何管理早教机构等问题进行了思考与总结，相信这些努力会对0—3岁婴幼儿保育教育发展产生广泛而深远的影响。

本套丛书的组织编写与出版凝聚了许多人的心血与汗水，也得到了多方面的帮助与支持，正是基于此，本套丛书才能按时顺利出版。在此，首先感谢丛书的所有编者们，大家对丛书的编写倾注了大量的心血和努力。其次，感谢上海科技教育出版社领导的理解与支持，感谢有关编辑为本套丛书的出版付出了大量的精力与时间。同时，也要感谢幼教界同仁的关心和鼓励。此外，丛书中还引用了国内外同行的研究成果，在此一并表示衷心的感谢。由于时间紧张，本套丛书难免有不妥之处，敬请批评指正，以期不断修正、完善。

中国学前教育研究会教师发展专业委员会

张明红

2017年7月于华东师范大学